U0513773

楊樹達文集

楊樹達　著

春秋大義述

圖書在版編目(CIP)數據

春秋大義述／楊樹達著. —上海：上海古籍出版社，2013.9（2018.1 重印）
（楊樹達文集）
ISBN 978-7-5325-6972-4

Ⅰ.①春… Ⅱ.①楊… Ⅲ.①中國歷史—春秋時代—編年體 Ⅳ.①K225.04

中國版本圖書館 CIP 數據核字(2013)第 177373 號

楊 樹 達 文 集
春秋大義述
楊樹達 著
上海世紀出版股份有限公司
上 海 古 籍 出 版 社 出版
（上海瑞金二路 272 號 郵政編碼 200020）
（1）網址：www.guji.com.cn
（2）E-mail：gujil@guji.com.cn
（3）易文網網址：www.ewen.co
上海世紀出版股份有限公司發行中心發行經銷
蘇州市越洋印刷有限公司印刷
開本 850×1168 1/32 印張 10.25 插頁 5 字數 204,000
2013 年 9 月第 1 版 2018 年 1 月第 3 次印刷
印數：3,151 — 4,200

ISBN 978-7-5325-6972-4
K·1769 定價：38.00 元

出版説明

楊樹達（一八八五——一九五六），字遇夫，號積微，湖南長沙人。著名語言文字學家和史學家。五歲從父讀書，對訓詁和史書頗有興致。十二歲時與伯兄一同考入湖南時務學堂，從梁啓超習《孟子》、《公羊傳》諸書，同班同學有蔡鍔、范源濂等。十五歲受業於葉德輝、胡元儀，學問日益精進，遂矢志於訓詁之學。十七歲治《周易》，輯成《周易古義》一書。一九〇五年，派往日本留學，受同縣友人楊懷中（昌濟）影響，決心系統學習「歐洲語言及諸雜學」。武昌起義後返國，在長沙各校教授中國文法與外文。一九一九年湖南驅張（敬堯）運動時，楊樹達爲教職員代表，毛澤東爲公民代表。一九二一年起先後任教於北京師範大學、清華大學。抗戰爆發後，受聘於湖南大學；翌年，舉家隨校遷往辰溪。抗戰勝利後，隨校復員回長沙，任湖南大學文法學院院長。一九四八年受聘於中山大學。新中國成立後，院系調整，任湖南師範學院歷史系教授，兼任湖南文史館館長。一九五六年去世。

楊樹達畢生沉潛學術，勤於著述，在語法學、修辭學、訓詁學、語源學、文字學、文獻學、甲骨金文學、考古學等方面均卓有建樹。在上述各個領域，其著作均被公認爲經典之作。蓋其早年受學於朴學大儒，在傳統小學、訓詁學方面有堅實基礎，後又留學日本多年，對西方文法學和語源學最有會心，自言：「我研究文字學的方法，是受了歐洲文字語源學的影響的。」故其學問因融合中西學術傳統而顯示出自己鮮明的特色：文法與訓詁緊密結合。嘗言：「治國學者必明訓詁，通文法，蓋明訓詁而不通文法，其訓詁之學必不精；通文法而不明訓詁，則其文法之學亦必不至也。」在當時學界即享有崇高聲譽：一九四二年當選爲教育部首届部聘教授，位列二十九名部聘教授首位；一九四八年當選爲中央研究院首届院士，解放後被評爲一級教授，一九五五年當選爲中國科學院首届學部委員。大約在同一時期，當選爲蘇聯科學院通訊院士。「持短筆，照孤燈，先後著書高數尺，傳誦於海内外學術之林，始終未嘗一藉時會毫末之助，自致於立言不朽之域」，而巍然成爲「一代儒宗」（陳寅恪語）。具言之，楊樹達的學術貢獻約有如下數端：

語法學方面。《高等國文法》建立了以劃分詞類爲中心的獨特的語法體系，是繼《馬氏文通》之後，關於古漢語語法的最重要的著作。《詞詮》是《高等國文法》的姊妹篇，該書取古書中常用虚詞四百七十多個，首别其詞類，次釋其義訓，再舉例説明之。爲我國首部將現代語法學與傳統訓詁學有機結合、系統詳盡地研究文言虚詞的專著。《馬氏文通刊誤》意在修正語法學開山之作《馬氏文通》以拉丁語法組織規律硬套漢語的錯誤。《中國語法綱要》初版於一九二八年，是我國較早的一部關於現代漢語語法的著作，在語法史上有重要意義。

修辭學方面。《中國修辭學》是作者另一著作《古書疑義舉例續補》的進一步系統化和科學化。

該書一直被認爲是我國修辭學領域民族形式派的代表作（另一派爲借鑒西方派，以陳望道《修辭學發凡》爲代表），郭紹虞譽爲「辟一新途徑，樹一新楷模」。

文字學方面。以《説文解字》爲中心，吸收西方語源學理論。《積微居小學金石論叢》及其姊妹篇《積微居小學述林》，乃其治語源學、訓詁學、文字學的代表作。而《文字形義學》則概括了其幾十年間研究文字學、古文字學、訓詁學、音韻學的成果，自云：「此書前後經營十餘年，煞費心思。自信中國文字學之科學基礎或當由此篇奠定。」

甲骨金文學方面。迄至一九四九年，楊樹達所寫甲骨文論文數目超過了自甲骨文發現以來任何一位研究者，如「釋追逐」、「釋滴」（見《積微居甲文説》）等，至今仍爲不刊之論。其治金文，成就更高。陳寅恪序《積微居金文説》云：「寅恪嘗聞當世學者稱先生爲今日赤縣神州訓詁學第一人，今讀是篇，益信其言之不誣也。」此書乃治金文者必參之書，書中總結釋金文之十四條方法，已爲治古文字學者所熟知。

史學、文獻學方面。《漢書補注補正》爲其贏得「漢聖」（陳寅恪語）之美譽，楊樹達也因此成爲清華大學繼陳寅恪之後第二位國文、歷史兩系合聘的教授。在此基礎上增補而成的《漢書窺管》，學界認爲《漢書》研究至此，已無剩疑。他如《論語古義》、《淮南子證聞》、《説苑新序疏證》、《鹽鐵論要釋》、《古書疑義舉例續補》、《戰國策集解》，皆「以古釋古，功夫深存」。《古書句讀釋例》則是關於古書標點的最權威著作。

考古學方面。《漢代婚喪禮俗考》不但是研究漢代文化史的必讀書，同時對考古學、民俗學、人類學、社會學以及歷史學的研究具有極高參考價值，一再重版。

爲了更好地學習、繼承和研究楊樹達先生豐厚的學術遺産，我社曾在二十世紀八十年代編輯出版了多卷本的《楊樹達文集》，影響巨大。時隔多年，書肆上久已難覓該書蹤影，而學界對其需求卻日益强烈，因此，我社決定對《文集》進行修訂和增補後重新出版，以饗讀者。這次出版十七種：《中國修辭學》、《漢書窺管》、《淮南子證聞·鹽鐵論要釋》、《論語疏證》、《詞詮》、《積微居甲文説·耐林庼甲文説·卜辭瑣記·卜辭求義》、《中國文字學概要·文字形義學》、《漢代婚喪禮俗考》、《積微居小學述林全編》、《春秋大義述》、《積微居小學金石論叢》、《積微翁回憶録·積微居詩文鈔》、《高等國文法》、《積微居金文説》、《積微居讀書記》、《周易古義·老子古義》、《馬氏文通刊誤·古書句讀釋例·古書疑義舉例續補》。其中《春秋大義述》系建國後首次出版，而《積微居小學述林全編》則增補近半篇幅，改正了《積微翁回憶録·積微居詩文鈔》原版中許多錯誤。出版過程中得到了楊樹達之孫、武漢大學楊逢彬教授的支持，特申謝忱。

上海古籍出版社

二○○六年十二月

陳序

春秋二百四十二年之間，綱紀陵夷，荆蠻猾夏，孔子以述而不作之聖，惄然憂之。故於詩書則删其煩蕪，於禮樂則定其訛謬，於周易則贊其幽賾，而獨於春秋一經，則毅然取史氏之舊文，加以筆削，垂萬世之法，微言大義之所存，蓋有在於是矣。挈其要領，則大一統與攘夷狄二者為先。大一統則必尊王室，以其為號令所自出，不可得而僭，尤不可得而干之也。攘夷狄則必内諸夏，以其為立國之大防，不可得而踰，亦必不可一日潰也。方周之東，蠻夷戎狄雜於諸夏，陸渾為戎，辛有所嘆。當是時也，非合諸夏為一，不足以自救，更不足以自存。而合諸侯則必宗周室，故春王正月，協時月正日，為一法度之始。大一統以奉法度為先，專命者固聖人所深惡痛絶者也。是以救諸夏必攘夷狄，攘夷狄必大一統，二者相因相成，此旨明則大義昭然於天下，披髮左袵之危，乃可得而免耳。然則治春秋者，固必比事以尋其例，即例以求其義，以視區區於目治耳治疾言徐言為章句之學者，度越萬萬矣。自抗戰軍興，舉國一心以翊戴中樞，安夏攘夷，期成大業，媚外者則民族有賊子之誅，專命者則國家有亂臣之討。而春秋之義，必使其户曉家喻，正人心以固國本，其事蓋不可緩。長沙楊君遇夫治經深有得於屬辭比事之教，講學之餘，思有以自靖獻於國家民族，成此春秋大義述一書，以示後學。遠道問序於余，因發其凡如此，倘亦桴鼓相應之義也。

中華民國三十年三月吳興陳立夫序

曾序

「王跡息而詩亡，詩亡而後春秋作。」詩春秋相表裏，孟子首張其義。范武子説之曰：「四夷交侵，華戎同貫。幽王以暴虐見禍，平王以微弱東遷。黍離列於國風，王德齊於邦國。於時則接乎隱公，故春秋於焉託始。」是謂春秋之作，基於變雅寢聲也。王伯厚説之曰：「王風不復雅，君子絶望於平王；變風終於陳靈，而詩道遂輟。夏南之亂，諸侯不討而楚討之，中國為無人矣。」是謂春秋之作，基於變風絶響也。近儒章枚叔説之曰：「文武以天保以上治内，采薇以下治外，六月者，宣王北伐，小雅之變，自此始也。其序通言二十二篇缺而王道廢，終之曰小雅盡廢，則四夷交侵，中國微矣。國史編年，宜自此始。」是謂春秋之作，基於正風與雅偕亡也。彼其榷論詩春秋持續之際，指斥時代，咸各不同。要其目擊夷禍，身際亂離，怵外侮之憑陵，動哀思於國命。乃知詩人比賦，聖哲褒譏，雖復華實異辭，同於固羣類族。其感之也深，其思之也切，故能探測聖心，奄然如剖符之復合如兹也。夫春秋文成數萬，其指數千。推見至隱，萬物聚散，皆在其中。例豈必全關内外？而孟子舉其端，三子通其説，意若春秋一經專為「蠻夷猾夏」而發者。此其義孟子嘗言之，曰：「其事則齊桓晉文，其文則史」，「其義則丘竊取之。」夫事為會盟攻伐之跡，文為屬辭比事之方。文以紀事，義麗於文。觀桓文行事，而春秋大義可知矣。齊桓之勳，邵陵為盛；晉文之烈，城濮斯彰。撻伐所加，同於怗楚。以彼地介荆豫，君承鬻熊，非絶異華夏也。然僭稱大號，漸染蠻風，漢陽諸姬，楚實盡之。春秋初載，駸駸有并吞中夏之勢。世無桓文，不待定哀之末而後京師楚也。孔子於論語張微管之功，而輕匹夫匹婦之諒；於尚書存文侯之命，而深没其以臣召君之文。善善從長，文實俱與。宣尼之心，昭然若揭也。公羊子説其義曰：「春秋内中國而外諸夏，内諸夏而外夷狄。」其引孔子亦云：「春秋之信史也，其序則齊桓晉文，其詞則丘有罪焉爾。」比類而觀，參稽互證，足明春秋之法，制義以竢後聖，因事而加乎王心。孟氏而後，公羊子固獨得其傳也。乃自漢以來，言公羊者，横張三世三統之説，造為三科九旨之條。其為例也，鉤鈲析亂而不循諸理；其為義也，瓠落空大而無所於容。近釀太官賣餅之嘲，遠貽斷爛朝報之誚。斯不獨春秋之罪人，殆亦公羊之蟊賊也。吾友長沙楊積微先生，説字之精，遠逾段令；釋詞之審，上邁二王；注班漢則抗手晉顔；校淮南殆鼎足高許。亦既天下學士，家誦其書矣。邇者以來，鑒於國變日亟，慨然中輟其考訂精嚴之素業，而從事於師絶道喪之微言。條舉公羊春秋綱義，類繫經傳於其下。以淺持博，以一持萬，為春秋大義述一書。展卷觀之，不煩鉤稽，而麟經數十義法，豁然如披雲霧而覩天日。其開宗明義兩篇，曰復讎、曰攘夷。上契聖心，近符國策。不僅為久湮之義發其覆，抑又為新造之邦植其基。夫非常可怪之論，苛察繳繞之條，何劭公、徐遵明、劉申受、陳卓人諸家之書備矣。然而撥亂反正之道，通經致用之方，固在此而不在彼也。其諸君子亦有樂於此與！

民國三十年一月曾運乾敬序

自序

余自民國八年北遊，居舊京將二十年，教士於清華大學者十載。二十六年夏，以親病乞假南歸，歸二月而倭夷憑恃武力，挑釁盧溝。先是倭夷强據我東三省及熱河，國人已中心憤怒，羣思起與相抗。至是益憤寇難之逼，不能復忍。秉政因國人之怒，起率南北健兒以與夷虜周旋，伸其撻伐。蓋自始戰迄今，歷時三十餘月矣。自去歲我師大捷於鄂北，繼之以湘北粵北之役，連戰連勝，殲除醜虜，無慮二十萬人。比者桂南之役，彼又以覆師見告矣。蓋夷虜不知禮義，忘吾先民卵翼教誨之恩，尋干戈於上國。重以綱紀廢墜，民生凋瘵，無以自存，暴徒專政，乃欲求逞於我以威其民。以故作戰三年，民怨沸騰，士氣沮喪。彼卒之俘於我者，乃至回首易面，頌我中華之盛德，詛彼暴閥之速亡。天聽自民，古有明訓。土崩瓦解，期在旦夕。而我則教訓明於上，敵愾深於下。人懷怒心，如報私讎。視死若歸，前仆後繼。蓋侵暴之衆，不足以抗哀兵；無名之師，不足以敵義戰。固天道必至之符，人事自然之理也。余時既移席於湖南大學，每念二十年都講之所，東南財賦之區，淪為羊豕窟宅，不可卒拔。又自念荏染書生，迫於衰暮，不能執戈衛國，深用震悼於厥心。一日獨居深念，忽悟先聖之述春秋，以復讎、攘夷為大義，爰取往業，再三孰復，粗有所明。二十八年秋，乃以是經設教，意欲令諸生嚴夷夏之防，切復讎之志，明義利之辨，知治己之方。又以是經大義散在諸篇，學者始習，艱於通貫。乃取諸大義之比近者，類聚而羣分之。立文爲綱，而以經傳附著其下。欲令學者力省時約，易於通解。每習一章，即明一義。春秋之學，本分今古文二家。左氏古文，詳事略義。今文重大義，亦有公羊、穀梁二家之傳。雖時有乖異，而大體從同。今以公羊傳義爲主，而以穀梁義副之。西漢儒生董仲舒、桓寬皆通公羊，而春秋繁露、鹽鐵論多稱穀梁説。蓋兩傳義近，故得相通。余先民是程，非敢妄作也。其一傳闕涉數義者，各見於當篇。漢人言事涉及經義者，頗附著之。自知學識闇陋，不足明先聖之志於萬一。顧念經術之就衰，痛島夷之猾夏，寧敢以固陋自廢，而不誦其所聞！於是紹述大義，凡得二十九篇。當世賢人君子儻能嘉其用心，匡所不逮。使聖學明而民志定，正義立而夷禍平。將國族實嘉賴之，寧獨余一人之私幸也！民國二十九年二月二十五日長沙楊樹達遇夫書於辰谿下馬溪寓齋。

凡例

一、孟子曰：「晉之乘，楚之檮杌，魯之春秋，一也。其事則齊桓晉文，其文則史。孔子曰：其義則丘竊取之矣。」是春秋之所重在義，聖人固早已明示後人。此書編述一以大義為主，考證之説概不録入，遵聖意也。

二、據漢書藝文志，春秋本有五家之傳。鄒氏無師，夾氏無書，二家之學遂絶。今存者惟左氏、公羊、穀梁三家。左氏詳於事，公羊、穀梁詳於義。二家之中，公羊立義尤精。故本編述義，以公羊傳為主，以穀梁傳輔之。董生繁露、桓寬鹽鐵兼涉兩傳，先有典型。茲特遵循，非余妄作。其左氏言義與二傳合者，亦附著之。

三、公穀二傳義同者十居七八，亦間有彼此乖違者。今於其義同者盡録之，其有兩義不同，可以並存不廢者，仍分別録之。如紀侯大去其國，公羊大齊襄公之復讎，穀梁賢紀侯之得衆。本書録公羊傳於榮復讎篇，録穀梁傳於貴得衆篇，並為説明，以祛疑惑。

四、春秋經傳，文約而義博。一傳之中，往往包含數義。如吳子使札來聘，傳賢季札讓國，則貴讓也。又美其不殺闔廬，則賢其親親也。又因季札之賢而謂吳宜有君，則褒進夷狄也。又謂札稱名，為許夷狄不壹而足，則又外夷狄也。故本書於此傳，既録入貴讓，又録入親親，而攘夷篇且再見之。以其義博，不可但録一義，致成疎漏。文詞複見，義各有歸。達者會心，諒知其旨。

五、春秋始隱訖哀，凡二百四十二年。一經大義散在傳中諸篇。學者非徧讀全書，再三孰復，不易得其條貫。此書意既主述大義，故將各傳之屬於某一義者類聚之，即取其大義為篇名，挈各傳文中要旨立文為綱，而以經傳附列於其下。意欲期讀者，每讀一篇，得明一義，聊收節省日力之效云爾。

六、漢代大儒，首推董子。春秋繁露一書，今雖殘缺不完，而義據精深，得未曾有。本書於董書説明經義者録之特詳，以其為春秋先師之緒論也。此外如荀子、陸賈新語、韓詩外傳、鹽鐵論、新序、説苑、列女傳、白虎通、法言及其他漢儒著述，亦加采録。而前、後兩漢書君臣論事稱引本經大義者，尤備載不遺。蓋漢代尤重春秋之學，董仲舒以之折獄，書傳漢志；雋不疑以之處事，名重漢廷。知通經本所以致用，經義大可以治事。世人目經術為迂疏無用者，固大謬也。

七、倭奴狂狡，陵我中華，五十年於此矣。著者年方十歲，即有中倭甲午之戰。於時親覩父兄憤慨之誠，即切同仇之志。年既冠，出遊倭京，益知倭奴之凶狡。晚遭大難，自恨書生，不能執戈衛國，乃編述聖文，詔示後進。故本編以復讎、攘夷二篇為首，惡倭寇，明素志也。

八、荀子曰：「人苟利之為見，若者必害；苟生之為見，若者必死。」蓋人有必死之志，然後可以得生。華倭國力，本不相當。而三年以來，我方將士前仆後繼，視死如歸，馴致愈戰愈强，而倭寇乃陷入深淵，不能自拔。環顧歐陸，最强大之國不一二月遽即淪亡。以彼例此，我國潛力强盛，頓使世界震驚。此固由國人涵濡聖教，人有忠義之心，故爾士心激厲也。本編次述貴死義、念國殤，厲將士也。

九、人臣之罪，莫大於叛國。宋魚石、齊慶封以中原之人，受夷狄之封，憑藉異族之勢，以脅父母之邦，固天地所不容，神人所共憤也。故楚靈雖不道，其討慶封也，春秋予之伯討。而董子亦著封罪之宜死，誠深惡而痛絕之也。倭寇鴟張，不謂今日炎黄之胄，尚有為魚石、慶封之續，藉外援以叛國者，真人類之梟獍也。故次述誅叛盜，明衆怒，張天討也。

十、國於天地，必有與立。與立者何？道德是已。次述貴仁義、貴正己、貴誠信、貴讓、貴豫、貴變改、譏慢諸篇，皆修身養德之事也。蓋根本不立，萬事皆隳，雖有智能，適增罪惡爾。

十一、士必以良友自輔，國必求與國自助，故折衝樽俎者尚矣。次述貴有辭，明外交之重要也。

十二、孔子曰：「可與共學，未可與適道。可與適道，未可與立。可與立，未可與權。」權者，儒家之最上義也。聖人秉權以應物，要非折衷至當，未易輕言。公羊於祭仲之事，丁寧誥誡，謂不害人以行權。殺人自生，亡人自存，君子不為。又謂權之所設，舍死亡無所設。蓋早慮權之易滋流弊也。次述明權篇，既明權為勝義，亦示用權之當慎爾。

十三、涓涓不絶，將成江河；萌蘖不剪，將尋斧柯。履霜而知冰至，熛火可毀雲臺。次述謹始篇，明始之不可不慎也。

十四、修身齊家治國平天下，其端在於誠意。未有意不誠而能成事者也。春秋折獄，端視乎意。志邪者不必其惡成，首惡者論其罪特重，此也。次述重意，明正心誠意為入德之始事也。

十五、古之設君，所以為民也。無民則君不用。次序重民，明古今哲人無異訓也。

十六、吾國族以和平著於世界。戰爭慘酷，聖人惡之。以其違天地好生之德也。然兵可百年不用，不可一日無備。故次述惡戰伐、重守備二篇。

十七、水所以載舟，亦所以覆舟。天視自我民視，天聽自我民聽。言國家貴得衆也。故次述貴得衆篇。

十八、封建之世，上有天子，下有諸侯大夫，等級較然，不可或紊。或謂今日治為民主，春秋尊尊之義不適於今日者，此謬說也。抑知政體雖殊，治道無改。今之中樞，猶古之天子也；各省政府猶古之諸侯也；縣政府猶古之大夫也。其異者，世爵與否耳。春秋譏世卿，今制固勝於古，而其道則未變也。試使省政府不受制於中樞，縣府不受成於省府，國事尚可為乎！昧者泥於跡象之異，達者知其事理之同。此古人所以貴好學深思心知其意也。此本書述尊尊、大受命二篇之微意也。

十九、我國臺諫一官，為最良之制度。古來君主政制之弊，賴此少減；民生之困，賴此少紓。

故次述録正諫。

二十、治國始於齊家，親親之義尚矣。歷觀春秋所記，家與國較，則輕家而重國；天倫與大義較，則伸大義而詘天倫。曼姑許其圍戚，魯莊不與念母，季子善乎誅兄，齊桓善乎誅女弟，其明證也。故次述親親。

二十一、婚姻之道，昔苦其拘，今患其縱。拘者非也，縱者亦非也。法蘭西民志存逸樂，姙婦習於殺胎，丁口因之不殖，又男女無別，舉國荒淫，猝遭强敵，有同齏粉。殷鑒不遠，可為悚惕。此重妃匹、尚別二篇之所為述也。

二十二、古人世爵，聖人欲杜覬覦，故傳國貴居正。此自為當時設制云爾。今斯制不存，其防微杜漸之心固可師也。次述正繼嗣。

二十三、春秋為尊者諱，為賢者諱，為親者諱。或疑春秋以褒貶明義，何以有諱辭以掩人之惡，此誤説也。夫諱有二端：恥自外至者，尊者賢者親者之所不欲受，故為之諱，以滅其恥。此聖人忠厚之意，所以尊尊賢賢親親也。惡自己出者，聖人欲直貶尊者賢者親者而有所不能，欲竟隱其事而又有所不得，故宛辭微文以見之，此亦聖人忠厚之意也。諱也，所以見惡也。後之人觀於聖人之辭，而事之美惡可知矣。掩惡云乎哉！

二十四、孔子，魯人，假魯史修春秋以明王制，故於魯事獨詳。此猶今之某一國人述世界史，於其本國較詳爾。此録内篇之旨也。

二十五、孔子之學，大窮天地，小極名物。讀言序一篇，聖人用心之周，設辭之慎，可以見矣。次述言序一篇，以終吾業。

二十六、勝清光緒丁酉，余年十三，學於時務學堂，從新會梁先生受公羊春秋，爲余生平治今文春秋之始。年在童稚，大義粗明，嗣是以來，服膺未釋。吾鄉當道咸之際，邵陽魏先生默深學通羣籍，廣涉九流。先朝故實，海國珍聞，靡不綜貫。雅懷治國之志，遂著經世之書，尤篤嗜春秋一經，嘗欲爲董氏春秋發微一書而未就，學者憾焉。業師平江蘇厚庵先生奉手大師，斐然有作，值清末葉，專業春秋，尤精董義。疏證繁露，發明大義。溝通漢宋，精闢無倫。亦嘗欲爲公羊董義述一書，病肺奄逝，大業未成。元二之間，先生歸隱長沙，余時侍坐隅，獲聞緒論。日月不淹，忽焉卅載。晚丁喪亂，重理舊文。眷念前徽，心懷慚懼。紹述先哲，有志未能。粗誦昔聞，敬俟來學。

目録

卷一

榮復讎第一

春秋榮復讎。

春秋繁露竹林篇曰：「春秋之書戰伐也，有惡有善也。惡詐擊而善偏戰，〔註一〕恥伐喪而榮復讎。〔註二〕」

復國讎者賢之。

莊四年：「紀侯大去其國。」公羊傳曰：「大去者，何？滅也。孰滅之？齊滅之。曷為不言齊滅之？為襄公諱也。春秋為賢者諱。何賢乎襄公？復讎也。何讎爾？遠祖也。哀公亨乎周，〔註三〕紀侯譖之。以襄公之為於此焉者，事祖禰之心盡矣。盡者何？襄公將復讎乎紀，卜之，曰：『師喪分焉。』〔註四〕『寡人死之，不為不吉也。』〔註五〕」

國讎不可並立於天下，雖百世可復也。

莊四年公羊傳續曰：「遠祖者，幾世乎？九世矣。九世猶可以復讎乎？雖百世可也。家亦可乎？曰：不可。國何以可？國君一體也。先君之恥猶今君之恥也，今君之恥猶先君之恥也。國君何以為一體？國君以國為體，諸侯世，故國君為一體也。〔註六〕今紀無罪，此非怒與？〔註七〕曰：非也。古者有明天子，則紀侯必誅，必無紀者。紀侯之不誅，至今有紀者，猶無明天子也。〔註八〕古者諸侯必有會聚之事，相朝聘之道，號辭必稱先君以相接。然則齊紀無説焉，〔註九〕不可以並立乎天下。故將去紀侯者，不得不去紀也。」春秋繁露滅國下篇曰：「紀侯之所以滅者，乃九世之讎也。」漢書匈奴傳曰：「漢既誅大宛，威震外國，天子意欲遂困胡，乃下詔曰：高皇帝遺朕平城之憂，高后時單于書絕悖逆。昔齊襄公復九世之讎，春秋大之。」後漢書袁紹傳：「劉表以書諫袁譚曰：昔齊襄公報九世之讎，士匄卒荀偃之事，是故春秋美其義，君子稱其信。」

復讎而戰，雖敗猶可伐。故內不言敗，復讎敗則特書。

莊九年：「八月庚申，及齊師戰於乾時，我師敗績。」公羊傳曰：「內不言敗。此其言敗，何？伐敗也。曷為伐敗？復讎也。」孔氏廣森公羊通義曰：「伐，誇也。雖敗猶可誇，不若常敗有恥當諱。」

讎者無時可與通，故與讎狩則譏。

莊四年：「冬，公及齊人狩於郜。」公羊傳曰：「公曷為與微者狩？齊侯也。齊侯則其稱人何？

諱與讎狩也。按：魯桓公為齊所弒。前此者有事矣，後此者有事矣，則曷為獨於此焉譏？於讎者將壹譏而已，故擇其重者而譏焉，莫重乎其與讎狩也。於讎者則曷為將壹譏而已？讎者無時焉可與通，通則為大譏。不可勝譏，故將壹譏而已。」何注云：「禮：父母之讎不共戴天，兄弟之讎不同國，九族之讎不同鄉黨，朋友之讎不同市朝。」穀梁傳曰：「齊人者，齊侯也。其曰人，何也？卑公之敵，所以卑公也。何為卑公也？不復讎而怨不釋，刺釋怨也。」

與讎會則譏。

莊三年：「春王正月，溺會齊師伐衛。」穀梁傳曰：「溺者，何也？公子溺也。其不稱公子，何也？惡其會仇讎而伐同姓，故貶而名之也。〔註一〇〕」

與讎為禮則譏。

莊元年：「夏，單伯逆王姬。」穀梁傳曰：「單伯者何？吾大夫之命乎天子者也。命大夫，故不名也。其不言如，何也？〔註一一〕其義不可受於京師也。其義不可受於京師，何也？曰：躬君弒於齊，〔註一二〕使之主婚姻，與齊為禮，其義固不可受也。」「秋，築王姬之館于外。」穀梁傳曰：「築，禮也。于外，非禮也。築之為禮，何也？主王姬者必自公門出，於廟則已尊，於寢則已卑，〔註一三〕為之築，節矣。〔註一四〕築之外，變之正也。築之外，變之為正，何也？仇讎之人，非所以接婚姻也。衰麻，非所以接弁冕也。其不言齊侯之來逆，何也？不使齊侯得與吾為禮也。」

娶讎女則譏。

莊二十四年：「夏，公如齊逆女。」穀梁傳曰：「親迎，恒事也，不志。此其志，何也？不正其親迎於齊也。」「八月丁丑，夫人姜氏入。」穀梁傳曰：「入者，内弗受也。〔註一五〕日入，惡入者也。〔註一六〕何用不受也？以宗廟弗受也。其以宗廟弗受，何也？娶仇人子弟以薦舍於前，〔註一七〕其義不可受也。」

事復讎，而無復讎之誠者，譏。

莊九年公羊傳續曰：「此復讎乎大國，曷為使微者？〔註一八〕公也。公則曷為不言公？不與公復讎也。〔註一九〕曷為不與公復讎？復讎者在下也。〔註二〇〕」何注云：「時實為不能納子糾伐齊，諸大夫以為不如以復讎伐之。於是以復讎伐之。非誠心至意，故不與也。」

君弒，賊不討，不書葬。以為臣不討賊，非臣；子不復讎，非子。

隱十一年：「冬十有一月壬辰，公薨。」公羊傳曰：「何以不書葬？隱之也。〔註二一〕何隱爾？弒也。弒則何以不書葬？春秋君弒，賊不討，不書葬，以為無臣子也。子沈子曰：君弒，臣不討賊，非臣也；子不復讎，非子也。葬，生者之事也。春秋君弒，賊不討，不書葬。以為不繫乎臣子也。」穀梁傳曰：「公薨不地，故也。〔註二二〕隱之，不忍地也。其不言葬，何也？君弒，賊不討，不書葬，以罪下也。」春秋繁露王道篇曰：「春秋之義，臣不討賊，非臣；子不復讎，非子也。故誅趙盾。賊不討者不書葬，臣子之誅也。」又玉杯篇曰：「是故君弒賊討，則善而書其誅。莫之討，則君不書葬而賊不復見矣。不書葬，以為無臣子也。賊不復見，以其宜滅絕也。」白虎通誅伐篇曰：「子得為父報仇者，臣子之於君父，其義一也。忠臣孝子所以不能已，以恩義不可奪也。故曰：父之仇，不與共天下；兄弟之仇，不與共國；朋友之仇，不與同朝；族人之仇，不共鄰。故春秋傳曰：子不復讎，非子。」後漢書張敏傳：「敏議曰：春秋之義，子不復讎，非子也。」

讎在外不能討則書葬。

桓十八年：「夏四月丙子，公薨于齊。」「冬十有二月己丑，葬我君桓公。」公羊傳曰：「賊未討，何以書葬？讎在外也。〔註二三〕讎在外何以書葬？君子辭也。」穀梁傳曰：「君弒，賊不討，不書葬。此其言葬，何也？不責踰國而討于是也。」

無賊可討則書葬。

宣十年：「五月癸巳，陳夏徵舒弒其君平國。」十一年：「冬十月，楚人殺陳夏徵舒。」十有二年：「春，葬陳靈公。」公羊傳曰：「討此賊者非臣子也，何以書葬？君子辭也。楚已討之矣，臣子雖欲討之而無所討也。」

復讎者，滅其可滅，葬其可葬。

莊四年：「六月乙丑，齊侯葬紀伯姬。」公羊傳曰：「外夫人不書葬，此何以書？隱之也。何隱爾？其國亡矣，徒葬於齊爾。此復讎也，曷為葬之？滅其可滅，葬其可葬。此其為可葬柰何？復讎者，非將殺之、逐之也。以為雖遇紀侯之殯，亦將葬之也。」

家讎不可復。

莊四年：「紀侯大去其國。」公羊傳曰：「家亦可（復讎）乎？曰：不可！」

父不受誅，子復讎可也。〔註二四〕

定四年：「冬十有一月庚午，蔡侯以吳子及楚人戰於柏莒，楚師敗績。」公羊傳曰：「吳何以稱子？夷狄也而憂中國。其憂中國柰何？伍子胥父誅於楚，挾弓而去楚，以干闔盧。闔盧曰：『士之甚！勇之甚！』將為之興師而復讎於楚。伍子胥復曰：『諸侯不為匹夫興師。且臣聞之：事君猶事父也，虧君之義，復父之讎，臣不為也。』於是止。蔡昭公朝乎楚，有美裘焉。囊瓦求之，昭公不與。為是拘昭公於南郢，數年然後歸之。於其歸焉，用事乎河，〔註二五〕曰：『天下諸侯苟有能伐楚者，寡人請為之前列。』楚人聞之怒，為是興師，使囊瓦將而伐蔡。蔡請救於吳，伍子胥復曰：『蔡非有罪也，楚人為無道，君如有憂中國之心，則若時可矣。』〔註二六〕於是興師而救蔡。曰：事君猶事父也。此其為可以復讎柰何？曰：父不受誅，子復讎可矣。父受誅，子復讎，推刃之道也。」穀梁傳曰：「吳其稱子，何也？以蔡侯之以之，舉其貴者也。〔註二七〕蔡侯之以之，則其舉貴者，何也？吳信中國而攘夷狄，吳進矣。其信中國而攘夷狄柰何？子胥父誅於楚也，挾弓持矢干闔廬。闔廬曰：『大之甚！勇之甚！』為是欲興師而伐楚。子胥諫曰：『臣聞之：君不為匹夫興師。且事君猶事父也，虧君之義，復父之讎，臣弗為也。』於是止。蔡昭公朝於楚，有美裘，囊瓦求之，昭公不與。為是拘昭公於南郢，數年然後得歸。歸乃用事乎漢，曰：『苟諸侯有欲伐楚者，寡人請為前列焉。』楚人聞之而怒，為是興師而伐蔡。蔡請救於吳，子胥曰：『蔡非有罪，楚無道也。君若有憂中國之心，則若此時可矣。』為是興師而伐楚。」白虎通誅伐篇曰：「父母以義見殺，子不復仇者，為往來不止也。春秋傳曰：父不受誅，子復仇可也。」禮記曲禮疏引五經異義曰：「凡君非禮殺臣，公羊說子可復仇。故子胥伐楚，春秋善之。左氏說：君命，天也，是不可復仇。鄭駁之云：子思云：今之君子，退人若將隊諸淵。毋為戎首，不亦善乎？子胥父兄之誅，隊淵不足喻，伐楚使吳首兵，合於子思之言。」按：鄭從公羊義。

朋友復讎，相衛而不相迿，〔註二八〕古之道也。

定四年公羊傳曰：「復讎不除害，朋友相衛而不相迿，古之道也。」

攘夷第二

春秋嚴夷夏之防。〔註二九〕內其國而外諸夏，內諸夏而外夷狄。

成十五年公羊傳文見下。春秋繁露王道篇曰：「親近以來遠，故未有不先近而致遠者也。故內其國而外諸夏，內諸夏而外夷狄。」漢書匈奴傳贊曰：「故先王度土，中立封畿，分九州，列五服，物土貢，制外內，或脩刑政，或昭文德，遠近之勢異也。是以春秋內諸夏而外夷狄。」

故鍾離之會外吳。

成十五年：「冬十有一月，叔孫僑如會晉士燮、齊高無咎、宋華元、衛孫林父、鄭公子鰌、邾婁人會吳於鍾離。」公羊傳曰：「曷為殊會吳？〔註三〇〕外吳也。曷為外也？春秋內其國而外諸夏，內諸夏而外夷狄。」穀梁傳曰：「會，又會，外之也。」春秋繁露觀德篇曰：「是故吳魯同姓也。鍾離之會，不得序而稱君，殊魯而會之，為其夷狄之行也。」

柤之會外吳。

襄十年：「春，公會晉侯、宋公、衛侯、曹伯、莒子、邾子、滕子、薛伯、杞伯、小邾子、齊世子光會吳于柤。」穀梁傳曰：「會，又會，外之也。」春秋繁露觀德篇曰：「吳俱夷狄也，柤之會，獨先外之，為其與我同姓也。」

向之會外吴。

襄十四年：「春王正月，季孫宿、叔老會晉士匄、齊人、宋人、衛人、鄭公孫蠆、曹人、莒人、邾人、滕人、薛人、杞人、小邾人會吴于向。」按：殊會吴，與鍾離柤二會文同。

新城之盟外楚。

文十四年：「六月，公會宋公、陳侯、衛侯、鄭伯、許伯、曹伯、晉趙盾。癸酉，同盟于新城。」穀梁傳曰：「同者，有同也，同外楚也。」

斷道之盟外楚。

宣十七年：「六月己未，公會晉侯、衛侯、曹伯、邾子同盟于斷道。」穀梁傳曰：「同者，有同也，同外楚也。」

雞澤之盟外楚。

襄三年：「六月，公會單子、晉侯、宋公、衛侯、鄭伯、莒子、邾子、齊世子光。己未，同盟于雞澤。」穀梁傳曰：「同者，有同也，同外楚也。」

平丘之盟外楚。

昭十三年：「秋，公會劉子、晉侯、齊侯、宋公、衛侯、鄭伯、曹伯、莒子、邾子、滕子、薛伯、杞伯、小郲子于平丘。八月甲戌，同盟于平丘。」穀梁傳曰：「同者，有同也，同外楚也。」

欑函之會外狄。

宣十一年：「秋，晉侯會狄于欑函。」穀梁傳曰：「不言及，外狄也。」

中國之於夷狄，不言戰而言伐。

莊三十年：「齊人伐山戎。」公羊傳曰：「此蓋戰也。何以不言戰？春秋敵者言戰。桓公之於戎狄，驅之爾。」達按：傳言桓公於山戎但驅逐使去而已，不足言戰也。以山戎不足與齊抗等也。何注謂去戰貶為惡不仁，非是。春秋繁露精華篇曰：「春秋慎辭，謹於名倫等物者也。是故小夷言伐不言戰，大夷言戰而不得言獲，中國言獲而不得言執，各有辭也。有小夷避大夷而不得言戰，大夷避中國而不得言獲，中國避天子而不得言執。名倫弗予，嫌於相臣之辭也。是故大小不踰等，貴賤如其倫，義之正也。」

或言敗。

成十二年：「秋，晉人敗狄于交剛。」穀梁傳曰：「中國與夷狄不言戰，皆曰敗之。」昭十七年：「楚人及吳戰于長岸。」穀梁傳曰：「兩夷狄曰敗，中國與夷狄亦曰敗。」

夷狄相誘，則君子不疾。

昭十六年：「楚子誘戎曼子，殺之。」公羊傳曰：「楚子何以不名？〔註三一〕夷狄相誘，君子不疾也。曷為不疾？若不疾，乃疾之也。」白虎通王者不臣篇曰：「夷狄者，與中國絕域異俗，非中和氣所生，非禮所能化，故不臣也。春秋傳曰：夷狄相誘，君子不疾。」

而魯追戎則大之。〔註三二〕

莊十八年：「夏，公追戎于濟西。」公羊傳曰：「此未有言伐者。其言追，何？大其為中國追也。此未有伐中國者，則其言為中國追，何？大其未至而豫禦之也。其言於濟西，何？大之也。」穀梁傳曰：「其不言戎之伐我，何也？以公之追之，不使戎邇於我也。于濟西者，大之也。何大焉？為公之追之也。」漢書辛慶忌傳：「何武上封事曰：夫將不豫設，則亡以應卒；士不素厲，則難使死敵。光祿勳慶忌謀慮深遠，前在邊郡，數破敵獲虜，外夷莫不聞；加以兵革久寢，春秋大災未至而豫禦之，慶忌宜在爪牙官以備不虞。」

敗狄則大之。

文十一年：「冬十月甲午，叔孫得臣敗狄于鹹。」公羊傳曰：「狄者，何？長狄也。兄弟三人，一者之齊，一者之魯，一者之晉。其之齊者，王子成父殺之。其之魯者，叔孫得臣殺之。則未知其之晉者也。〔註三三〕其言敗，何？大之也。其日，何？〔註三四〕大之也。其地，何？〔註三五〕大之也。」

齊服楚則喜之。

僖四年：「楚屈完來盟于師，盟于召陵。」公羊傳曰：「屈完者，何？楚大夫也。何以不稱使？尊屈完也。曷為尊屈完？以當桓公也。其言盟于師、盟于召陵，何？師在召陵也。師在召陵，則曷為再言盟？喜服楚也。何言乎喜服楚？楚有王者則後服，無王者則先叛。夷狄也，而亟病中國。南夷與北夷交，中國不絕若綫。桓公救中國而攘夷狄，卒怗荊。〔註三六〕以此為王者之事也。」春秋繁露王道篇曰：「桓公救中國，攘夷狄，卒服楚，至為王者事，春秋予之為伯、誅意不誅辭之謂也。」〔註三七〕漢書韋玄成傳：「王舜、劉歆議曰：自是之後，南夷與北夷交侵，中國不絕如綫。春秋紀齊桓南伐楚，北伐山戎，孔子曰：微管仲，吾其被髮左衽矣。是故棄桓之過而録其功，以為伯首。」

洮之盟，鄭伯不慕中國而乞盟，則抑之。

僖八年：「春王正月，公會王人、齊侯、宋公、衛侯、許男、曹伯、陳世子款盟于洮。鄭伯乞盟。」公羊傳曰：「乞盟者，何？處其所而請與也。其處其所而請與柰何？蓋酌之也。」何注云：「酌，挹也。時鄭伯欲與楚，不肯自來盟，處其國。遣使挹取其血而請與之約束，無汲汲慕中國之心，故抑之。」穀梁傳曰：「乞者，處其所而請與也，蓋汋之也。」春秋繁露觀德篇曰：「洮之會，鄭處而不來，謂之乞盟。」

鷄澤之會，陳侯慕中國而與會，則喜之。

襄三年：「六月，公會單子、晉侯、宋公、衛侯、鄭伯、莒子、邾婁子、齊世子光。己未，同盟于鷄澤。陳侯使袁僑如會。〔註三八〕戊寅，叔孫豹及諸侯之大夫及陳袁僑盟。」公羊傳曰：「曷為殊及陳袁僑？〔註三九〕為其與袁僑盟也。」何注云：「陳鄭，楚之與國。陳侯有慕中國之心，有疾，使大夫會諸侯，欲附疏，不復備責，遂與之盟，共結和親，故殊之。起主為與袁僑盟也。復出陳者，喜得陳國也。」

鄬之會，鄭僖公欲從中國而見弑，則諱之。

襄七年：「十有二月，公會晉侯、宋公、陳侯、衛侯、曹伯、莒子、邾婁子于鄬。鄭伯髡原如會，未見諸侯。丙戌，卒于操。」公羊傳曰：「操者，何？鄭之邑也。諸侯卒其封內不地，此何以地？隱之也。何隱爾？弑也。孰弑之？其大夫弑之。曷為不言其大夫弑之？為中國諱也。曷為為中國諱？鄭伯將會諸侯于鄬，其大夫諫曰：『中國不足歸也，則不若與楚。』鄭伯曰：『不可。』其大夫曰：『以中國為義，則伐我喪。以中國為彊，則不若楚。』於是弑之。鄭伯髡原何以名？傷而反，未至乎舍而卒也。未見諸侯，其言如會，何？致其意也。」穀梁傳曰：「未見諸侯，其曰如會，何？致其意也。禮：諸侯不生名。〔註四〇〕此其生名，何也？卒之名也。卒之名，則何為加之如會之上？見以如會卒也。其見以如會卒，何也？鄭伯將會中國，其臣欲從楚，不勝，其臣弒而死。其不言弒，何也？不使夷狄之民加乎中國之君也。」八年：「夏，葬鄭僖公。」公羊傳曰：「賊未討，何以書葬？為中國諱也。」

蕭魚之會，鄭服中國則喜之。

襄十一年：「公會晉侯、宋公、衛侯、曹伯、齊世子光、莒子、邾婁子、滕子、薛伯、杞伯、小邾婁子伐鄭。會于蕭魚。」公羊傳曰：「此伐鄭也。其言會于蕭魚，何？蓋鄭與會爾。」何注云：「中國以鄭故，三年之中五起兵，至是乃服。其後無干戈之患二十餘年，故喜而詳録其會，起得鄭為重。」〔註四一〕「公至自會。」穀梁傳曰：「伐而後會，不以伐鄭致，〔註四二〕得鄭伯之辭也。」范注云：「鄭與會而服中國，喜之，故以會致。」春秋繁露觀德篇曰：「先楚子審卒之三年，鄭服蕭魚。」

魯襄公踰年在楚，則危而特書之。

襄二十九年：「春王正月，公在楚。」公羊傳曰：「何言乎公在楚？正月以存君也。」何注云：「成十一年正月，公在晉不書，在楚書者，惡襄公久在夷狄，為臣子危録之。」穀梁傳曰：「閔公也。」春秋繁露王道篇曰：「正月，公在楚，臣子思君，無一日無君之義也。觀乎在楚，知臣子之思。」鹽鐵論和親篇曰：「春秋存君在楚。」

魯以楚師伐齊，則惡之。

僖二十六年：「公子遂如楚乞師。公以楚師伐齊，取穀。公至自伐齊。」公羊傳曰：「此已取穀矣，何以致伐？未得乎取穀也。曷為未得乎取穀？曰：患之起必自此始也。」穀梁傳曰：「公至自伐齊，惡事不致，此其致之，何也？危之也。」范注云：「以蠻夷之師伐鄰近大國，招禍深怨，危亡之道。」春秋繁露俞序篇曰：「愛人之大者，莫大於思患而豫防之。故蔡得意於吳，魯得意於齊，春秋皆不告。故次以言怨人不可邇，敵國不可狎，攘竊之國不可使久親，皆防患為民除害之意。」鹽鐵論刑德篇曰：「魯以楚師伐齊，而春秋惡之。」説苑尊賢篇曰：「季子卒後，邾擊其南，齊伐其北，魯不勝其患，將乞師於楚以取全身，故傳曰：患之起必自此也。」

諸侯從楚伐宋，則非之。

僖二十七年：「冬，楚人、陳侯、蔡侯、鄭伯、許男圍宋。」穀梁傳曰：「楚人者，楚子也。其曰人，何也？人楚子，所以人諸侯也。其人諸侯，何也？不正其信夷狄而伐中國也。」

從吳滅偪陽，則非之。

襄十年：「春，公會晉侯、宋公、衛侯、曹伯、莒子、邾子、滕子、薛伯、杞伯、小邾子、齊世子光會吳于柤。夏五月甲午，遂滅偪陽。公至自會。」公羊傳何注云：「滅日者，甚惡諸侯不崇禮義以相安，反遂為不仁，開道彊夷滅中國。中國之禍連蔓日及，故疾録之。」穀梁傳曰：「其曰遂，何？不以中國從夷狄也。」范注云：「時實吳會諸侯滅傅陽，按：偪陽，穀梁經作傅陽。恥以中國之君從夷狄之主，故加甲午，使若改日諸侯自滅傳陽。」

夷狄主中國則不與。〔註四三〕

昭二十三年：「秋七月戊辰，吳敗頓、胡、沈、蔡、陳、許之師于鷄父。胡子髡、沈子楹滅。獲陳夏齧。」公羊傳曰：「此偏戰也，曷為以詐戰之辭言之？不與夷狄之主中國也。」哀十三年：「公會晉侯及吳子于黄池。」公羊傳曰：「吳何以稱子？吳主會也。吳主會，則曷為先言晉侯？不與夷狄之主中國也。」

執中國則不與。

隱七年：「冬，天王使凡伯來聘。戎伐凡伯於楚丘，以歸。」公羊傳曰：「凡伯者，何？天子之大夫也。此聘也，其言伐之，何？執之也。執之，則其言伐之，何？大之也。〔註四四〕曷為大之？不與夷狄之執中國也。」僖二十一年：「秋，宋公、楚子、陳侯、蔡侯、鄭伯、許男、曹伯會於霍，執宋公以伐宋。」公羊傳曰：「孰執之？楚子執之。曷為不言楚子執之？不與夷狄之執中國也。」二十七年：「冬，楚人、陳侯、蔡侯、鄭伯、許男圍宋。」公羊傳曰：「此楚子也，其稱人，何？貶。曷為貶？為執宋公貶，故終僖之篇貶也。」

獲中國則不與。

莊十年：「秋九月，荆敗蔡師于莘，以蔡侯獻舞歸。」公羊傳曰：「蔡侯獻舞何以名？絶。曷為絶之？獲也。曷為不言其獲？不與夷狄之獲中國也。」春秋繁露精華篇曰：「春秋慎辭，謹於名倫等物者也。是故小夷言伐而不得言戰，大夷言戰而不得言獲，中國言獲而不得言執，各有辭也。有小夷避大夷而不得言戰，大夷避中國而不得言獲，中國避天子而不得言執。名倫弗予，嫌於相臣之辭也。是故大小不踰等，貴賤如其倫，義之正也。」

捷中國則不與。

僖二十一年：「楚人使宜申來獻捷。」穀梁傳曰：「捷，軍得也。其不曰宋捷，何也？不與楚捷於宋也。」

滅中國則不與。

昭八年：「葬陳哀公。」穀梁傳曰：「不與楚滅，閔之也。」范注：「滅國不葬，閔楚夷狄以無道滅之，故書葬以存陳。」十三年：「蔡侯廬歸于蔡，陳侯吳歸于陳。」穀梁傳曰：「此未嘗有國也。使如失國辭然者，不與楚滅也。」「冬，十月，葬蔡哀公。」穀梁傳曰：「變之不葬有三：〔註四五〕失德不葬，弒君不葬，滅國不葬。然且葬之，不與楚滅，且成諸侯之事也。」莊二十六年：「曹殺其大夫。」公羊傳曰：「何以不名？衆也。曷為衆殺之？不死於曹君者也。君死乎位曰滅。曷為不言其滅？為曹羈諱也。」何注云：「曹諸大夫與君皆敵戎戰，曹伯為戎所殺，諸大夫不仗節死義，獨退求生。後嗣子立而誅之，春秋以為得其罪。故衆略之不名。」孔氏廣森通義云：

「戎殺曹君，狄滅邢、衛，經皆無文，明是不與戎狄得滅中國。」

為中國則不使。

宣十一年：「十月，丁亥，楚子入陳。」穀梁傳曰：「入者，内弗受也。日入，惡入者也。何用弗受也？不使夷狄為中國也。」

誘殺中國之君則惡之。

昭十一年：「夏四月丁巳，楚子虔誘蔡侯般殺之于申。」穀梁傳曰：「何為名之也？夷狄之君誘中國之君而殺之，故謹而名之也。」

雖許夷狄，不壹而足。〔註四六〕

故稱其大夫，名而不氏。

文九年：「冬，楚子使椒來聘。」公羊傳曰：「椒者，何？楚大夫也。楚無大夫，此何以書？始有大夫也。始有大夫，則何以不氏，許夷狄者不壹而足也。」穀梁傳曰：「楚無大夫，其曰萩，公羊作椒，穀梁作萩。何也？以其來我褒之也。」襄二十九年：「吳子使札來聘。」公羊傳曰：「吳無君無大夫。此何以有君有大夫？賢季子也。札者，何？吳季子之名也。春秋賢者不名，此何以名？許夷狄者不壹而足也。季子者，所賢也。曷為不足乎季子？許人臣者必使臣，許人子者必使子也。」春秋繁露觀德篇曰：「吳楚國先聘我者見賢。」漢書陳湯傳曰：「御史大夫貢禹、博士匡衡以為春秋之義，許夷狄者不壹而足。」

行事進於中國，則進之。

故楚少進則卒君。

宣十八年：「七月甲戌，楚子吕卒。」穀梁傳曰：「夷狄不卒，（註四七）卒，少進也。卒而不日，日，少進也。日而不言正不正，簡之也。」公羊傳何注云：「至此卒者，因其有賢行。」疏云：「正以已前未有書楚子卒處故也。」

吳少進則書獲。

昭二十三年：「秋七月戊辰，吳敗頓、胡、沈、蔡、陳、許之師于鷄父。獲陳夏齧。」公羊傳曰：「不與夷狄之主中國，則其言獲陳夏齧，何？吳少進也。」

進楚子，故書戰。

昭十七年：「楚人及吳戰于長岸。」穀梁傳曰：「兩夷狄曰敗，中國與夷狄亦曰敗。楚人及吳戰于長岸，進楚子，故曰戰。」

荆能聘則稱人。

莊二十三年：「荆人來聘。」公羊傳曰：「荆何以稱人？始能聘也。」穀梁傳曰：「善累而後進之。其曰人，何也？舉道不待再。」

吳使賢者則稱子。

襄二十九年：「吳子使札來聘。」穀梁傳曰：「吳其稱子，何也？善使延陵季子，故進之也。身賢，賢也；使賢，亦賢也。延陵季子之賢，尊君也。其名，成尊於上也。」

憂中國則稱子。

定四年：「冬十有一月庚午，蔡侯以吳子及楚人戰於柏莒，楚師敗績。」公羊傳曰：「吳何以稱子？夷狄也而憂中國。其憂中國柰何？伍子胥父誅於楚，挾弓而去楚以干闔廬。闔廬曰：『士之甚！勇之甚！』將為之興師而復讎於楚。伍子胥復曰：『諸侯不為匹夫興師。且臣聞之，事君猶事父也。虧君之義，復父之讎，臣不為也。』於是止。蔡昭公朝乎楚，有美裘焉。囊瓦求之，昭公不與。為是拘昭公于南郢，數年然後歸之。於其歸焉，用事乎河，曰：『天下諸侯苟有能伐楚者，寡人請為之前列。』楚人聞之怒，為是興師，使囊瓦將而伐蔡。蔡請救于吳。子胥曰：『蔡非有罪，楚無道也。君若有憂中國之心，則若時可矣。』為是興師而伐楚。」穀梁傳曰：「吳其稱子，何也？以蔡侯之以之，舉其貴者也。蔡侯之以之，則舉其貴者，何也？吳信中國而攘夷狄，吳進矣。其信中國而攘夷狄柰何？子胥父誅于楚也，挾弓持矢干闔廬。闔廬曰：

『大之甚！勇之甚！』為是欲興師而伐楚。子胥諫曰：『臣聞之：君不為匹夫興師。且事君猶事父也，虧君之義，復父之讐，臣弗為也。』於是止。蔡昭公朝於楚，有美裘，囊瓦求之，昭公不與。為是拘昭公於南郢，數年然後得歸，乃用事乎漢，曰：『苟諸侯有欲伐楚者，寡人請為前列焉。』楚人聞之而怒，為是興師而伐蔡。蔡請救于吳。子胥曰：『蔡非有罪，楚無道也。君若有憂中國之心，則若此時可矣。』為是興師而伐楚。」白虎通號篇曰：「蔡侯無罪而拘于楚，吳有憂中國心，興師伐楚，諸侯莫敢不至，知吳之霸也。」

尊天王則稱子。

哀十三年：「公會晉侯及吳子于黃池。」穀梁傳曰：「黃池之會，吳子進乎哉！遂子矣。吳，夷狄之國也，祝髮文身，欲因魯之禮，因晉之權，而請冠端而襲，其藉于成周，以尊天王。吳進矣。吳，東方之大國也，累累致小國以合諸侯，以合乎中國。吳能為之，則不臣乎！吳進矣。王，尊稱也。子，卑稱也。辭尊稱而居卑稱，以會乎諸侯，以尊天王。吳王夫差曰：『好冠來。』孔子曰：『大矣哉夫差，未能言冠而欲冠也。』」春秋繁露觀德篇曰：「鷄父之戰，吳不得與中國為禮。至於伯莒、黃池之行，變而反道，乃爵而不殊。」

潞子為善則記之。

宣十五年：「六月癸卯，晉師滅赤狄潞氏，以潞子嬰兒歸。」公羊傳曰：「潞何以稱子？潞子之為善也，躬足以亡爾。雖然，君子不可不記也。離於夷狄而未能合於中國，晉師伐之，中國不救，狄人不有，是以亡也。」穀梁傳曰：「其曰潞子嬰兒，賢也。」春秋繁露仁義法篇曰：「潞子之於諸侯，無所能正。春秋予之有義，其身正也。」又觀德篇曰：「潞子離夷狄而歸黨以得亡，春秋謂之子以領其意。」漢書景武昭宣元成功臣表曰：「春秋列潞子之爵，許其慕諸夏也。」

楚子為禮則與之。

宣十二年：「楚子圍鄭。六月乙卯，晉荀林父帥師及楚子戰於邲，晉師敗績。」公羊傳曰：「大夫不敵君，此其稱名氏以敵楚子，何？不與晉而與楚子為禮也。曷為不與晉而與楚子為禮也？莊王伐鄭，勝乎皇門，放乎路衢。鄭伯肉袒，左執茅旌，右執鸞刀，以逆莊王，〔註四八〕曰：『寡人無良邊垂之臣，以干天禍，是以使君王沛焉辱到敝邑。君如矜此喪人，錫之不毛之地，使帥一二耋老而綏焉，請唯君王之命。』莊王曰：『君之不令臣交易為言，是以使寡人得見君之玉面，而微至乎此。』莊王親自手旌，左右撝軍，退舍七里。將軍子重諫曰：『南郢之與鄭，相去數千里。諸大夫死者數人，廝役扈養死者數百人。今君勝鄭而不有，無乃失民臣之力乎！』莊王曰：『古者杅不穿、皮不蠹，則不出乎四方。〔註四九〕是以君子篤於禮而薄於利，要其人而不要其土。告從，不赦不詳。〔註五〇〕吾以不詳導民，災及吾身，何日之有？』既則晉師之救者至，曰：『請戰。』莊王許諾。將軍子重諫曰：『晉，大國也。王師淹病矣，君請勿許也。』莊王曰：『弱者吾威之，彊者吾辟之，〔註五一〕是以使寡人無以立乎天下。』令之還師而逆晉寇。莊王鼓之，晉師大敗。晉衆之走者，舟中之指可掬矣。莊王曰：『嘻！吾兩君不相好，百姓何罪！』令還師而佚晉寇。」〔註五二〕春秋繁露竹林篇曰：「春秋之常辭也，不與夷狄而與中國為禮。至邲之戰，偏然反之，何也？曰：春秋無通辭，從變而移，晉變而為夷狄，楚變而為君子，故移其辭以從其事。夫莊王之舍鄭，有可貴之美。晉人不知其善而欲擊之。所救已解，如挑與之戰，〔註五三〕此無善善之心，而輕救民之意也。是以賤之而不得使與賢者為禮。」又觀德篇曰：「春秋常辭，夷狄不得與中國為禮。至邲之戰，夷狄反道，〔註五四〕中國不得與夷狄為禮，避楚莊也。」

行乎夷狄，〔註五五〕則仍反之於夷狄。

定四年：「十一月庚辰，吳入楚。」公羊傳曰：「吳何以不稱子？反夷狄也。其反夷狄柰何？君舍於君室，大夫舍於大夫室，蓋妻楚王之母也。」穀梁傳曰：「何以謂之吳也？狄之也。〔註五六〕何謂狄之也？君居其君之寢而妻其君之妻，大夫居其大夫之寢而妻其大夫之妻，蓋有欲妻楚王之母者，不正乘敗人之績而深為利，居人之國，故反其道也。」春秋繁露仁義法篇曰：「闔廬能正楚蔡之難矣，而春秋奪之義辭，以其身不正也。」越絕書敍外傳記曰：「子胥妻楚王母，無罪而死於吳。其行如是，何義乎？曰：孔子固貶之矣。賢其復讎，惡其妻楚王母也。」

中國行乎夷狄，則亦夷狄之。

昭二十三年：「秋七月戊辰，吳敗頓、胡、沈、蔡、陳、許之師於鷄父。」公羊傳曰：「然則曷為不使中國主之？中國亦新夷狄也。」何注云：「中國所以異乎夷狄者，以其能尊尊也。王室亂，莫肯救，君臣上下壞敗，亦新有夷狄之行，故不使主之。」

故秦襲鄭，則夷狄之。

僖三十三年：「夏四月辛巳，晉人及姜戎敗秦於殽。」公羊傳曰：「其謂之秦何？夷狄之也。曷為夷狄之？秦伯將襲鄭，百里子與蹇叔子諫曰：『千里而襲人，未有不亡者也。』秦伯怒曰：『若爾之年者，宰上之木拱矣。〔註五七〕爾曷知？』師出，百里子與蹇叔子送其子而戒之曰：『爾即死，必於殽之嶔巖，是文王之所辟風雨者也，吾將尸爾焉。〔註五八〕』子揖師而行，百里子與蹇叔子從其子而哭之。秦伯怒曰：『爾曷為哭吾師？』對曰：『臣非敢哭君師，哭臣之子也。』弦高者，鄭商也。遇之殽，矯以鄭伯之命而犒師焉。或曰：往矣；或曰：反矣。然而晉人與姜戎要之殽而擊之，匹馬隻輪無反者。」穀梁傳曰：「不言戰而言敗，何也？狄秦也。其狄之，何也？秦越千里之險入虛國，進不能守，退敗其師徒，亂人子女之教，無男女之別，秦之為狄，自殽之戰始也。」白虎通誅伐篇曰：「襲者，何謂也？行不假途，掩人不備也。春秋傳曰：其謂之秦，何？夷狄之也。曷為夷狄之？秦伯將襲鄭，入國，掩人不備，行不假途，人銜枚，馬繮勒，晝伏夜行為襲也。」

邾婁、牟、葛朝魯，則夷狄之。

桓十五年：「邾婁人、牟人、葛人來朝。」公羊傳曰：「皆何以稱人？ 夷狄之也。」何注云：「桓公行惡，而三人俱朝事之。三人為衆，衆足責，故夷狄之。」春秋繁露王道篇曰：「夷狄邾婁人、牟人、葛人，為其天王崩而相朝聘也，此其誅也。」按：董、何二義不同。

晉伐鮮虞，則夷狄之。

昭十二年：「晉伐鮮虞。」穀梁傳曰：「其曰晉，狄之也。其狄之，何也？ 不正其與夷狄交伐中國，故狄稱之也。」公羊無傳。何注云：「謂之晉者，中國以無義，故為夷狄所强。今楚行詐滅陳蔡，諸夏懼然，去而與晉會於屈銀，不因以大綏諸侯，先之以博愛，而先伐同姓，從親親起。欲以威行霸，故狄之。」春秋繁露楚莊王篇曰：「春秋曰：晉伐鮮虞。奚惡乎晉而同夷狄也？曰：春秋尊禮而重信。信重於地，禮尊於身。何以知其然也？宋伯姬疑禮而死於火，齊桓公疑信而虧其地，〔註五九〕春秋賢而舉之，以為天下法。曰：禮而信，禮無不答，施無不報，天之數也。今我君臣同姓遇女，女無良心，禮已不答，又恐畏我，何其不夷狄也？公子慶父之亂，魯危殆亡，而齊侯安之。於彼無親，尚來憂我。今晉不以同姓憂我，而强大厭我，〔註六〇〕我心望焉。〔註六一〕故言之不好，謂之晉而已，婉辭也。」

鄭伐許則夷狄之。

成三年：「鄭伐許。」公羊無傳。何注云：「謂之鄭者，惡鄭襄公與楚同心，數侵伐諸侯。自此之後，中國會盟無已，兵革數起，夷狄比周為黨，故夷狄之。」春秋繁露竹林篇曰：「春秋曰：鄭伐許。奚惡於鄭而夷狄之也？曰：衛侯遬卒，鄭師侵之，是伐喪也。鄭與諸侯盟於蜀，已盟而歸諸侯，於是伐許，是叛盟也。伐喪無義，叛盟無信。無信無義，故大惡之。」穀梁無傳。范注云：「鄭從楚而伐衛之喪，又叛諸侯之盟，故狄之。」

蔡世子般奪父政，則夷狄之。

襄三十年：「夏四月，蔡世子般弑其君固。」穀梁傳曰：「其不日，子奪父政，是謂夷之。」

鄭棄其師則夷狄之。

閔二年：「鄭棄其師。」公羊傳曰：「鄭棄其師者，何也？惡其將也。鄭伯惡高克，使之將，逐而不納，棄師之道也。」穀梁傳曰：「惡其長也，兼不反其衆，則是棄其師也。」說苑君道篇曰：「天之生人也，蓋非以為君也。天之立君也，蓋非以為位也。夫為人君行其私欲而不顧其人，是不承天意，忘其位之所以宜也。如此者，春秋不予能君而夷狄之，鄭伯惡一人而兼棄其師，故有夷狄不君之辭。人主不以此自省，惟既以失實，心奚由知之！故曰：有國者不可以不學春秋，此之謂也。」陳立義疏云：「鄭棄其師，與晉伐鮮虞、鄭伐許同辭，明為狄鄭之義。說苑此言，可補三傳之闕。」

衛伐凡伯，則直稱為戎。

隱七年：「冬，天王使凡伯來聘。戎伐凡伯於楚丘，以歸。」穀梁傳曰：「凡伯者，何也？天子之大夫也。國而曰伐，此一人而曰伐，何也？大天子之命也。戎者，衛也。戎衛者，為其伐天子之使，貶而戎之也。」

鄭大夫欲從楚，則視為夷狄之民。

襄七年：「十有二月，公會晉侯、宋公、陳侯、衛侯、曹伯、莒子、邾子于鄬，鄭伯髡原如會。丙戌，卒於操。」穀梁傳曰：「鄭伯將會中國，其臣欲從楚，不勝其臣，弒而死。其不言弒，何也？不使夷狄之民加乎中國之君也。」

嗚乎，可不戒哉！

貴死義第三

春秋貴死義。

春秋繁露玉英篇曰：「春秋賢死義。」

國君之死者：萊君死國則正之。

襄六年：「十有二月，齊侯滅萊。」公羊傳曰：「曷為不言萊君出奔？國滅，君死之，正也。」春秋繁露竹林篇曰：「夫冒大辱以生，其情無樂，故賢人不為也。而衆人疑焉，春秋以為人之不知義而疑也，故示之以義。曰：國滅，君死之，正也。正也者，正於天之為人性命也。天之為人性命，使行仁義而羞可恥，非若鳥獸然苟為生苟為利而已。」禮記曲禮下篇曰：「國君死社稷。」鄭注云：「死其所受於天子也，謂見侵伐也。春秋傳曰：國滅，君死之，正也。」疏引五經異義曰：「公羊說，國滅，君死，正也。故禮運曰：君死社稷，無去國之義。左氏說：昔太王居邠，狄人攻之，乃踰梁山，邑於岐山，故知是有去國之義也。許慎謹案：易曰：係遯有疾厲，畜臣妾，吉。知諸侯無去國之義。」按：鄭無駁，亦從許君用公羊義。

紀侯死國則賢之。

莊三年：「秋，紀季以酅入於齊。」公羊傳曰：「紀季者，何？紀侯之弟也。何以不名？賢也。〔註六二〕何賢乎紀季？服罪也。其服罪柰何？魯子曰：請後五廟以存姑姊妹。」穀梁傳曰：「酅，紀之邑也。入於齊者，以酅事齊也。」四年：「紀侯大去其國。」穀梁傳曰：「大去者，不遺一人之辭也。言民之從者四年而後畢也。紀侯賢而齊侯滅之，不言滅而曰大去其國者，不使小人加乎君子。」春秋繁露玉英篇曰：「難紀季曰：春秋之法，大夫不得專地。又曰：公子無去國之義。又曰：君子不避外難。紀季犯此三者，何以為賢？賢者故盜地以下敵，棄君以辟難乎？曰：賢者不為是。是故託賢於紀季以見季之弗為也。紀季弗為，而紀侯使之，可知矣。春秋之書事，時詭其實，以有避也。其書人，時易其名，以有諱也。故詭晉文得志之實以狩，諱避致王也；詭莒子號謂之人，避隱公也；易慶父之名謂之仲孫，變盛謂之成，諱大惡也。然則說春秋者隨其委曲而後得之。今紀季受命乎君，而經書專，無善之名，而文見賢。此皆詭辭，不可不察。春秋之於所賢也，固順其志而一其辭，章其義而貶其美。今紀侯，春秋之所貴也，是以聽其入齊之志，而詭其服罪之辭也，移之紀季。故告糴於齊者，實莊公為之，而春秋詭其辭，以予臧孫辰；以酅入於齊者，實紀侯為之，而春秋詭其辭，以予紀季。所以詭之不同，其實一也。難者曰：有國家者，人欲立之，固盡不聽。國滅，君死之，正也。何賢乎紀侯？曰：齊將復讎，紀侯自知力不如而志距之，故謂其弟曰：『我，宗廟之主，不可以不死也。汝以酅往服罪於齊，請以立五廟，使我先君歲時有所依歸，率一國之衆以衛九世之主。』襄公逐之，不去。求之，弗予。上下同心而俱死之，故謂之大去。春秋賢死義，且得衆心也，故為諱滅。以為之諱，見其賢之也。以其賢之也，見其中仁義也。」史記秦始皇本紀贊曰：「紀季以酅，春秋不名。吾讀秦紀，至於子嬰車裂趙高，未嘗不健其決，憐其志。嬰死生之義備矣。」樹達按：紀侯大去其國，公羊謂賢齊襄，穀梁董生謂賢紀侯，義若相反。然齊襄滅紀以復先祖之讎，紀侯死國以盡人君之道，義各有所歸，固可並存而不悖也。

人臣之死者：孔父義形於色而死，則賢之。

桓二年：「春王正月戊申，宋督弒其君與夷及其大夫孔父。」公羊傳曰：「此何以書？賢也。何賢乎孔父？孔父可謂義形於色矣。其義形於色奈何？督將弒殤公，孔父生而存，則殤公不可得而弒也。故於是先攻孔父之家，殤公知孔父死己必死，趨而救之，皆死焉。孔父正色而立於朝，則人莫敢過而致難於其君者，孔父可謂義形於色矣。」穀梁傳曰：「孔父先死，其曰及，何也？書尊及卑，春秋之義也。孔父之先死，何也？督欲弒君而恐不立，於是乎先殺孔父。孔父閑也。〔註六三〕何以知先殺孔父也？曰：子既死，父不忍稱其名；臣既死，君不忍稱其名。以是知君之累之也。孔，氏；父，字諡也。或曰：其不稱名，蓋為祖諱也，孔子故宋也。〔註六四〕春秋繁露服制象篇曰：「孔父義形於色，而姦臣不敢容邪！」後漢書孔融傳論曰：「是以孔父正色，不容弒虐之謀。」

仇牧不畏强禦而死，則賢之。

莊十二年：「秋八月甲午，宋萬弒其君接及其大夫仇牧。」公羊傳曰：「此何以書？賢也。何賢乎仇牧？仇牧可謂不畏彊禦矣。其不畏彊禦奈何？萬嘗與莊公戰，獲乎莊公。莊公歸，散舍諸宮中，數月然後歸之。歸反為大夫於宋。與閔公博，婦人皆在側，萬曰：『甚也魯侯之淑，魯侯之美也。天下諸侯宜為君者，唯魯侯爾。』閔公矜此婦人，妬其言，顧曰：『此虜也，爾虜焉故。魯侯之美惡乎至？』萬怒，搏閔公，絶其脰。仇牧聞君弒，趨而至，遇之於門，手劍而叱之。萬臂摋仇牧，碎其首，齒著乎門闔。仇牧可謂不畏强禦矣。」

荀息不食其言而死，則賢之。

僖十年：「晉里克弒其君卓子及其大夫荀息。」公羊傳曰：「此何以書？賢也。何賢乎荀息？荀息可謂不食其言矣。其不食其言柰何？奚齊卓子者，驪姬之子也，荀息傅焉。〔註六五〕驪姬者，國色也，獻公愛之甚，欲立其子，於是殺世子申生。申生者，里克傅之。獻公病將死，謂荀息曰：『士何如則可謂之信矣？』荀息對曰：『使死者反生，生者不愧乎其言，則可謂信矣。』獻公死，奚齊立，里克謂荀息曰：『君殺正而立不正，廢長而立幼，如之何？願與子慮之。』荀息曰：『君嘗訊臣矣，臣對曰：使死者反生，生者不愧乎其言，則可謂信矣。』里克知其不可與謀，退弒奚齊。荀息立卓子，里克弒卓子，荀息死之。荀息可謂不食其言矣。」春秋繁露玉英篇曰：「晉荀息死而不聽，衛曼姑拒而弗内，〔註六六〕事異而同心，其義一也。荀息死之，貴先君之命。曼姑拒之，亦貴先君之命也。事雖相反，所為同，俱貴先君之命耳。難者曰：荀息、曼姑所欲恃者，皆不宜立者，何以得載乎義？曰：春秋之法，君立不宜立，不書。大夫立則書。書之者，弗予大夫之得立不宜立者也。不書，予君之得立之也。君之立不宜立者，非也。既立之，大夫奉之，是也。荀息、曼姑之所以得為義也。」又王道篇曰：「仇牧、孔父、荀息之死節，皆行正世之義，守惓惓之心，春秋嘉義氣焉，故皆見之，復正之謂也。」

女子之死者，宋伯姬守禮而死，則賢之。

襄三十年：「五月甲午，宋災。伯姬卒。秋七月，叔弓如宋，葬宋共姬。」公羊傳曰：「外夫人不書葬，此何以書？隱之也。何隱爾？宋災，伯姬卒焉。其稱謚，何？賢也。何賢爾？宋災，伯姬存焉。有司復曰：『火至矣，〔註六七〕請出。』伯姬曰：『不可。吾聞之也，婦人夜出，不見傅、母，不下堂。』傅至矣，母未至也，逮乎火而死。〔註六八〕」穀梁傳曰：「取卒之日加之災上者，見以災卒也。其見以災卒柰何？伯姬之舍失火，左右曰：『夫人少辟火乎！〔註六九〕』伯姬曰：『婦人之義，傅、母不在，宵不下堂。』左右又曰：『夫人少辟火乎！』伯姬曰：『婦人之義，保母不在，宵不下堂。』遂逮乎火而死。婦人以貞為行者也，伯姬之婦道盡矣。詳其事，賢伯姬也。」春秋繁露王道篇曰：「觀乎宋伯姬，知貞婦之信。」淮南子泰族訓曰：「宋伯姬坐燒而死，春秋大之，取其不踰禮而行也。」新序雜事一篇曰：「禹之興也以塗山，桀之亡也以末喜，湯之興也以有莘，紂之亡也以妲己，文武之興也以任姒，幽王之亡也以褒姒。是以詩正關雎，而春秋褒伯姬也。」

貴死義，故賤苟生。

國君見獲不能死位，則絶之。

春秋繁露竹林篇曰：「春秋推天地而順人理，以至尊為不可以加於大辱至羞，故獲者絶之。」

故蔡侯獻舞名。〔註七〇〕

莊十年：「秋九月，荆敗蔡師於莘，以蔡侯獻舞歸。」公羊傳曰：「蔡侯獻舞何以名？絶。曷為絶之？獲也。曷為不言其獲？不與夷狄之獲中國也。」穀梁傳曰：「蔡侯何以名也？絶之也。何為絶也？獲也。中國不言敗，此其言敗，何也？中國不敗，蔡侯其見獲乎？其言敗，何也？釋蔡侯之獲也。以歸，猶愈乎執也。」

沈子嘉名。

定四年：「夏四月庚辰，蔡公孫歸姓帥師滅沈，以沈子嘉歸，殺之。」公羊無傳。何注云：「不舉滅為重，書以歸殺之者，責不死位也。」樹達按：沈子嘉名，亦絶也。

邾婁子益名。

哀七年：「秋，公伐邾婁。八月，己酉，入邾婁，以邾婁子益來。」公羊傳曰：「邾婁子益何以名？絶。曷為絶之？獲也。曷為不言其獲？內大惡諱也。〔註七一〕」疏云：「諸侯之禮當死位，今不能死位而生見獲，書其名，起其絶也。」穀梁傳曰：「益之名，惡也。」范注云：「惡其不能死社稷。」

曹伯陽名。

哀八年："春王正月，宋公入曹，以曹伯陽歸。"公羊傳曰："曹伯陽何以名？絶。曷為絶之？滅也。曷為不言其滅？諱同姓之滅也。"樹達按：此亦以見獲絶。

隗子之不名，以小國故不詳耳。

僖二十六年："秋，楚人滅隗，以隗子歸。"公羊無傳。何注云："不言獲者，舉滅為重。書以歸者，惡不死位。"

國君失國不能死位，亦絶之。

故穀伯綏、鄧侯吾離名。

桓七年："夏，穀伯綏來朝，鄧侯吾離來朝。"公羊傳曰："皆何以名？失地之君也。"穀梁傳曰："其名，何也？失國也。"春秋繁露滅國上篇曰："鄧穀失地而朝魯桓，鄧穀失地，不亦宜乎？"禮記曲禮下篇曰："諸侯不生名，諸侯失地，名。"

鄭忽名。

桓十一年："鄭忽出奔衛。"穀梁傳曰："鄭忽者，世子忽也。其名，失國也。"

邾子益名。

哀八年："歸邾子益于邾。"穀梁傳曰："益之名，失國也。"范注云："於王法當絶故。"樹達按：

此與前邾婁子益為一人，穀梁止作邾耳。公羊傳就其見獲言，穀梁就其失國言，故分列之耳。

郜子盛伯之不名，以魯同姓故耳。

僖二十年：「夏，郜子來朝。」公羊傳曰：「郜子者何？失地之君也。何以不名？兄弟辭也。」何注云：「郜，魯之同姓，故不忍言其絶賤。明當尊遇之，異於鄧穀也。」文十二年：「春王正月，盛伯來奔。」公羊傳曰：「盛伯者，何？失地之君也。何以不名？兄弟辭也。」何注云：「與郜子同義。」春秋繁露觀德篇曰：「盛伯、郜子俱當絶，而獨不名，為其與我同姓兄弟也。」

此國君之見賤者也。

鄭祭仲不能死難，故見惡於春秋。

桓十一年：「宋人執鄭祭仲，突歸于鄭。」穀梁傳曰：「曰突，賤之也。曰歸，易辭也。祭仲易其事，權在祭仲也。死君難，臣道也。今立惡而黜正，惡祭仲也。」樹達按：公羊謂祭仲知權，穀梁責祭仲不能死難，各明一義，並存之可也。

曹大夫不能死義，故衆殺而不名。

莊二十六年：「曹殺其大夫。」公羊傳曰：「何以不名？衆也。曷為衆殺之？不死于曹君者也。君死乎位曰滅，曷為不言其滅？為曹羈諱也。」何注云：「曹諸大夫與君俱敵戎戰，曹伯為戎所殺，諸大夫不仗節死義，獨退求生，後嗣子立而誅之，春秋以為得其罪，故衆略之不名。」

楚公子比不能死義，故加以弑君之罪。

昭十三年：「夏四月，楚公子比自晉歸于楚，弑其君虔于乾谿。」公羊傳曰：「此弑其君，其言歸，何？歸無惡於弑立也。歸無惡於弑立者，何？靈王為無道，作乾谿之臺，三年不成。楚公子棄疾脅比而立之，然後令于乾谿之役曰：『比已立矣，後歸者不得復其田里。』衆罷而去之，靈王經而死。」「楚公子棄疾弑公子比。」公羊傳曰：「比已立矣，其稱公子，何？其意不當也。其意不當，則曷為加弑焉爾？比之義宜乎效死不立。」春秋繁露王道篇曰：「觀乎楚公子比，知臣子之道，效死之義。」

凡伯不能死義，故書以歸以見其辱命。

隱七年：「冬，天王使凡伯來聘，戎伐凡伯于楚丘，以歸。」公羊傳曰：「凡伯者，何？天子之大夫也。此聘也，其言伐之，何？執之也。執之，則其言伐之，何？大之也。曷為大之？不與夷狄之執中國也。其地，何？大之也。」何注云：「録以歸者，惡凡伯不死位以辱王命也。」

此人臣之見賤者也。

逢丑父代齊頃公之死，可謂能捨身矣，而春秋非之者，以其使頃公苟生，置其君於人之所甚賤故也。

成二年：「秋七月，齊侯使國佐如師。己酉，及國佐盟於袁婁。」公羊傳曰：「君不使乎大夫，此其行使乎大夫，何？佚獲也。〔註七二〕其佚獲柰何？師還齊侯，晉郤克投戟逡巡，再拜稽首馬前。逢丑父者，頃公之車右也。面目與頃公相似，衣服與頃公相似，代頃公當左，使頃公取飲，頃公操飲而至，曰：『革取清者。〔註七三〕』頃公用是佚而不反。逢丑父曰：『吾賴社稷之神靈，吾君已免矣。』郤克曰：『欺三軍者其法奈何？』曰：『法斮。』於是斮逢丑父。」何注云：「佚獲者，已獲而逃亡也。當絶賤，使與大夫敵體以起之，丑父死君，不賢之者，於王法頃公當絶，如賢丑父，是賞人臣之絶其君也。若以丑父故不絶頃公，是開諸侯戰不能死難也。」春秋繁露竹林篇曰：「逢丑父殺其身以生其君，何以不得謂知權？丑父欺晉，祭仲許宋，俱枉正以存其君。然其丑父之所為，難於祭仲。祭仲見賢，而丑父猶見非，何也？曰：是非難別者在此。此其嫌疑相似而不同理者，不可不察。夫去位而避兄弟者，君子之所甚貴；獲虜逃遁者，君子之所甚賤。祭仲措其君於人所甚貴以生其君，春秋以為知權而賢之。丑父措其君於人所甚賤以生其君，春秋以為不知權而簡之。其俱枉正以存君，相似也。其正君榮之與使辱，不同理。故凡人之有為也，前枉而後義者，謂之中權。雖不能成，春秋善之，魯隱公、鄭祭仲是也。前正而後有枉者，謂之邪道。雖能成立，春秋不愛，齊頃公、逢丑父是也。夫冒大辱以生，其情無樂，故賢人不為也；而衆人疑焉，春秋以爲人不知義而疑也，故示之以義，曰：國滅，君死之，正也。正也者，正於天之爲人性命也。天之爲人性命，使行仁義而羞可恥，非若鳥獸然苟爲生苟爲利而已。是故春秋推天施而順人理，以至尊爲不可以生於大辱至羞，故獲者絶之。丑父大義宜言於頃公曰：君慢侮而怒諸侯，是失禮大矣。今被大辱而弗能死，是無恥也，而獲重罪。請俱死，無辱宗廟，無羞社稷。如此，雖陷其身，尚有廉名。當此之時，死賢于生。故君子生以辱，不如死以榮，正是之謂也。天施之在人者，使人有廉恥者不生大辱。大辱莫甚于去南面之位而束獲爲虜也。曾子曰：辱若可避，避之而已；及其不可避，君子視死如歸。謂如頃公者也。」

誅叛盜第四

宋魚石受楚封，則繫彭城於宋以正其叛國之罪。

成十五年：「宋魚石出奔楚。」十八年：「夏，楚子、鄭伯伐宋。宋魚石復入于彭城。」襄元年：「仲孫蔑會晉欒黶、宋華元、衛甯殖、曹人、莒人、邾婁人、滕人、薛人圍宋彭城。」公羊傳曰：「宋華元曷爲與諸侯圍宋彭城？爲宋誅也。其爲宋誅柰何？魚石走之楚，楚爲之伐宋，取彭城，以封魚石。魚石之罪柰何？以入是爲罪也。楚已取之矣，曷爲繫之宋？不與諸侯專封也。」穀梁傳曰：「繫彭城於宋者，不與魚石正也。」范注：「彭城已屬魚石，今猶繫宋者，崇君抑叛臣也。」左氏傳曰：「圍宋彭城。非宋地，追書也。於是為宋討魚石，故稱宋，且不登叛人也。」杜註：「登，成也。不與其專邑叛君，故使彭城還繫宋。」

齊慶封受吳封，則書楚子執齊慶封以正其脅國之罪。

昭四年：「秋七月，楚子、蔡侯、陳侯、許男、頓子、胡子、沈子、淮夷伐吳。執齊慶封，殺之。」公羊傳曰：「此伐吳也，其言執齊慶封，何？為齊誅也。其為齊誅柰何？慶封走之吳，吳封之於防。然則曷為不言伐防？不與諸侯專封也。慶封之罪何？脅齊君而亂齊國也。」穀梁傳曰：「此入而殺，其不言入，何也？慶封封乎吳鍾離，其不言伐鍾離，何也？不與吳封也。慶封，其以齊氏，何也？為齊討也。」春秋繁露楚莊王篇曰：「楚莊王殺陳夏徵舒，春秋貶其文，不予專討也。靈王殺齊慶封，而直稱楚子，何也？曰：莊王之行賢，而徵舒之罪重，以賢君討重罪，其於人心善。若不貶，孰知其非正經！春秋常於其嫌得者見其不得也。是故齊桓不予專地而封，晉文不予致王而朝，楚莊弗予專殺而討。三者不得，則諸侯之得殆此矣。此楚靈之所以稱子而討也。問者曰：不予諸侯之專封，復見於陳蔡之滅；不予諸侯之專討，獨不復見慶封之殺，何也？曰：春秋之用辭，已明者去之，未明者著之。今諸侯之不得專討，固已明矣。而慶封之罪未有所見也，故稱楚子以伯討之，著其罪之宜死，以為天下大禁。曰：人臣之行，貶主之位，亂國之臣，雖不篡殺，其罪皆宜死。比於此，其云爾也。」

人臣挾他國之威以陵脅己國，其罪已大矣，況楚與吳，春秋時之蠻夷也。魚石、慶封以中國之人受蠻夷之封，憑藉其力以脅中原，故春秋謂其罪宜死也。

衛孫林父據戚則書叛。

襄十四年：「衛侯衎出奔齊。」公羊無傳。何注：「為孫氏、甯氏所逐。」十九年：「夏，衛孫林父帥師伐齊。」二十五年：「衛侯入於陳儀。」二十六年：「春王二月辛卯，衛甯喜弒其君剽。」公羊無傳。何注：「甯喜為衛侯衎弒剽。」「衛孫林父入於戚，以叛。」公羊無傳。何注：「林父本逐衎，衎入，故叛。」左氏傳曰：「書曰入于戚以叛，罪孫氏也。臣之祿，君實有之。義則進，否則奉身而退。專祿以周旋，戮也。」

宋華亥、向甯、華定據南里則書叛。

昭二十年：「冬十月，宋華亥、向甯、華定出奔陳。」二十一年：「宋華亥、向甯、華定自陳入于宋南里，以叛。」穀梁傳曰：「自陳，陳有奉焉爾。入者，内弗受也。其曰宋南里，宋之南鄙也。」

宋公子辰、仲佗、石彄、公子池據蕭則書叛。

定十年：「秋，宋公子地出奔陳。冬，宋公之弟辰暨宋仲佗、石彄出奔陳。」十一年：「春，宋公之弟辰及仲佗、石彄、公子地自陳入于蕭，以叛。」穀梁傳曰：「自陳，陳有奉焉爾。入于蕭以叛，入者，內弗受也。」

晉荀寅、范吉射據朝歌則書叛。

定十三年：「冬，晉荀寅及士吉射入于朝歌，以叛。」

晉趙鞅之入晉陽而興兵也，以討君側之惡人也。然以無君命故亦書叛。

定十三年：「秋，晉趙鞅入於晉陽，以叛。冬，晉趙鞅歸於晉。」公羊傳曰：「此叛也，其言歸，何？以地正國也。〔註七四〕其以地正國柰何？晉趙鞅取晉陽之甲以逐荀寅與士吉射。荀寅與士吉射者，曷為者也？君側之惡人也。此逐君側之惡人，曷為以叛言之？無君命也。」穀梁傳曰：「此叛也，其以歸言之，何也？貴其以地反也。貴其以地反，則是大利也？非大利也，許悔過也。許悔過，則何以言叛也？以地正國也。以地正國，則何以言叛？其入無君命也。」春秋繁露順命篇曰：「臣不奉君命，雖善以叛言。晉趙鞅入於晉陽以叛是也。」史記趙世家曰：「晉定公之十四年，范、中行作亂。明年春，簡子即鞅謂邯鄲大夫午曰：『歸我衛士五百家，吾將置之晉陽。』午許諾，歸而其父兄不聽，倍言。趙鞅捕午，囚之晉陽。遂殺午。荀寅、范吉射與午善，謀作亂。十月，范、中行氏伐趙鞅，鞅奔晉陽。孔子聞趙簡子不請晉君而執邯鄲午，保晉陽。故書春秋曰：趙鞅以晉陽畔。」

春秋於竊地叛國之臣，又何其嚴也！

至邾婁庶其之以漆、閭邱來奔。

襄二十一年：「邾婁庶其以漆、閭丘來奔。」公羊傳曰：「邾婁庶其者何？邾婁大夫也。邾婁無大夫，此何以書？重地也。」〔註七五〕何注：「惡受叛臣邑，故重而書之。」左氏傳曰：「庶其非卿也，以地來，雖賤必書，重地也。」杜注：「重地，故書其人。其人書，則惡名彰以懲不義。」

莒牟夷之以牟婁及防茲來奔。

昭五年：「夏，莒牟夷以牟婁及防茲來奔。」公羊傳曰：「莒牟婁者何？莒大夫也。莒無大夫，此何以書？重地也。」穀梁傳曰：「莒無大夫，其曰牟夷，何也？以地來也。以地來則何以書也？重地也。」

邾黑肱之以濫來奔。

昭三十一年：「黑肱以濫來奔。」穀梁傳曰：「其不言邾黑肱，何也？別乎邾也。其不言濫子，何也？非天子所封也。來奔，內不言叛也。」左氏傳曰：「邾黑肱以濫來奔，賤而書名，重地故也。君子曰：名之不可不慎也如是。夫有所有名而不如其已。以地叛，雖賤，必書地，以名其人，終為不義，弗可滅已。是故君子動則思禮，行則思義，不為利回，不為義疚。或求名而不得，或欲蓋而名章，懲不義也。齊豹為衛司寇，守嗣大夫，作而不義，其書為盜。邾庶其、莒牟夷、邾黑肱以土地出，求食而已，不求其名，賤而必書。此二物者，所以懲肆而去貪也。若艱難其身，以險危大人，而有名章徹，攻難之士，將奔走之。若竊邑叛君，以徼大利而無名，貪冒之民，將寘力焉。是以春秋書齊豹曰盜，三叛人名，以懲不義，數惡無禮，其善志也。故曰：春秋之稱，微而顯，婉而辨。上之人能使昭明，善人勸焉，淫人懼焉，是以君子貴之。」

此以納竊地叛國之臣者為魯國，春秋為魯諱，故不以叛書耳，實則與書叛者罪無二也。若紀季以酅入于齊，春秋賢之者，以季奉紀侯之命為之，以存宗廟之祀，非叛者所得藉口也。

莊三年：「秋，紀季以酅入于齊。」公羊傳曰：「紀季者何？紀侯之弟也。何以不名？賢也。何賢乎紀季？服罪也。其服罪柰何？魯子曰：請後五廟以存姑姊妹。」春秋繁露玉英篇曰：「難紀季曰：春秋之法，大夫不得專地。又曰：公子無去國之義。又曰：君子不避外難。紀季犯此三者，何以為賢？賢者故盜地以下敵，棄君以辟難乎？曰：賢者不為是。是故託賢於紀季以見季之弗為也。紀季弗為，而紀侯使之，可知矣。春秋之書事，時詭其實，以有避也。其書人，時易其名，以有諱也。故詭晉文得志之實以狩，諱避致王也。詭莒子號謂之人，避隱公也。易慶父之名謂之仲孫，變盛謂之成，諱大惡也。然則說春秋者隨其委曲而後得之。今紀季受命乎君，而經書專，無善之名，而文見賢。此皆詭辭，不可不察。春秋之於所賢也，固順其志而一其辭，章其義而褒其美。今紀侯，春秋之所貴也。是以聽其入齊之志，而詭其服罪之辭也，移之紀季。故告糴於齊者，實莊公爲之，而春秋詭其辭，以予臧孫辰。以酅入于齊者，實紀侯爲之，而春秋詭其辭，以予紀季。所以詭之不同，其實一也。難者曰：有國家者，人欲立之，固盡不聽。國滅，君死之，正也。何賢乎紀侯？曰：齊將復讎，紀侯自知力不如而志距之，故謂其弟曰：『我宗廟之主，不可以不死也。汝以酅往服罪於齊，請以立五廟，使我先君歲時有所依歸，率一國之衆以衛九世之主。』襄公逐之，不去。求之，弗予。上下同心而俱死之，故謂之大去。春秋賢死義，且得衆心也，故爲諱滅。以爲之諱，見其賢之也。以其賢之也，見其中仁義也。」

貴仁義第五

春秋貴仁義。

楚莊仁而佚晉寇。

宣十二年：「楚子圍鄭。六月乙卯，晉荀林父帥師及楚子戰于邲，晉師敗績。」公羊傳曰：「大夫不敵君，此其稱名氏以敵楚子，何？不與晉而與楚子爲禮也。曷爲不與晉而與楚子爲禮也？

莊王伐鄭，勝乎皇門，放乎路衢。鄭伯肉袒，左執茅旌，右執鸞刀，以逆莊王，曰：『寡人無良邊垂之臣，以干天禍，是以使君王沛焉辱到敝邑。君如矜此喪人，錫之不毛之地，使帥一二耋老而綏焉，請唯君王之命。』莊王曰：『君之不令臣交易為言，是以使寡人得見君王之玉面，而微至乎此。』莊王親自手旌，左右撝軍，退舍七里。將軍子重諫曰：『南郢之與鄭，相去數千里。諸大夫死者數人，廝役扈養死者數百人，今君勝鄭而不有，無乃失民臣之力乎！』莊王曰：『古者杅不穿、皮不蠹，則不出乎四方。是以君子篤於禮而薄於利，要其人而不要其土。告從不赦，不詳。吾以不詳導民，災及吾身，何日之有。』既則晉師之救鄭者至，曰：『請戰。』莊王許諾。將軍子重諫曰：『晉，大國也。王師淹病矣，君請勿許也。』莊王曰：『弱者吾威之，彊者吾辟之，是以使寡人無以立于天下。』令之還師而逆晉寇。莊王鼓之，晉師大敗。晉衆之走者，舟中之指可掬矣。莊王曰：『嘻！吾兩君不相好，百姓何罪！』令還師而佚晉寇。」春秋繁露竹林篇曰：「夫莊王之舍鄭，有可貴之美。晉人不知善而欲擊之。所救已解，如挑與之戰，如與而同。此無善善之心，而輕救民之意也。」白虎通號篇曰：「楚勝鄭而不有，告從而赦之。又令還師而佚晉寇。圍宋，宋因而與之平，引師而去。知楚莊之霸也。」

子反仁而矜宋民。

宣十五年：「夏五月，宋人及楚人平。」公羊傳曰：「外平不書，此何以書？大其平乎己也。何大乎其平乎己？莊王圍宋，軍有七日之糧爾，盡此不勝，將去而歸爾。於是使司馬子反乘堙而闚宋城，宋華元亦乘堙而見之。司馬子反曰：『子之國何如？』華元曰：『憊矣！』曰：『何如？』曰：『易子而食之，析骸而炊之。』司馬子反曰：『嘻，甚矣憊！雖然，吾聞之也，圍者拑馬而秣之，〔註七六〕使肥者應客，是何子之情也！』〔註七七〕華元曰：『吾聞之：君子見人之厄則矜之，小人見人之厄則幸之。吾見子之君子也，是以告情於子也。』司馬子反曰：『諾，勉之矣。吾軍亦有七日之糧爾，盡此不勝，將去而歸爾。』揖而去之，反於莊王。莊王曰：『何如？』司馬子反曰：『憊矣。』曰：『何如？』曰：『易子而食之，析骸而炊之。』莊王曰：『嘻，甚矣憊！雖然，吾今取此然後而歸爾。』司馬子反曰：『不可！臣已告之矣，軍有七日之糧爾。』莊王怒曰：『吾使子往視之，子曷為告之？』司馬子反曰：『以區區之宋，猶有不欺人之臣，可以楚而無乎？是以告之也。』莊王曰：『諾，舍而止。雖然，吾猶取此然後歸爾。』司馬子反曰：『然則君請處於此，臣請歸爾。』莊王曰：『子去我而歸，吾孰與處於此？吾亦從子而歸爾。』引師而去之。故君子大其其平乎己也。」春秋繁露竹林篇曰：「司馬子反為其君使，廢君命，與敵情。從其所請，與宋平。是內專政而外擅名也。專政則輕君，擅名則不臣，而春秋大之，奚由哉？曰：為其有慘怛之恩，不忍餓一國之民使之相食，推恩者遠之而大，為仁者自然而美，今子反出己之心，矜宋之民，無計其閒，故大之也。難者曰：春秋之法，卿不憂諸侯，政不在大夫。子反為楚臣而恤宋民，是憂諸侯也；不復其君而與敵平，是政在大夫也。溴梁之盟，信在大夫，而春秋刺之，為其奪君尊也；平在大夫，亦奪君尊，而春秋大之，此所閒也。且春秋之義，臣有惡，擅名義，故忠臣不顯諫，欲其為君出也。書曰：『爾有嘉謀嘉猷，入告爾君于內，爾乃順之于外，曰：此謀此猷，惟我君之德。』此為人臣之法也。古之良大夫，其事君皆若是。今子反去君近而不復，莊王可見而不告，皆以其解二國之難為不得已也。奈其奪君名美何？此所惑也。曰：春秋之道，固有常有變。變用於變，常用於常，各止其科，非相妨也。今諸子所稱，皆天下之常，雷同之義也。子反之行，一曲之變，獨修之意也。夫目驚而體失其容，心驚而事有所忘，人之情也。通於驚之情者，取其一美，不盡其失。詩云：『采葑采菲，無以下體。』此之謂也。今子反往視宋，聞人相食，大驚而哀之，不意之至於此也。是以心駭目動而違常禮。禮者，庶於仁，文質而成體者也。今使人相食，大失其仁，安著其禮？方救其質，奚恤其文？故曰當仁不讓。此之謂也。今讓者，春秋之所貴。雖然，見人相食，驚人相爨，救之忘其讓，君子之道，有貴於讓者也。故說春秋者無以平定之常義疑變故之大，則義幾可論矣。」後漢書王望傳曰：「昔華元、子反，楚、宋之良臣。不稟君命，擅平二國，春秋之義，以為美談。」

曹公子喜時仁而免其君之罪。

成十六年：「曹伯歸自京師。」公羊傳曰：「執而歸者名，曹伯何以不名？而不言復歸於曹，何？易也。其易奈何？公子喜時在内也。公子喜時在内，則何以易？公子喜時者，仁人也。内平其國而待之，外治諸京師而免之。其言自京師，何？言甚易也，舍是無難矣。」何注云：「執歸書者，賢喜時為兄所篡，終無怨心。而復深推精誠，憂免其難，非至仁莫能行之，故書，起其功也。」樹達按：負芻篡，喜時讓，詳貴讓篇。

魯季孫行父仁而代其君之執。

成十六年：「九月，晉人執季孫行父，舍之於招丘。」公羊傳曰：「執未有言舍之者，此其言舍之，何？仁之也。曰：在招丘，悕矣。〔註七八〕執未有言仁之者，此其言仁之，何？代公執也。其代公執奈何？前此者，晉人來乞師而不與。公會晉侯，將執公。季孫行父曰：『此臣之罪也。』於是執季孫行父。成公將會厲公，會不當期，將執公。季孫行父曰：『臣有罪，執其君；子有罪，執其父，此聽失之大者也。今此臣之罪也，舍臣之身而執臣之君，吾恐聽失之為宗廟羞也。』於是執季孫行父。」

晉士匄不伐齊喪。

襄十九年：「秋七月辛卯，齊侯環卒。晉士匄帥師侵齊，至穀，聞齊侯卒，乃還。」公羊傳曰：「還者何？善辭也。何善爾？大其不伐喪也。此受命乎君而伐齊，則何大乎其不伐喪？大夫以君命出，進退在大夫也。」穀梁傳曰：「受命而誅生，死無所加其怒，不伐喪，善之也。」左氏傳曰：「晉士匄侵齊，及穀，聞喪而還，禮也。」漢書蕭望之傳曰：「五鳳中，匈奴大亂。議者多曰匈奴為害日久，可因其壞亂，舉兵滅之。詔問望之計策，望之對曰：『春秋晉士匄帥師侵齊，聞齊侯卒，引師而還。君子大其不伐喪，以為恩足以服孝子，誼足以動諸侯。前單于慕化鄉善稱弟，遣使請求和親，海内欣然，夷狄莫不聞；未終奉約，不幸為賊臣所殺；今而伐之，是乘亂而幸災也，彼必奔走遠遁。不以義動兵，恐勞而無功。宜遣使者弔問，輔其微弱，救其災患，四夷聞之，咸貴中國之仁義。如遂蒙恩得復其位，必稱臣服從，此德之盛也。』上從其議。後竟遣兵護輔呼韓邪單于定其國。」白虎通誅伐篇曰：「諸侯有三年之喪，有罪且不誅，何？君子恕己，哀孝子之思慕，不忍加刑罰。春秋傳曰：晉士匄帥師侵齊，至穀，聞齊侯卒，乃還。傳曰：大其不伐喪也。」

魯季友不納慶父。

僖元年：「冬十月壬午，公子友帥師敗莒師於犂，獲莒挐。」公羊傳曰：「莒挐者何？莒大夫也。莒無大夫，此何以書？大季子之獲也。何大乎季子之獲？季子治內難以正，禦外難以正。其禦外難以正柰何？公子慶父弒閔公，走而之莒，莒人逐之。將由乎齊，齊人不納。卻反，舍于汶水之上。使公子奚斯入請。季子曰：『公子不可以入，入則殺矣。』奚斯不忍反命于慶父，自南涘北面而哭。慶父聞之，曰：『嘻，此奚斯之聲也。』諾，已。〔註七九〕曰：『吾不得入矣！』於是抗輈經而死。莒人聞之，曰：『吾已得子之賊矣。』以求賂乎魯，魯人不與。為是興師而伐魯，季子待之以偏戰。」

吳季札不入吳國。

襄二十九年：「吳子使札來聘。」公羊傳曰：「吳無君，無大夫，此何以有君，有大夫？賢季子也。何賢乎季子？讓國也。其讓國柰何？謁也，餘祭也，夷昧也，與季子同母者四。季子弱而才，兄弟皆愛之，同欲立之以為君。謁曰：『今若是迮而與季子國，〔註八〇〕季子猶不受也。請無與子而與弟，弟兄迭為君，而致國乎季子。』皆曰：『諾。』故諸為君者皆輕死為勇，飲食必祝，曰：『天苟有吳國，尚速有悔于予身。〔註八一〕』故謁也死，餘祭也立；餘祭也死，夷昧也立。夷昧也死，則國宜之季子者也。季子使而亡焉。〔註八二〕僚者，庶長也，即之。〔註八三〕季子使而反，至而君之爾。闔廬曰：『先君之所以不與子國而與弟者，凡為季子故也。將從先君之命與？則國宜之季子者也；如不從先君之命與？則我宜立者也。僚惡得為君乎！』於是使專諸刺僚，而致國乎季子。季子不受，曰：『爾弒吾君，吾受爾國，是吾與爾為篡也；爾殺吾兄，吾又殺爾，是父子兄弟相殺終身無已也。』去之延陵，終身不入吳國。故君子以其不受為義，以其不殺為仁。賢季子則吳何以有君有大夫？以季子為臣，則宜有君者也。」說苑至公篇曰：「君子以其不殺為仁，以其不取國為義。夫不以國私身，捐千乘而不恨，棄尊位而無忿，可以庶幾矣。」

魯叔肸不食宣公之食。

宣十七年：「冬十有一月壬午，公弟叔肸卒。」穀梁傳曰：「其曰公弟叔肸，賢之也。其賢之，何也？宣弒而非之也。〔註八四〕非之則胡為不去也？曰：兄弟也，何去而之？與之財，則曰：我足矣。織屨而食，終身不食宣公之食，君子以是為通恩也，以取貴乎春秋。」公羊無傳。何注云：「稱字者，賢之。宣公篡位，叔肸不仕其朝，不食其祿，終身於貧賤。故孔子曰：『篤信好學，守死善道。危邦不入，亂邦不居。天下有道則見，無道則隱。』此之謂也。禮：盛德之士不名。」〔註八五〕鹽鐵論論儒篇曰：「闔廬殺僚，公子札去而之延陵，終身不入吳國。魯公殺子赤，叔肸退而隱之。士食其祿，虧義得尊，枉道取容，效死不為也。」新序節士篇曰：「宣公殺子赤而肸非之。宣公與之祿，則曰：我足矣，何以兄之食為食？織屨而食，終身不食宣公之食。其仁恩厚矣，其守節固矣，故春秋美而貴之。」白虎通王者不臣篇曰：「盛德之士不名，尊賢也。春秋曰：公弟叔肸。」

衛公子鱄不履衛地。

襄二十七年：「衛殺其大夫甯喜。衛侯之弟鱄出奔晉。」公羊傳曰：「衛殺其大夫甯喜，則衛侯之弟鱄曷為出奔晉？為殺甯喜出奔也。曷為為殺甯喜出奔？衛甯殖與孫林父逐衛侯而立公孫剽。甯殖病將死，謂喜曰：『黜公者，非吾意也，孫氏為之。我即死，女能固納公乎？』喜曰：

『諾。』甯殖死，喜立為大夫。使人謂獻公曰：『黜公者，非甯氏也，孫氏為之。吾欲納公，何如？』獻公曰：『子苟納我，吾請與子盟。』喜曰：『無所用盟，請使公子鱄約之。〔註八六〕』獻公謂公子鱄曰：『甯氏將納我，吾欲與之盟。其言曰：無所用盟，請使公子鱄約之。子固為我與之約矣。』公子鱄辭曰：『夫負羈縶，執鈇鑕，從君東西南北，則是臣僕庶孽之事也。若夫約言為信，則非臣僕庶孽之所敢與也。』獻公怒，曰：『黜我者，非甯氏與孫氏，凡在爾。』公子鱄不得已而與之約。已約，歸，至，殺甯喜。公子鱄挈其妻子而去之。將濟于河，攜其妻子而與之盟，曰：『苟有履衛地食衛粟者，昧雉彼視。』」穀梁傳曰：「專，其曰弟，何也？專有是信者。君賂不入乎喜而殺喜，是君不直乎喜也，故出奔晉，織絇邯鄲，終身不言衛。專之去，合乎春秋。」

按：鱄穀梁作專。何休穀梁廢疾曰：「甯喜本弒君之家，獻公過而殺之，小負也。專以君之小負自絕，非大義也，何以合乎春秋？」鄭玄起廢疾曰：「甯喜雖弒君之家，本專與約納獻公爾。公由喜得入，已與喜以君臣從事矣。春秋撥亂，重盟約，今獻公背之而殺忠於己者，是獻公惡而難親也。獻公既惡而難親，專又與喜為黨，懼禍將及。君子見幾而作，不俟終日。微子去紂，孔子以為三仁。專之去衛，其心若此。合于春秋，亦不宜乎？」

此皆春秋所貴者也。

貴仁則惡暴。

郲婁人用鄫子以血社。

僖十九年：「六月己酉，邾婁人執鄫子，用之。」公羊傳曰：「惡乎用之？用之社也。其用之社柰何？蓋叩其鼻以血社也。」何注云：「惡無道也。」穀梁傳曰：「小國之君因邾以求與之盟。人因己以求與之盟，已迎而執之，惡之，故謹而日之也。用之者，叩其鼻以衈社也。」

楚人用蔡世子有以築防。

昭十一年：「冬十有一月丁酉，楚師滅蔡。執蔡世子有以歸，用之。」公羊傳曰：「惡乎用之？用之防也。其用之防柰何？蓋以築防也。」何注云：「持其足，以頭築防，惡不以道。」

郲婁人之戕鄫子。

宣十八年：「秋七月，邾婁人戕鄫子于鄫。」公羊傳曰：「戕鄫子于鄫者，何？殘賊而殺之也。」何注云：「支解而節斷之，故變殺言戕。戕則殘賊，惡無道也。」穀梁傳曰：「戕猶殘也，梲殺之。」〔註八七〕

晉靈公之殺膳宰。

宣六年：「晉趙盾、衛孫免侵陳。」公羊傳曰：「靈公為無道，使諸大夫皆内朝，然後處乎臺上，引彈而彈之，已趨而辟丸，是樂而已矣。趙盾已朝而出，與諸大夫立於朝。有人荷畚自閨而出者，趙盾曰：『彼何也？夫畚曷為出乎閨？』呼之，不至，曰：『子大夫也，欲視之，則就而視之。』趙盾就而視之，則赫然死人也。趙盾曰：『是何也？』曰：『膳宰也。熊蹯不熟，公怒，以斗擊而殺之，支解，將使我棄之。』趙盾曰：『嘻！』」

皆不待貶絶而罪惡見者也。

昭元年公羊傳曰：「春秋不待貶絶而罪惡見者，不貶絶以見罪惡也。」

貴義則賤利。

無駭入極則貶之。

隱二年：「無駭帥師入極。」公羊傳曰：「無駭者何？展無駭也。何以不氏？貶。曷為貶？疾始滅也。始滅昉於此乎？前此矣。前此則曷為始乎此？託始焉爾。曷為託始焉爾？春秋之始也。此滅也，其言入，何？內大惡，諱也。」穀梁傳曰：「入者，內弗受也。極，國也。苟焉以入人為志者，人亦入之矣。不稱氏者，滅同姓，貶也。」八年：「冬十有二月，無駭卒。」公羊傳曰：「此展無駭也。何以不氏？疾始滅也。故終其身不氏。」春秋繁露王道篇曰：「無駭滅極不能誅，諸侯得以大亂，篡弒無已。」又曰：「誅犯始者，省刑絶惡疾始也。」後漢書李固傳：「固奏記梁商曰：春秋褒儀父以開義路，貶無駭以閉利門。」

取郜取防，則甚之。

隱十年：「六月壬戌，公敗宋師于菅。辛未，取郜。辛巳，取防。」公羊傳曰：「取邑不日，此何以日？一月而再取也。何言乎一月而再取？甚之也。」何注云：「甚魯因戰見利生事，利心數動。」穀梁傳曰：「取邑不日，此其日，何也？不正其乘敗人而深為利，故謹而日之也。」

伐莒取向，則譏之。

宣四年：「春，王正月，公及齊侯平莒及郯。莒人不肯。」穀梁傳曰：「及者，内為志焉爾。平者，成也。不肯者，可以肯也。公伐莒取向，伐猶可，取向甚矣。莒人辭不受治也，伐莒，義兵也；取向，非也，乘義而為利也。」

周桓王求車則譏。

桓十五年：「春二月，天王使家父來求車。」公羊傳曰：「何以書？譏。何譏爾？王者無求，求車，非禮也。」穀梁傳曰：「古者諸侯時獻于天子以其國之所有，故有辭讓而無徵求。求車，非禮也；求金甚矣。」左氏傳曰：「天王使家父來求車，非禮也。諸侯不貢車服，天子不私求財。」

求賻則譏。

隱三年：「秋，武氏子來求賻。」公羊傳曰：「武氏子者何？天子之大夫也。武氏子來求賻，何以書？譏。何譏爾？喪事無求，求賻，非禮也。」穀梁傳曰：「歸死者曰賵，歸生者曰賻。曰歸之者，正也；求之者，非正也。周雖不求，魯不可以不歸。魯雖不歸，周不可以求之。求之為言，得不得未可知之辭也。交譏之。」

頃王求金則譏。

文九年：「春，毛伯來求金。」公羊傳曰：「毛伯者何？天子之大夫也。……毛伯來求金，何以書？譏。何譏爾？王者無求，求金，非禮也。然則是王者與？曰：非也。非王者則曷為謂之王者？王者無求，曰：是子也，繼文王之體，守文王之法度，文王之法無求，而求，故譏之也。」穀梁傳曰：「求車猶可，求金甚矣。」左氏傳曰：「毛伯衛來求金，非禮也。」春秋繁露玉英篇曰：「天王使人求賻求金，皆為大惡而書。」又王道篇曰：「刺家父求車，武氏、毛伯求賻金。」說苑貴德篇曰：「周天子使家父、毛伯求金於諸侯，春秋譏之。故天子好利則諸侯貪，諸侯貪則大夫鄙，大夫鄙則庶人盜。上之變下，猶風之靡草也。」

魯隱公張魚則諱。

隱五年：「春，公觀魚於棠。」公羊傳曰：「何以書？譏。何譏爾？遠也。公曷為遠而觀魚？登來之也。百金之魚公張之，登來之者何？美大之之辭也。」何注云：「實譏張魚，而言觀譏遠者，恥公去南面之位，下與百姓爭利，匹夫無異，故諱若使以遠觀為譏也。」春秋繁露玉英篇曰：「公觀魚于棠，何惡也？凡人之性莫不善義，然而不能義者，利敗之也。故君子終日言不及利，欲以勿言愧之而矣。愧之，以塞其源也。夫處位動風化者，徒言利之名爾，猶惡之。況求利乎！故天王使人求賻求金，皆為大惡而書。今非直使人也，親自求之，是為甚惡。譏，何故言觀魚？猶言觀社也。皆諱大惡之辭也。」說苑貴德篇曰：「故人君者，明貴德而賤利以道下。下之為惡，尚不可止，今隱公貪利，而身自漁濟上而行八佾，以此化於國人，國人安得不解於義？解於義而縱於欲，則災害起而臣下僻矣。」

虞公受賂，則疾為首惡。

僖二年：「虞師、晉師滅夏陽。」公羊傳曰：「虞，微國也，曷為序乎大國之上？使虞首惡也。曷為使虞首惡？虞受賂，假滅國者道以取亡焉。其受賂柰何？獻公朝諸大夫問焉，曰：『寡人夜者寢而不寐，其意也何？』諸大夫有進對者，曰：『寢不安與？其諸侍御有不在側者與？』獻公不應。荀息進曰：『虞、郭見與？』獻公揖而進之，遂與之入而謀曰：『吾欲攻郭，則虞救之，攻虞則郭救之，如之何？願與子慮之。』荀息對曰：『君若用臣之謀，則今日取郭而明日取虞爾。君何憂焉！』獻公曰：『然則柰何？』荀息曰：『請以屈產之乘與垂棘之白璧往，必可得也；則寶出內藏藏之外府，馬出內廄繫之外廄爾，君何喪焉！』獻公曰：『諾。雖然，宮之奇存焉，如之何？』荀息曰：『宮之奇知則知矣，雖然，虞公貪而好寶。見寶，必不從其言。請終以往。』於是終以往。虞公見寶，許諾。宮之奇果諫：『記曰：脣亡則齒寒。虞、郭之相救，非相為賜，則晉今日取郭，〔註八八〕而明日虞從而亡爾。君請勿許也。』虞公不從其言，終假之道以取郭。還四年，反取虞。虞公抱寶牽馬而至。荀息見曰：『臣之謀何如？』獻公曰：『子之謀則已行矣。寶則吾寶也，雖然，吾馬之齒則已長矣。』蓋戲之也。」穀梁傳曰：「非國而曰滅，重夏陽也。虞無師，其曰師，何也？以其先晉，不可以不言師也。其先晉，何也？為主乎滅夏陽也。夏陽者，虞、虢之塞邑也。滅夏陽而虞、虢舉矣。虞之為主乎滅夏陽，何也？晉獻公欲伐虢，荀息曰：『君何不以屈産之乘、垂棘之璧而借道乎虞也？』公曰：『此晉國之寶也。如受吾幣而不借吾道，則如之何？』荀息曰：『此小國之所以事大國也；彼不借吾道，必不敢受吾幣。如受吾幣而借吾道，則是我取之中府而藏之外府，取之中廐而藏之外廐也。』公曰：『宮之奇存焉，必不使受之也。』荀息曰：『宮之奇之為人也，達心而懦，又少長於君。達心則其言略，懦則不能彊諫。少長於君，則君輕之。且夫玩好在耳目之前，而患在一國之後，此中知以上乃能慮之，臣料虞君中知以下也。』公遂借道而伐虢。宮之奇諫曰：『晉國之使者其辭卑而幣重，必不便於虞。』虞公弗聽，遂受其幣而借之道。宮之奇諫曰：『語曰：脣亡則齒寒。其斯之謂與！』挈其妻子以奔曹。獻公亡虢，五年而後舉虞。荀息牽馬操璧而前曰：『璧則猶是也，而馬齒加長矣。』」左氏傳曰：「先書虞，賄故也。」春秋繁露王道篇曰：「虞公貪財不顧其難，快耳悦目，受晉之璧、屈産之乘，假晉師道，還以自滅。宗廟破毀，社稷不祀，身死不葬，貪財之所致也。故春秋以此見物不空來，寶不虛出，自内出者無匹不行，自外至者無主不止，此其應也。」漢書孫寶傳曰：「寶自劾矯制，奏扈商為亂首。春秋之義，誅首惡而已。」後漢書梁商傳：「商上疏曰：春秋之義，功在元帥，罪止首惡。」

魯桓受賂，則譏其非禮。

桓二年：「夏四月，取郜大鼎于宋。戊申，納于大廟。」公羊傳曰：「何以書？譏。何譏爾？遂亂受賂，納于大廟，非禮也。」穀梁傳曰：「桓内弑其君，外成人之亂，受賂而退，以事其祖，非禮也。其道以周公弗受也。」左氏傳曰：「以郜大鼎賂公。夏四月，取郜大鼎于宋。戊申，納于大廟，非禮也。」

齊人受賂，則惡其取邑。

宣元年：「六月，齊人取濟西田。」公羊傳曰：「外取邑不書，此何以書？所以賂齊也。曷為賂齊？為弑子赤之賂也。」何注云：「子赤，齊外孫。宣公篡弑之，恐為齊所誅，為是賂之。故諱使若齊自取之者，亦因惡齊取篡者賂，當坐取邑。」穀梁傳曰：「内不言取。言取，授之也。以是為賂齊也。」

若梁以求財不足而自亡。

僖十九年：「梁亡。」公羊傳曰：「此未有伐者，其言梁亡，何？自亡也。其自亡柰何？魚爛而亡也。」穀梁傳曰：「自亡也。湎於酒，淫於色，心昏，耳目塞。上無正長之治，大臣背叛，民為寇盜。梁亡，自亡也。」春秋繁露王道篇曰：「梁內役民無已，其民不能堪。使民比地為伍，一家亡，五家殺刑。其民曰：先亡者封，後亡者刑。君者，將使民以孝於父母，順於長老，守丘墓，承宗廟，世世祀其先，今求財不足，行罰如將不勝，殺戮如屠，仇讎其民，魚爛而亡，國中盡空。春秋曰：梁亡。亡者，自亡也，非人亡之也。觀乎梁亡，知枉法之窮。」又仁義法篇曰：「故王者愛及四夷，伯者愛及諸侯，安者愛及封內，危者愛及旁側，亡者愛及獨身。春秋不言伐梁而言梁亡，蓋愛獨及其身者也。」

楚以欲得美裘而喪國。

定四年：「冬十有一月庚午，蔡侯以吳子及楚人戰於伯莒，楚師敗績。」公羊傳曰：「蔡昭公朝乎楚，有美裘焉。囊瓦求之，昭公不與。為是拘昭公于南郢，數年然後歸之。於其歸焉，用事乎河，曰：『天下諸侯苟有能伐楚者，寡人請為之前列。』楚人聞之，怒，為是興師，使囊瓦將而伐蔡。蔡請救於吳。伍子胥復曰：『蔡非有罪也，楚人為無道。君如有憂中國之心，則若時可矣。』於是興師而救蔡。」穀梁傳曰：「蔡昭公朝於楚，有美裘。囊瓦求之，昭公不與。為是拘昭公於南郢，數年然後得歸。乃用事乎漢，曰：『苟諸侯有欲伐楚者，寡人請為前列焉。』楚人聞之而怒，為是興師而伐蔡。蔡請救于吳。子胥曰：『蔡非有罪，楚無道也。君若有憂中國之心，則若此時可矣。』為是興師而伐楚。」「庚辰，吳入楚。」公羊傳曰：「吳何以不稱子？反夷狄也。

其反夷狄柰何？君舍於君室，大夫舍於大夫室，蓋妻楚王之母也。」穀梁傳曰：「何以謂之吳也？狄之也。何謂狄之也？君居其君之寢而妻其君之妻，大夫居其大夫之寢而妻其大夫之妻，蓋有欲妻楚王之母者。不正乘敗人之績而深為利，居人之國，故反其狄道也。」春秋繁露王道篇曰：「楚平王行無度，殺伍子胥父兄。蔡昭公朝之，因請其裘。昭公不與。吳王非之，舉兵加楚，大敗之。君舍乎君室，大夫舍乎大夫室，妻楚王之母。貪暴之所致也。」

固春秋之大戒也。

〔註一〕惡詐擊而善偏戰。約結期日而後戰，謂之偏戰，詐戰則反是，詐擊即詐戰也。倭奴之犯我遼寧，侵我盧溝，襲擊美國之珍珠港，皆詐戰也。若先宣戰而後戰者，則庶乎偏戰矣。倭奴之詐，世界正義之國無不惡之。而春秋則早已標惡詐戰之義。世人或以春秋為迂遠不切事情之學，觀此可恍然大悟矣。

〔註二〕恥伐喪而榮復讎。他國有喪而伐之，為不義之事，春秋所恥。復讎之師，則春秋以為榮。

〔註三〕哀公亨乎周。亨與今烹字同。

〔註四〕卜之，曰：師喪分焉。此卜者之辭。分，半也。

〔註五〕寡人死之，不為不吉也。此襄公答卜者之辭。師喪其半，國君死，猶為吉者，以能復讎故也。此見襄公復讎之決心。

〔註六〕諸侯世，故國君為一體也。世謂世世相傳。

〔註七〕今紀無罪，此非怒與！怒，遷怒也。

〔註八〕猶無明天子也。猶與由同。

〔註九〕然則齊紀無説焉。無説謂無辭可以相接。

〔註一〇〕惡其會仇讎而伐同姓，故貶而名之也。名之，謂直稱溺之名。

〔註一一〕其不言如，何也。如，往也。

〔註一二〕躬君弑於齊。躬謂魯莊公本身。君弑於齊，謂桓公為齊所弑。

〔註一三〕於廟則已尊，於寢則已卑。已尊已卑，謂太尊太卑。

〔註一四〕為之築，節矣。節，謂適宜。

〔註一五〕入者，内弗受也。弗受，猶今言不接受。凡不合義之事言之。

〔註一六〕日入，惡入者也。説春秋者，有日月例。以春秋所書月日，皆有褒貶之意存乎其間。此説不甚可信。然傳文屢言之。此文日入，謂夫人姜氏入上記有丁丑日子也。

〔註一七〕娶仇人子弟以薦舍於前。范注云：薦，進也。舍，置也。

〔註一八〕此復讎乎大國，曷為使微者。微者謂士，以非卿大夫故為微也。此經書及齊師戰于乾時。及上無主名。不書誰及之，有似乎微者，故傳發問也。

〔註一九〕不與公復讎也。不與猶今言不許，不許者謂其無誠意也。

〔註二〇〕復讎者在下也。下指諸大夫。

〔註二一〕何以不書葬？隱之也。隱，痛也。

〔註二二〕公薨不地，故也。他公之薨皆記其地，如言公薨於路寢是也。不地謂不記地，故謂變故。

〔註二三〕讎在外也。桓公為齊所弒，故云讎在外。

〔註二四〕父不受誅，子復讎可也。何注云：不受誅，罪不當誅也。

〔註二五〕用事乎河。用事謂祭。

〔註二六〕則若時可矣。若，此也。

〔註二七〕以蔡侯之以之，舉其貴者也。舉貴謂稱子。

〔註二八〕相衛而不相迿。迿與徇同。史記韓世家注云：徇，從死也。言朋友復讎，義當保衛之，而不得以己身從之死也。何休訓迿為先，非是。

〔註二九〕春秋嚴夷夏之防。夷謂夷狄，夏謂中國。

〔註三〇〕曷為殊會吳？叔孫僑如……會吳于鍾離，將吳特別提出，故云殊。

〔註三一〕楚子何以不名？不名，不稱其名。春秋以稱名為貶，此問其何以不貶稱名。

〔註三二〕而魯追戎則大之。大猶言褒美。

〔註三三〕則未知其之晉者也。言不知之晉者誰殺之。

〔註三四〕其日，何？日謂書其日子，甲午是也。下凡云日者，義同。

〔註三五〕其地，何？地謂書其地，鹹是也。下凡云地者，同。

〔註三六〕卒怗荆。怗，服也。

〔註三七〕誅意不誅辭之謂也。誅意猶言誅心，不誅辭，謂於文辭不誅之。

〔註三八〕陳侯使袁僑如會。如，往也。

〔註三九〕曷為殊及陳袁僑。殊及謂特别單獨提出及陳袁僑盟。與上言殊會意同也。

〔註四〇〕禮：諸侯不生名。諸侯生時不稱名，故云不生名。

〔註四一〕起得鄭為重。起猶今言表示或暗示。

〔註四二〕不以伐鄭致。凡書公至自某者為致。不以伐鄭致，謂不以公至自伐鄭書於經也。

〔註四三〕夷狄主中國則不與。不與，不許也。猶今言不承認。

〔註四四〕執之則其言伐之，何？大之也。此大之謂張大其辭，與褒美之意不同。

〔註四五〕變之不葬有三。不葬謂不書葬。

〔註四六〕雖許夷狄，不壹而足。不壹而足，謂不一次完全充足許之。

〔註四七〕夷狄不卒。不卒謂不書卒。

〔註四八〕以逆莊王。逆，迎也。下文逆晉寇，同。

〔註四九〕古者杅不穿、皮不蠹，則不出乎四方。言儲積不充足萬分，則不向外發展也。

〔註五〇〕告從不赦，不詳。詳與祥同。人告服從而不赦其過，不善也。

〔註五一〕彊者吾辟之。辟與避同。

〔註五二〕今還師而佚晉寇。佚謂使之逸去。

〔註五三〕如挑與之戰。如與而同。

〔註五四〕夷狄反道。反猶言歸，謂歸於道。次條反夷狄也，反字義同。

〔註五五〕行乎夷狄。謂為夷狄之行為。

〔註五六〕何以謂之吳也？狄之也。狄之謂當做夷狄看。

〔註五七〕宰上之木拱矣。宰謂墳塚。拱謂用手對抱。

〔註五八〕吾將尸爾焉。尸謂收其屍骸。

〔註五九〕宋伯姬疑禮而死於火，齊桓公疑信而虧其地。疑禮疑信謂恐或失禮失信。

〔註六〇〕而强大厭我，厭與壓同。

〔註六一〕我心望焉。望，怨也。

〔註六二〕紀季者何？紀侯之弟也。何以不名？賢也。不名，謂不書其名。季是字，故曰不名。

〔註六三〕孔父閑也。閑，今云抵抗。

〔註六四〕孔子故宋也。謂孔子原來是宋國人。

〔註六五〕荀息傅焉。傅謂為奚齊卓子之師傅。下文里克傅之，義同。

〔註六六〕衛曼姑拒而弗內。內與納同。此事詳大受命及親親二篇。

〔註六七〕有司復曰：火至矣。復，今云報告。

〔註六八〕逮乎火而死。逮，及也。言為火所及。

〔註六九〕夫人少辟火乎。辟與避同。

〔註七〇〕故蔡侯獻舞名。名謂直書其名。

〔註七一〕內大惡諱也。內謂魯國，諱謂避諱不言。

〔註七二〕君不使乎大夫，此其行使乎大夫，何？佚獲也。君不使乎大夫，謂君不當見驅使於大夫。逢丑父使公取飲，是君使乎大夫也。何休不明此義，故注説不明。佚獲謂使見獲者逃去。

〔註七三〕革取清者。革，改也。此故意使之逃去也。

〔註七四〕以地正國也。謂借地方之力以匡正中央。

〔註七五〕重地也。以地來奔，其事重大，故云重地也。

〔註七六〕圍者拑馬而秣之。圍者謂被圍者，拑馬之口而以芻草秣之，表示尚有芻糧也。實則芻糧不足，故拑馬口，不使之食也。

〔註七七〕是何子之情也。情，實也。今言實在。

〔註七八〕在招丘，悕矣。悕，悲也。

〔註七九〕諾，已。諾謂允許，已謂拒不許。

〔註八〇〕今若是迮而與季子國。迮，迫也。

〔註八一〕天苟有吳國，尚速有悔於予身。有吳國，謂愛吳國也。悔，咎也。此求速死以便傳國於季子也。

〔註八二〕季子使而亡焉。使謂出使，亡謂不在國。

〔註八三〕即之。即君位。

〔註八四〕宣弑而非之也。宣公弑君，叔肸心非其事。

〔註八五〕禮：盛德之士不名。叔肸是字非名，故何注云爾。

〔註八六〕請使公子鱄約之。約謂以言相要約。

〔註八七〕棁殺之。棁，杖也。

〔註八八〕則晉今日取郭。則猶若也。

卷二

貴正己第六

春秋貴正己。

潞子身正，則與之有義。

宣十五年：「六月，癸卯，晉師滅赤狄潞氏，以潞子嬰兒歸。」公羊傳曰：「潞何以稱子？潞子之為善也，躬足以亡爾。雖然，君子不可不記也。離于夷狄，而未能合於中國，晉師伐之，中國不救，狄人不有，是以亡也。」穀梁傳曰：「滅國有三術：中國謹日，卑國月，夷狄不日。其日潞子嬰兒，賢也。」春秋繁露仁義法篇曰：「潞子之於諸侯，無所能正，春秋予之有義，其身正也。故曰：我在正我，不在正人。此其法也。」

齊桓公不正而討陳袁濤塗，則不能予伯討。〔註一〕

僖四年：「齊人執陳袁濤塗。」公羊傳曰：「濤塗之罪何？辟軍之道也。其辟軍之道柰何？濤塗謂桓公曰：『君既服南夷矣，何不還師濱海而東，服東夷，且歸！』桓公曰：『諾。』於是還師濱海而東，大陷於沛澤之中。顧而執濤塗。執者曷為或稱侯，或稱人？稱侯而執者，伯討也。稱人而執者，非伯討也。此執有罪，何以不得為伯討？古者周公東征則西國怨，西征則東國怨。桓公假塗於陳而伐楚，則陳人不欲其反由己者，〔註二〕師不正故也。不修其師而執濤塗，古人之討則不然也。」春秋繁露精華篇曰：「春秋之聽獄也，必本其事而原其志。志邪者不待成，首惡者罪特重，本直者其論輕。故逢丑父當斮，而袁濤塗不宜執。」漢書五行志下之下曰：僖五年，日食。董仲舒以為齊桓不內自正，而外執陳大夫。法言先知篇曰：「老人老、孤人孤、病者養、死者葬、男子畝、婦人桑之謂思。若汙人老、屈人孤、病者獨、死者逋、田畝荒、杼軸空之謂斁。齊桓公欲徑陳，陳不果內，〔註三〕執袁濤塗，其斁矣夫！」

楚靈王不正而討齊慶封，則不與楚討。

昭四年：「秋七月，楚子、蔡侯、陳侯、許男、頓子、胡子、沈子、淮夷伐吳，執齊慶封，殺之。」穀梁傳曰：「此入而殺，其不言入，何也？慶封封乎吳鍾離，其不言伐鍾離，何也？不與吳封也。慶封，其以齊氏，何也？為齊討也。靈王使人以慶封令於軍中，曰：『有若齊慶封弒其君者乎！』慶封曰：『子一息，我亦且一言，曰：有若楚公子圍弒其兄之子而代之為君者乎！』軍人粲然皆笑。慶封弒其君而不以弒君之罪罪之者，慶封不為靈王服也，不與楚討也。春秋之義，用貴治賤，用賢治不肖，不以亂治亂也。孔子曰：『懷惡而討，雖死不服。』其斯之謂與！」

滅陳則以詐諼見惡。

昭八年：「冬十月壬午，楚師滅陳。執陳公子招放之於越，殺陳孔奐。」穀梁傳曰：「惡楚子也。」「葬陳哀公。」穀梁傳曰：「不與楚滅，閔之也。」公羊傳何注云：「日者，疾詐諼滅人也。不舉滅為重，復書三事言執者，疾諼託義，故列見之。」

討蔡則以書名示絕。

昭十一年：「夏四月丁巳，楚子虔誘蔡侯般，殺之於申。」公羊傳曰：「楚子虔何以名？絕。曷為絕之？為其誘討也。此討賊也，雖誘之，則曷為絕之？懷惡而討不義，君子不予也。」「冬十有一月丁酉，楚師滅蔡，執蔡世子有以歸，用之。」穀梁傳曰：「此子也，其曰世子，何也？不與楚殺也。一事注乎志，所以惡楚子也。」春秋繁露仁義法篇曰：「春秋之所治，人與我也。所以治人與我者，仁與義也。以仁安人，以義正我。故仁之為言人也，義之為言我也。言名已別矣。是故春秋為仁義法，仁之法在愛人，不在愛我；義之法在正我，不在正人。我不自正，雖能正人，弗與為義；人不被其愛，雖厚自愛，不予為仁。昔者楚靈王討陳、蔡之賊，齊桓公執袁濤塗之罪，非不能正人也，然而春秋弗予，不得為義者，我不正也。夫我無之，求諸人，我有之而誹諸人，人之所不能受也。其理達矣，何可為義！義者，謂宜在我者。宜在我者而後可以稱義。

故言義合我與宜以為一言。君子求仁義之别，以紀人我之間，然後辨乎内外之分，而著於順逆之處也。是故内治反理以正身，據禮以勸福；外治推恩以廣施，寬制以容衆。」

吳王闔廬正蔡難，以不正而反夷。

定四年：「冬十有一月庚午，蔡侯以吳子及楚人戰於伯莒，楚師敗績。」公羊傳曰：「吳何以稱子？夷狄也而憂中國。其憂中國柰何？伍子胥父誅於楚，挾弓而去楚以干闔廬。闔廬曰：『士之甚！勇之甚！』將為之興師而復仇於楚。伍子胥復曰：『諸侯不為匹夫興師。且臣聞之：事君猶事父也，虧君之義，復父之讎，臣不為也。』於是止。蔡昭公朝乎楚，有美裘焉。囊瓦求之，昭公不與。為是拘昭公於南郢，數年然後歸之。於其歸焉，用事乎河，曰：『天下諸侯苟有能伐楚者，寡人請為之前列。』楚人聞之怒，為是興師，使囊瓦將而伐蔡。蔡請救於吳。伍子胥復曰：『蔡非有罪也，楚人為無道。君如有憂中國之心，則若時可矣。』於是興師而救蔡。」穀梁傳曰：「吳其稱子，何也？以蔡侯之以之，舉其貴者也。蔡侯之以之，則舉其貴者，何也？吳信中國而攘夷狄，吳進矣。其信中國而攘夷狄奈何？子胥父誅於楚也，挾弓持矢干闔廬。闔廬曰：『大之甚！勇之甚！』為是欲興師而伐楚，子胥諫曰：『臣聞之：君不為匹夫興師。且事君猶事父也，虧君之義，復父之讎，臣弗為也。』於是止。蔡昭公朝於楚，有美裘，囊瓦求之，昭公不與。為是拘昭公於南郢，數年然後得歸。乃用事乎漢，曰：『苟諸侯有欲伐楚者，寡人請為前列焉。』楚人聞之而怒，為是興師而伐蔡。蔡請救於吳。子胥曰：『蔡非有罪，楚無道也。君若有憂中國之心，則若此時可矣。』為是興師而伐楚。」「庚辰，吳入楚。」公羊傳曰：「吳何以不稱子？反夷狄也。其反夷狄奈何？君舍於君室，大夫舍於大夫室，蓋妻楚王之母也。」穀梁傳曰：「何以謂之吳也？狄之也。何謂狄之也？君居其君之寢而妻其君之妻，大夫居其大夫之寢而妻其大夫之妻，蓋有欲妻楚王之母者。不正乘敗人之績而深為利，居人之國，故反其狄道也。」春秋繁露仁義法篇曰：「闔廬能正楚、蔡之難矣，而春秋奪之義辭，以其身不正也。」

身不正者，不能正人也。

宋襄公不正而見執於雩。

僖二十一年：「秋，宋公、楚子、陳侯、蔡侯、鄭伯、許男、曹伯會於雩，執宋公，以伐宋。」二十二年：「冬十有一月己巳，朔，宋公及楚人戰於泓，宋師敗績。」穀梁傳曰：「雩之恥，宋襄公有以自取之。伐齊之喪，執滕子，圍曹，為雩之會，不顧其力之不足而致楚成王，成王怒而執之。」

齊頃公不正而見辱於鞌。

成二年：「六月癸酉，季孫行父、臧孫許、叔孫僑如、公孫嬰齊帥師會晉郤克、衛孫良夫、曹公子手及齊侯戰於鞌，齊師敗績。秋七月，齊侯使國佐如師。己酉，及國佐盟於袁婁。」公羊傳曰：「君不使乎大夫，此其行使乎大夫，何？佚獲也。其佚獲奈何？師還齊侯，晉郤克投戟逡巡再拜稽首馬前。逢丑父者，頃公之車右也。面目與頃公相似，衣服與頃公相似，代頃公當左，使頃公取飲，頃公操飲而至，曰：『革取清者。』頃公用是佚而不反。逢丑父曰：『吾賴社稷之神靈，吾君已免矣。』郤克曰：『欺三軍者其法柰何？』曰：『法斮。』於是斮逢丑父。己酉，及齊國佐盟於袁婁。曷為不盟於師而盟於袁婁？前此者，晉郤克與臧孫許同時而聘於齊。蕭同姪子者，齊君之母也。踴于棓而闚客，則客或跛或眇。於是使跛者迓跛者，〔註四〕使眇者迓眇者。二大夫出，相與倚閭而語，移日然後相去。齊人皆曰：『患之起必自此始。』二大夫歸，相與率師為鞌之戰，齊師大敗。齊侯使國佐如師，郤克曰：『與我紀侯之甗，反魯衛之侵地，使耕者東畝，且以蕭同姪子為質，則吾舍子矣。』國佐曰：『與我紀侯之甗，請諾。反魯衛之侵地，請諾。使耕者東畝，是則土齊也。蕭同姪子者，齊君之母也。齊君之母猶晉君之母也，不可，請戰。壹戰不勝，請再。再戰不勝，請三。三戰不勝，則齊國盡子之有也，何必以蕭同姪子為質？』揖而去之。郤克昳魯衛之使，〔註五〕使以其辭而為之請，然後許之。逮於袁婁而與之盟。」成元年穀梁傳曰：「冬十月，季孫行父禿，晉郤克眇，衛孫良夫跛，曹公子手僂，同時而聘於齊。齊使禿者御禿者，使眇者御眇者，使跛者御跛者，使僂者御僂者。蕭同姪子處臺上而笑之。聞於客，客不悅而去。相與立胥閭而語，移日不解。齊人有知之者，曰：『齊之患必自此始矣。』」二年，穀梁傳曰：「鞌去國五百里，爰婁去國五十里，壹戰緜地五百里，焚雍門之茨，侵車東至海。君子聞之，曰：夫甚甚之辭焉，齊有以取之也。齊之有以取之，何也？敗衛師於新築，侵我北鄙，敖郤獻子，齊有以取之也。爰婁在師之外。郤克曰：『反魯衛之侵地，以紀侯之甗來，以蕭同姪子之母為質，使耕者皆東其畝，然後與子盟。』國佐曰：『反魯衛之侵地，以紀侯之甗來，則諾。以蕭同姪子之母為質，則是齊侯之母也。齊侯之母猶晉君之母也，晉君之母猶齊侯之母也。使耕者盡東其畝，則是終土齊也。不可，請壹戰。壹戰不克，請再。再不克，請三。三不克，請四。四不克，請五。五不克，舉國而授。』於是而與之盟。」春秋繁露竹林篇曰：「春秋記天下之得失，而見所以然之故，甚幽而明，無傳而著，不可不察也。夫泰山之為大，弗察弗見，而況微眇者乎！故案春秋而適往事，窮其端，視其故，得志之君子，有喜之人，不可不慎也。齊頃公，親齊桓公之孫，國固廣大而地勢便利矣，又得霸主之餘尊，而志加於諸侯。以此之故，難使會同而易使驕奢。即位九年，未嘗肯一與會同之事，有怒魯衛之志，而不從諸侯於清丘斷道。春往伐魯，入其北郊；顧返伐衛，敗之新築。當是時也，方乘勝而志廣，大國往聘，慢而弗敬其使者。晉魯俱怒，內悉其衆，外得黨與曹衛，四國相輔，大困之鞌，獲齊頃公，斮逄丑父。深本頃公之所以大辱，身幾亡國，為天下笑，其端乃從懾魯勝衛起。伐魯，魯不敢出。擊衛，大敗之。因得氣而無敵，國以興患也。故曰：得志有喜，不可不戒。此其效也。」說苑敬慎篇曰：「夫福生於隱約，而禍生於得意，齊頃公是也。齊頃公，桓公之子孫也。地廣民衆，兵强國富，又得伯者之餘尊，驕蹇怠傲，未嘗出會同諸侯，乃興師伐晉，反敗衛師於新築。輕小慢大之行甚。俄而晉魯往聘，以使者戲。二國怒歸，求黨與助，得衛及曹，四國相輔，期戰於鞌，大敗齊師，獲齊頃公，斮逢丑父。於是懼然大恐。賴逢丑父之欺，奔逃得歸。」

魯昭公不正而見逐於魯。

昭二十三年：「冬，公如晉，至河，公有疾，乃復。」公羊傳曰：「何言乎公有疾乃復？殺恥也。」何注云：「因有疾以殺畏晉之恥。」〔註六〕春秋繁露玉杯篇曰：「問者曰：晉惡而不可親，公往而不敢至，乃人情耳。君子何恥而稱公有疾也？曰：惡無故自來，君子不恥。内省不疚，何憂於志，是已。今春秋恥之者，昭公有以取之也。臣陵其君，始於文而甚於昭。公受亂陵夷而無懼惕之心，囂囂然輕計妄討，犯大禮而取同姓，接不義而重自輕也。人之言曰：國家治則四鄰賀，國家亂則四鄰散。是故季孫專其位，而大國莫之正。出走八年，死乃得歸，身亡子危，困之至也。君子不恥其困而恥其所以窮。昭公雖逢此時，苟不取同姓，詎至於是？雖取同姓，能用孔子自輔，亦不至於是。時難而治簡，行枉而無救，是其所以窮也。」又隨本消息篇曰：「魯昭公以事楚之故，晉人不入。楚國强而得意，伐强吳，為齊誅亂臣。魯得其威以滅鄫。先晉昭卒一年，楚國内亂，吳大敗楚之黨六國於雞父，公如晉而大辱。春秋為之諱而言有疾。由此觀之，所從不足恃，所事者不可不慎，此亦存亡榮辱之要也。」

已不正則有致禍之道也。

幽之會，衛以喪父不與，雖見伐而無罪。

莊二十七年：「夏六月，公會齊侯、宋公、陳侯、鄭伯同盟於幽。」二十八年：「春王三月甲寅，齊人伐衛，衛人及齊人戰，衛人敗績。」公羊傳曰：「春秋伐者為主，伐者為客。故使衛主之也。曷為使衛主之？衛未有罪爾。」何注云：「蓋為幽之會父喪未終而不至故。」穀梁傳曰：「其曰人，何也？微之也。何為微之也？今授之諸侯，而後有侵伐之事，故微之也。其人衛，何也？以其人齊，不可不人衛也。衛小齊大，其以衛及之，何也？以其微之，可以言及也。」

沙隨之會，魯成公以幼不見見而不恥。〔註七〕

成十六年：「秋，公會晉侯、齊侯、衛侯、宋華元、邾婁人於沙隨。不見公，公至自會。」公羊傳曰：「不見公者，何？公不見見也。公不見見，大夫執，何以致會？不恥也。曷為不恥？公幼也。」穀梁傳曰：「不見公者，可以見公也。可以見公而不見公，譏在諸侯也。」白虎通爵篇曰：「童子當受爵命者，使大夫就其國命之。明王者不與童子為禮也。以春秋魯成公幼少與諸侯會，不見公，經不以為魯恥，明不與童子為禮也。」

平丘之盟，魯昭公不見與盟而不恥。

昭十三年：「秋，公會劉子、晉侯、齊侯、宋公、衛侯、鄭伯、曹伯、莒子、邾婁子、滕子、薛伯、杞伯、小邾婁子於平丘。八月甲戌，同盟於平丘。公不與盟，晉人執季孫隱如以歸。公至自會。」公羊傳曰：「公不與盟者，何？公不見與盟也。公不見與盟，大夫執，何以致會？不恥也。曷為不恥？諸侯遂亂，反陳蔡。君子不恥不與焉。」何注云：「時諸侯將征棄疾，棄疾乃封陳、蔡之君，使説諸侯。諸侯從陳、蔡之君言還反，不復討楚。楚亂遂成，故云爾。諸侯實不與公盟，而言公不與盟者，遂亂，雖見與，公猶不宜與也。」

己無致辱之道，雖見外而不恥也。

貴誠信第七

春秋貴誠信。

春秋繁露楚莊王篇曰：「春秋尊禮而重信。」又對膠西王越大夫不得為仁篇曰：「春秋之義，貴信而賤詐。詐人而勝之，雖有功，君子弗為也。」

大上不盟。〔註八〕

春秋繁露竹林篇曰：「故盟不如不盟，然而有所謂善盟。」禮疏引五經異義曰：「禮：約盟否。

今春秋公羊說：古者不盟，結言而退，故穀梁傳曰：誥誓不及五帝，〔註九〕盟詛不及三王，交質子不及二伯。詛盟非禮。」

故齊衛胥命則善之。

桓三年：「夏，齊侯、衛侯胥命於蒲。」公羊傳曰：「胥命者何？相命也。何言乎相命？近正也。此其為近正柰何？古者不盟，結言而退。」穀梁傳曰：「胥之為言猶相也，相命而信諭，謹言而退，以是為近古也。是必一人先，其以相言之，何也？不以齊侯命衛侯也。」荀子大略篇曰：「不足於行者說過，不足以信者誠言。故春秋善胥命而詩非屢盟，其心一也。」春秋繁露王道篇曰：「春秋紀纖芥之失，反之王道，追古貴信結言而已，不至用牲盟而後成約。故曰：齊侯、衛侯胥命於蒲。傳曰：古者不盟，結言而退。」

齊桓無歃血之盟則紀之。

莊二十七年：「夏六月，公會齊侯、宋公、陳侯、鄭伯同盟於幽。」穀梁傳曰：「桓盟不日，信之也。衣裳之會十有一，未嘗有歃血之盟也，信厚也。」僖三年：「秋，齊侯、宋公、江人、黃人會於陽穀。」公羊傳曰：「此大會也，曷為末言爾？桓公曰：無障谷，無貯粟，無易樹子，無以妾為妻。」何注云：「末者，淺爾。但言會，不言盟。此四者，皆時人所患。時桓公功德隆盛，諸侯咸曰：無言不從，曷為用盟哉？故告誓而已。」穀梁傳曰：「陽穀之會，桓公委端搢笏而朝諸侯，諸侯皆論乎桓公之志。」僖九年：「夏，公會宰周公、齊侯、宋子、衛侯、鄭伯、許男、曹伯於葵丘。九月戊辰，諸侯盟於葵丘。」穀梁傳曰：「桓公不日，此何以日？美之也。為見天子之禁，故備之也。葵丘之盟，陳牲而不殺，讀書加於牲上，壹明天子之禁。曰：毋雍泉，毋訖糴，毋易樹子，毋以妾為妻，毋使婦人與國事。」孟子告子下篇曰：「五霸，桓公為盛，葵丘之會，諸侯束牲載書而不歃血。初命曰：誅不孝，無易樹子，無以妾為妻。再命曰：尊賢育才，以彰有德。三命曰：敬老慈幼，無忘賓旅。四命曰：士無世官，官事無攝，取士必得，無專殺大夫。五命曰：無曲防，無遏糴，無有封而不告。曰：凡我同盟之人，既盟之後，言歸於好。」春秋繁露王道篇曰：「桓公曰：無貯粟，無鄣谷，無易樹子，無以妾為妻。此春秋之救文以質也。」

宋、齊、衛參盟則志之。〔註一〇〕

隱八年：「秋七月庚午，宋公、齊侯、衛侯盟於瓦屋。」穀梁傳曰：「外盟不日，此其日，何也？諸侯之參盟於是始，故謹而日之也。誥誓不及五帝，盟詛不及三王，交質子不及二伯。」

其次不渝盟。〔註一一〕

鄭玄起穀梁廢疾曰：「春秋撥亂，重盟約。」

故齊桓不背柯之盟則賢之。

莊十三年：「冬，公會齊侯盟於柯。」公羊傳曰：「何以不日？易也。其易柰何？桓之盟不日，其會不致，信之也。〔註一二〕其不日何以始乎此？莊公將會乎桓，曹子進曰：『君之意何如？』莊公曰：『寡人之生則不若死矣。』曹子曰：『然則君請當其君，臣請當其臣。』莊公曰：『諾。』於是會乎桓。莊公升壇，曹子手劍而從之。管子進曰：『君何求乎？』曹子曰：『城壞壓境，君不圖與？』管子曰：『然則君將何求？』曹子曰：『願請汶陽之田。』管子顧曰：『君許諾。』桓公曰：『諾。』曹子請盟。桓公下，與之盟。已盟，曹子摽劍而去之。要盟可犯，而桓公不欺；曹子可讎，而桓公不怨。桓公之信著乎天下，自柯之盟始焉。」穀梁傳曰：「曹劌之盟也，信齊侯也。桓盟雖內與，〔註一三〕不日，信也。」春秋繁露楚莊王篇曰：「春秋尊禮而重信，信重於地，禮重於身。何以知其然也？宋伯姬疑禮而死於火，齊桓公疑信而虧其地，春秋賢而舉之，以為天下法，曰禮而信。」又玉英篇曰：「齊桓非直弗受之先君也，乃率弗宜為君者而立，罪亦重矣。然而知恐懼，敬舉賢人而以自覆蓋，知不背要盟以自湔浣也。遂為賢君而霸諸侯。使齊桓被惡而無此美，得免殺戮乃幸已，何霸之有？」又精華篇曰：「齊桓挾賢相之能，用大國之資，即位五年，不能致一諸侯，於柯之盟見其大信，一年而近國之君畢至，鄄、幽之會是也。」

魯成不背柯陵之盟則稱之。

成十七年：「夏，公會尹子、單子、晉侯、齊侯、宋公、衛侯、曹伯、邾人伐鄭。六月乙酉，同盟於柯陵。」穀梁傳曰：「柯陵之盟，謀復伐鄭也。」「秋，公至自會。」穀梁傳曰：「不曰至自伐鄭，何？

曰：「公不周乎伐鄭也。〔註一四〕何以知公之不周乎伐鄭？以其以會致也。何以知其盟復伐鄭也？以其後會之人盡盟者也。不周乎伐鄭，則何為日也？言公之不背柯陵之盟也。」「冬，公會單子、晉侯、宋公、衛侯、曹伯、齊人、邾人伐鄭。」穀梁傳曰：「言公之不背柯陵之盟也。」此以守盟見稱者也。

魯隱渝眜之盟則惡之。

隱元年：「三月，公及邾儀父盟於眜。」穀梁傳曰：「不日，其盟渝也。」七年：「秋，公伐邾。」

魯莊渝暨之盟則惡之。

莊九年：「公及齊大夫盟於暨。」穀梁傳曰：「公不及大夫，大夫不名，無君也，盟納子糾也。不日，其盟渝也。當齊無君，制在公矣。當可納而不納，故惡内也。」范注云：「變盟立小白。」

齊、宋渝鄄之盟則惡之。

莊十九年：「秋，公子結媵陳人之婦於鄄，遂及齊侯、宋公盟。」穀梁傳曰：「媵，事也。不志。此其志，何也？辟要盟也。何以見其辟要盟也？媵，禮之輕者也。盟，國之重也。以輕事遂乎國重，無説。其不日，數渝，惡之也。」「冬，齊人、宋人、陳人伐我西鄙。」二十年：「冬，齊人伐我。」按：左傳、公羊經文為「齊人伐戎」。

鄭渝蜀之盟則惡之。

成二年：「十有一月，公會楚公子嬰齊於蜀。丙申，公及楚人、秦人、宋人、陳人、衛人、鄭人、齊人、曹人、邾婁人、薛人、鄫人盟於蜀。」成三年：「鄭伐許。」春秋繁露竹林篇曰：「春秋曰鄭伐許，奚惡於鄭而夷狄之也？曰：衛侯遬卒，鄭師侵之，是伐喪也。鄭與諸侯盟於蜀，已盟而歸諸侯，於是伐許，是叛盟也。伐喪，無義。叛盟，無信。無信無義，故大惡之。」

魯渝蟲牢之盟則惡之。

成五年：「十有二月己丑，公會晉侯、齊侯、宋公、衛侯、鄭伯、曹伯、邾婁子、杞伯同盟於蟲牢。」六年：「取鄟。」公羊傳曰：「鄟者，何？邾婁之邑也。曷為不繫於邾婁？諱亟也。」何注云：「諱魯背信亟也。屬相與為蟲牢之盟，旋取其邑。」

渝蕭魚之盟則惡之。

襄十一年：「公會晉侯、宋公、衛侯、曹侯、齊世子光、莒子、邾婁子、滕子、薛伯、杞伯、小邾婁子伐鄭，會於蕭魚。」十三年：「夏，取詩。」公羊傳曰：「詩者何？邾婁之邑也。曷為不繫乎邾婁？諱亟也。」

此以渝盟見貶者也。

至於平居言行，不涉盟誓者。

宋華元、楚子反不欺則大之。

宣十五年：「夏五月，宋人及楚人平。」公羊傳曰：「外平不書，此何以書？大其平乎己也。〔註一五〕何大乎其平乎己？莊王圍宋，軍有七日之糧爾。盡此不勝，將去而歸爾。於是使司馬子反乘堙而闚宋城，宋華元亦乘堙而見之。司馬子反曰：『子之國何如？』華元曰：『憊矣！』曰：『何如？』曰：『易子而食之，析骸而炊之。』司馬子反曰：『嘻，甚矣憊！雖然，吾聞之也，圍者拑馬而秣之，使肥者應客。是何子之情也？』華元曰：『吾聞之：君子見人之厄則矜之，小人見人之厄則幸之。吾見子君子也。是以告情於子也。』司馬子反曰：『諾，勉之矣！吾軍亦有七日之糧爾，盡此不勝，將去而歸爾。』揖而去之。反於莊王。莊王曰：『何如？』司馬子反曰：『憊矣！』曰：『何如？』曰：『易子而食之，析骸而炊之。』莊王曰：『嘻，甚矣憊！雖然，吾今取此然後而歸爾。』司馬子反曰：『不可！臣已告之矣，軍有七日之糧爾。』莊王怒曰：『吾使子往視之，曷為告之？』司馬子反曰：『以區區之宋，猶有不欺人之臣，可以楚而無乎！是以告之也。』莊王曰：『諾，舍而止。雖然，吾猶取此然後歸爾。』司馬子反曰：『然則君請處於此，臣請歸爾。』莊王曰：『子去我而歸，吾孰與處於此？吾亦從子而歸爾。』引師而去之。故君子大其平乎己也。」韓詩外傳二曰：「楚莊王圍宋，有七日之糧。曰：『盡此而不剋，將去而歸。』於是使司馬子反乘闉而窺宋城，宋使華元乘闉而應之。子反曰：『子之國何若矣？』華元曰：『憊矣！易子而食之，析骸而爨之。』子反曰：『嘻，甚矣憊！雖然，吾聞圍者之國，拑馬而秣之，使肥者應客。今何吾子之情也？』華元曰：『吾聞君子見人之困則矜之，小人見人之困則幸之。吾望見吾子似於君子，是以情也。』子反曰：『諾，子其勉之矣。吾軍有七日糧爾。』揖而去。子反告莊王，莊王曰：『若何？』子反曰：『憊矣！易子而食之，析骸而爨之。』莊王曰：『嘻，甚矣憊！今得此而歸爾。』子反曰：『不可！吾已告之矣，曰：軍亦有七日糧爾。』莊王怒曰：『吾使子視之，子曷為而告之？』子反曰：『區區之宋猶有不欺之臣，可以楚國而無乎？吾是以告之也。』莊王曰：『雖然，吾今得此而歸爾。』子反曰：『王請處此，臣請歸耳。』王曰：『子去我而歸，吾孰與處乎此？吾得從子而歸。』還師而歸。君子善其平己也，華元以誠告子反，得以解圍，全二國之命。詩云：『彼姝者子，何以告之。』君子善其以誠相告也。」

晉荀息不食其言，則賢之。

僖十年：「晉里克弒其君卓子及其大夫荀息。」公羊傳曰：「何賢乎荀息？荀息可謂不食其言矣。其不食其言奈何？奚齊卓子者，驪姬之子也。荀息傅焉。驪姬者，國色也，獻公愛之甚，欲立其子。於是殺世子申生。申生者，里克傅之。獻公病將死，謂荀息曰：『士何如則可謂之信矣？』荀息對曰：『使死者反生，生者不愧乎其言，則可謂信矣。』獻公死，奚齊立。里克謂荀息曰：『君殺正而立不正，廢長而立幼，如之何？願與子慮之。』荀息曰：『君嘗訊臣矣，臣對曰：使死者反生，生者不愧乎其言，則可謂信矣。』里克知其不可與謀，退弒奚齊。荀息立卓子，里克弒卓子，荀息死之。荀息可謂不食其言矣。」

此以信見稱者也。

衛鱄恥失信而去衛，則以合乎春秋見稱。

襄二十七年：「衛殺其大夫甯喜。衛侯之弟鱄出奔晉。」公羊傳曰：「衛殺其大夫甯喜，則衛侯之弟鱄曷為出奔晉？為殺甯喜出奔也。曷為為殺甯喜出奔？衛甯殖與孫林父逐衛侯而立公孫剽。甯殖病將死，謂喜曰：『黜公者，非吾意也，孫氏為之。我即死，女能固納公乎？』喜曰：『諾。』甯殖死，喜立為大夫。使人謂獻公曰：『黜公者，非甯氏也，孫氏為之。吾欲納公，何如？』獻公曰：『子苟納我，吾請與子盟。』喜曰：『無所用盟，請使公子鱄約之。』獻公謂公子鱄曰：『甯氏將納我，吾欲與之盟，其言曰：無所用盟，請使公子鱄約之。子固為我與之約矣。』公子鱄辭曰：『夫負羈縶執鈇鑕，從君東西南北，則是臣僕庶孽之事也。若夫約言為信，則非臣僕庶孽之所敢與也。』獻公怒曰：『黜我非甯氏與孫氏，凡在爾。』公子鱄不得已而與之約。已約，歸，至，殺甯喜。公子鱄挈其妻子而去之。將濟於河，攜其妻子而與之盟，曰：『苟有履衛地食衛粟者，昧雉彼視。』」穀梁傳曰：「專其曰弟，何也？專有是信者，君賂不入乎喜而殺喜，是君子不直乎喜也，故出奔晉。織絇邯鄲，終身不言衛。專之去，合乎春秋。」穀梁傳注引何休穀梁廢疾曰：「甯喜本弒君之家，獻公過而殺，小負也。專以君之小負自絕，非大義也。何以合乎春秋？」鄭玄起廢疾曰：「甯喜雖弒君之家，本專與約納獻公爾。公由喜得入，已與喜以君臣從事矣。春秋撥亂，重盟約。公背之，而殺忠於己者，是獻公惡而難親也。獻公既惡而難親，專又與喜為黨，懼禍將及。君子見幾而作，不俟終日。微子去紂，孔子以為三仁。專之去衛，其心若此。合於春秋，不亦宜乎？」

此恥失信而見許者也。

其以諼詐不信見貶者。

楚成詐宋而捷，則貶之。

僖二十一年：「楚人使宜申來獻捷。」公羊傳曰：「此楚子也，其稱人，何？貶。曷為貶？為執宋公貶。曷為為執宋公貶？宋公與楚子期以乘車之會。公子目夷諫曰：楚，夷國也，彊而無義。請君以兵車之會往。宋公曰：不可，吾與之約以乘車之會。自我為之，自我墮之，曰：不可！終以乘車之會往。楚人果伏兵車，執宋公以伐宋。」何注云：「詐諼劫質諸侯，求其國，當絕，故貶。」

衛獻公諼君以弒，則惡之。〔註一六〕

襄二十五年：「衛侯入於陳儀。」公羊傳曰：「陳儀者何？衛之邑也。曷為不言入於衛？諼君以弑也。」何注云：「時衛侯為剽所篡逐，不能以義自復，詐顧居是邑為剽臣，然后候間伺便，使甯喜弑之。君子恥其所為，故就為臣以諼君，惡之。」襄二十六年：「二月甲午，衛侯衎復歸於衛。」公羊傳曰：「此諼君以弑也，其言復歸，何？惡剽也。曷為惡剽？剽之立於是未有説也。然則曷為不言剽之立？不言剽之立者，以惡衛侯也。」春秋繁露隨本消息篇曰：「衛侯衎據陳儀而為諼，中國之行，亡國之跡也。」

楚子虔誘討蔡侯則絶之。

昭十一年：「夏四月丁巳，楚子虔誘蔡侯般，殺之於申。」公羊傳曰：「楚子虔何以名？絶。曷為絶之？為其誘討也。此討賊也，雖誘之，則曷為絶之？懷惡而討不義，君子不予也。」穀梁傳曰：「何為名之也？夷狄之君誘中國之君而殺之，故謹而名之也。」

此國君之見貶者也。

齊陳乞為諼以立君，則惡之。

哀六年：「齊陽生入於齊。齊陳乞弑其君舍。」公羊傳曰：「弑而立者，不以當國之辭言之。此其以當國之辭言之，何？為諼也。此其為諼柰何？景公謂陳乞曰：『吾欲立舍，何如？』陳乞曰：『所樂乎為君者，欲立之則立之，欲不立則不立。君如欲立之，則臣請立之。』陽生謂陳乞曰：『吾聞子蓋將不欲立我也。』陳乞曰：『夫千乘之主，將廢正而立不正，必殺正者。吾不立子者，所以生子者也。走矣。』與之玉節而走之。景公死而舍立，陳乞使人迎陽生於諸其家。除景公之喪，諸大夫皆在朝，陳乞曰：『常之母有魚菽之祭，願諸大夫之化我也。』諸大夫皆曰：『諾。』於是使力士舉巨囊而至於中霤，諸大夫見之，皆色然而駭。開之，則闖然公子陽生也。陳乞曰：『此君也已。』諸大夫不得已，皆逡巡北面再拜稽首而君之爾。自是往弒舍。」

晉陽處父為援以救江，則譏之。

文三年：「晉陽處父帥師伐楚，救江。」公羊傳曰：「此伐楚也，其言救江，何？為諼也。其為諼柰何？伐楚為救江也。」何注云：「救人之道，當指其所之。實欲救江而反伐楚，以為其勢必當引圍江兵當還自救也，故云爾。孔子曰：自古皆有死，民無信不立。」

宋皇瑗詐敗鄭師，則譏之。

哀九年：「宋皇瑗帥師取鄭師於雍丘。」公羊傳曰：「其言取之，何？易也。其易柰何？詐之也。」何注云：「兵者，為征不義，不為苟勝而已。」春秋繁露竹林篇曰：「春秋之書戰伐也，有惡有善也。惡詐擊而善偏戰，恥伐喪而榮復讎。」

鄭軒達詐反宋師，則譏之。

哀十三年：「春，鄭軒達帥師取宋師於嵒。」公羊傳曰：「其言取之，何？易也。其易柰何？詐反也。」何注云：「前宋行詐取鄭師，今鄭復行詐取之。苟相報償，不以君子正道，故傳言詐反。反猶報也。」

此人臣之見貶者也。

貴讓第八

春秋貴讓。

定元年穀梁傳曰：「人之所以為人者，讓也。」春秋繁露竹林篇曰：「讓者，春秋之所貴。」

吳季札讓國，則謂吳宜有君。

襄二十九年：「吳子使札來聘。」公羊傳曰：「吳無君，無大夫，此何以有君，有大夫？賢季子也。何賢乎季子？讓國也。其讓國柰何？謁也，餘祭也，夷昧也，與季子同母者四。季子弱而才，兄弟皆愛之，同欲立之以為君。謁曰：『今若是迮而與季子國，季子猶不受也，請無與子而與弟。弟兄迭為君而致國乎季子。』皆曰：『諾。』故諸為君者，皆輕死為勇，飲食必祝，曰：『天苟有吳國，當速有悔於予身。』故謁也死，餘祭也立；餘祭也死，夷昧也立；夷昧也死，則國宜之季子者也。季子使而亡焉。僚者，庶長也，即之。季子使而反，至而君之爾。闔廬曰：『先君之所以不與子國而與弟者，凡為季子故也。將從先君之命與？則國宜之季子者也；如不從先君之命與？則我宜立者也。僚惡得為君乎！』於是使專諸刺僚，而致國乎季子。季子不受，曰：『爾弒吾君，吾受爾國，是吾與爾為篡也；爾殺吾兄，吾又殺爾，是父子兄弟相殺終身無已也。』去之延陵，終身不入吳國。故君子以其不受為義，以其不殺為仁。賢季子則吳何以有君；有大夫？以季子為臣，則宜有君者也。」說苑至公篇曰：「君子以其不殺為仁，以其不取國為義。夫不以國私身，捐千乘而不恨，棄尊位而無忿，可謂庶幾矣。」

曹喜時讓國，則為其子孫諱畔。

昭二十年：「夏，曹公孫會自鄸出奔宋。」公羊傳曰：「奔未有言自者，此其言自，何？畔也。畔則曷為不言其畔？為公子喜時之後諱也。春秋為賢者諱。何賢乎公子喜時？讓國也。其讓國柰何？曹伯廬卒于師，則未知公子喜時從與？公子負芻從與？或為主於國，或為主於師。公子喜時見公子負芻當主也，逡巡而退。賢公子喜時，則曷為為會諱？君子之善善也長，惡惡也短。惡惡止其身，善善及子孫，故君子為之諱也。」新序節士篇曰：「子臧喜時字子臧。遂以國致成公。成公即負芻。成公為君，子臧不出，曹國乃安。子臧讓千乘之國，可謂賢矣。故春秋賢而褒其後。」

邾婁叔術讓國，則許其子孫宜有地。

昭三十一年：「冬，黑弓以濫來奔。」公羊傳曰：「文何以無邾婁？通濫也。〔註一七〕曷為通濫？賢者子孫宜有地也。賢者孰謂？謂叔術也。何賢乎叔術？讓國也。其讓國柰何？當邾婁顏之時，邾婁女為魯夫人者，則未知其為武公與？懿公與？孝公幼，顏淫九公子於宮中，因以納賊。則未知其為魯公子與？邾婁公子與？臧氏之母，養公者也。君幼，則宜有養者。大夫之妾，士之妻，則未知臧氏之母者曷為者也。養公者必以其子入養，臧氏之母聞有賊，以其子易公，抱公以逃。賊至，湊公寢而弒之。臣有鮑管父與梁買子者，聞有賊，趨而至。臧氏之母曰：『公不死也，在是。吾以吾子易公矣。』於是負孝公之周，訴天子。天子為之誅顏而立叔術，反孝公於魯。顏夫人者，嫗盈女也，國色也。其言曰：『有能為我殺殺顏者，吾為其妻。』叔術為之殺殺顏者，而以為妻。有子焉，謂之盱。夏父者，其所為有於顏者也。〔註一八〕盱幼，而皆愛之。食，必坐二子於其側而食之。有珍怪之食，盱必先取足焉。夏父曰：『以來！人未足而盱有餘。』叔術覺焉，曰：『嘻，此誠爾國也夫。』起而致國於夏父。夏父受而中分之，叔術曰：『不可！』三分之，叔術曰：『不可！』四分之，叔術曰：『不可！』五分之，然後受之。公扈子者，邾婁之父兄也，習乎邾婁之故，其言曰：『惡有言人之國賢若此者乎！』誅顏之時，天子死；叔術起而致國於夏父。當此之時，邾婁人常被兵於周，曰：『何故死吾天子！』通濫則文何以無邾婁？天下未有濫也。天下未有濫，則其言以濫來奔，何？叔術者，賢大夫也。絶之，則為叔術不欲絶；不絶，則世大夫也。大夫之義不得世，故於是推而通之也。」漢書王莽傳曰：「春秋善善及子孫，賢者之後宜有土地。」又梅福傳：「福復上書曰：今成湯不祀，殷人亡後。春秋經曰：宋殺其大夫。穀梁傳曰：其不稱名姓，以其在祖位，尊之也。此言孔子故殷後也，雖不正統，封其子孫以為殷後，禮亦宜之。傳曰：賢者子孫宜有土，而況聖人，又殷之後哉！」白虎通封公侯篇曰：「大夫功成，未封而死，子得封者，善善及子孫也。春秋傳曰：賢者子孫宜有土地也。」後漢書盧植傳：「建安中，曹操北討柳城，過涿郡，告守令曰：故北中郎將盧植，名著海内，學為儒宗，士之楷模，國之楨幹也。昔武王入殷，封商容之閭；鄭喪子產，仲尼隕涕。孤到此州，嘉其餘風。春秋之義，賢者之後，宜有殊禮。亟遣丞掾除其墳墓，存其子孫，并致薄醊，以彰厥德。」蜀志秦宓傳曰：「夫能制禮造樂，移風易俗，非禮所秩有益於世者乎！雖有王孫之累，猶孔子大齊桓之霸，公羊賢叔術之讓。」

魯隱將讓國而見弒，則賢隱而賤桓。

隱四年：「秋，翬帥師會宋公、陳侯、蔡人、衛人伐鄭。」公羊傳曰：「公子翬諂乎隱公，謂隱公曰：『百姓安子，諸侯説子，盍終為君矣？』隱曰：『吾否，吾使修塗裘，吾將老焉。』公子翬恐若其言聞乎桓，於是謂桓曰：『吾為子口隱矣，〔註一九〕隱曰：吾不反也。』桓曰：『然則柰何？』曰：『請作難弒隱公。』於鍾巫之祭焉，弒隱公也。」隱十一年：「冬十有一月壬辰，公薨。」公羊傳曰：「何以不書葬？隱之也。何隱爾？弒也。公薨何以不地？不忍言也。隱何以無正月？隱將讓乎桓，故不有其正月也。」桓二年公羊傳曰：「曷為為隱諱？隱賢而桓賤也。」

衛叔武讓國而見殺，則賢叔武而罪衛侯鄭。

僖二十八年：「晉人執衛侯，歸之於京師。」公羊傳曰：「衛侯之罪何？殺叔武也。何以不書？為叔武諱也。春秋為賢者諱，何賢乎叔武？讓國也。其讓國柰何？文公逐衛侯而立叔武，叔武辭立而他人立，則恐衛侯之不得反也，故於是己立，然後為踐土之會，治反衛侯。衛侯得反，曰：『叔武篡我。』元咺爭之，曰：『叔武無罪。』終殺叔武。元咺走而出。」

宋宣、繆之讓國，事雖不法，春秋為諱莊公馮之弒而善之。

隱三年：「十二月癸未，葬宋繆公。」公羊傳曰：「葬者曷為或日或不日？不及時而日，渴葬也。不及時而不日，慢葬也。過時而日，隱之也。過時而不日，謂之不能葬也。當時而不日，正也。當時而日，危不得葬也。此當時，何危爾？宣公謂繆公曰：『以吾愛與夷，則不若愛女。以為社稷宗廟主，則與夷不若女。盍終為君乎？』宣公死，繆公立。繆公逐其二子莊公馮與左師勃，曰：『爾為吾子，生毋相見，死毋相哭。』與夷復曰：『先君之所為不與臣國而納國乎君者，以君可以為社稷宗廟主也。今君逐君之二子而將致國乎與夷，此非先君之意也。且使子而可逐，則先君其逐臣矣。』繆公曰：『先君之不爾逐，可知矣。吾立乎此，攝也。』終致國乎與夷。莊公馮弒與夷。故君子大居正，宋之禍，宣公為之也。」桓二年：「春王正月戊申，宋督弒其君與夷及其大夫孔父。」春秋繁露玉英篇曰：「經曰宋督弒其君與夷，傳言莊公馮殺之。不可及於經，何也？避所善也。是故讓者春秋之所善。宣公不與其子而與其弟，其弟亦不與子而反之兄子，雖不中法，皆有讓高，不可棄也。故君子為之諱，避其後亂，移之宋督以存善志。此亦春秋之善善無遺也。若直書其篡，則宣、繆之高滅，而善之無所見矣。難者曰：為賢者諱皆言之，為宣、繆諱獨弗言，何也？曰：不成於賢也。其為善不法，不可取，亦不可棄。棄之則棄善志也，取之則害王法。故不棄，亦不載，以意見之而已。苟志於仁，無惡，此之謂也。」

下至齊人讓功，事雖不義，春秋亦録而善之。

莊六年：「冬，齊人來歸衛寶。」公羊傳曰：「此衛寶也，則齊人曷為來歸之？衛人歸之也。衛人歸之，則其稱齊人，何？讓乎我也。其讓乎我柰何？曰：『此非寡人之力，魯侯之力也。』」何注云：「時朔得國後，遣人賂齊。齊侯推功歸魯，使衛人持寶來。雖本非義賂齊，當以讓除惡，故善起其事。」疏云：「言春秋善齊侯之讓，是以不言衛人而稱齊人，所以起其讓事矣。」

齊桓公不讓公子糾，則書入以惡之。

莊九年：「齊小白入於齊。」公羊傳曰：「其言入，何？篡辭也。」穀梁傳曰：「大夫出奔，反，以好曰歸，以惡曰入。齊公孫無知弒襄公，公子糾、公子小白不能存，出亡。齊人殺無知而迎公子糾於魯，公子小白不讓公子糾，先入，又殺之於魯。故曰：齊小白入於齊。惡之也。」

貴讓則重請。

定元年：「九月，大雩。」穀梁傳曰：「雩者，為旱求者也。求者，請也。古之人重請。何重乎請？人之所以為人者，讓也。請道去讓也，則是舍其所以為人也，是以重之。」

故求賻譏。

隱三年：「秋，武氏子來求賻。」公羊傳曰：「武氏子來求賻何以書？譏。何譏爾？喪事無求。求賻，非禮也。蓋通於下。」穀梁傳曰：「歸死者曰賵，歸生者曰賻。曰歸之者正也；求之者非正也。周雖不求，魯不可以不歸。魯雖不歸，周不可以求之。求之為言，得不得未可知之辭也。交譏之。」

求車譏。

桓十五年：「春二月，天王使家父來求車。」公羊傳曰：「何以書？譏。何譏爾？王者無求，求車，非禮也。」穀梁傳曰：「古者諸侯時獻於天子以其國之所有，故有辭讓而無徵求。求車，非禮也；求金甚矣。」左氏傳曰：「天王使家父來求車，非禮也。諸侯不貢車服，天子不私求財。」

求金譏。

文九年：「春，毛伯來求金。」公羊傳曰：「毛伯者何？天子之大夫也。毛伯來求金，何以書？譏。何譏爾？王者無求，求金，非禮也。」穀梁傳曰：「求車猶可，求金甚矣。」左氏傳曰：「毛伯衛來求金，非禮也。」

春秋之戒人亦深切矣哉！

貴豫第九

春秋貴豫而譏緩。

魯莊公豫禦戎則大之。

莊十八年：「夏，公追戎於濟西。」公羊傳曰：「此未有言伐者，其言追，何？大其為中國追也。此未有伐中國者，則其言為中國追，何？大其未至而豫禦之也。」春秋繁露仁義法篇曰：「仁者，愛人之名也。巂傳，無大之之辭。公追戎於濟西，自為追則善，其所恤遠也。兵已加焉，乃往救之，則弗美。未至預備之，則美之。善其救害之先也。夫救蚤而先之，則害無由起，而天下無害矣。然則觀物之動而先覺其萌，絕亂塞害於將然而未形之時，春秋之志也。故救害而先知之，明也。公之所恤遠，而春秋美之詳。其美恤遠之意，則天地之間然後快其仁矣。」漢書辛慶忌傳：「何武上封事曰：夫將不豫設，則無以應卒；士不素厲，則難使死敵。光祿勳慶忌行義修正，柔毅敦厚，謀利深遠。前在邊郡，數破敵獲虜，外夷莫不聞。乃者大異並見，未有其應。加以兵革久寑。春秋大災未至而豫禦之，慶忌宜在爪牙官以備不虞。」

季子豫惡則善之。

莊三十二年：「秋七月癸巳，公子牙卒。」公羊傳曰：「何以不稱弟？殺也。殺則曷為不言刺？〔註二〇〕為季子諱殺也。曷為為季子諱殺？季子之遏惡也，不以為國獄。緣季子之心而為之諱。季子之遏惡柰何？莊公病將死，以病召季子。季子至而授之以國政，曰：『寡人即不起此病，吾將焉致乎魯國？』季子曰：『般也存，君何憂焉。』公曰：『庸得若是乎！牙謂我曰：魯一生一及，君已知之矣，慶父也存。』季子曰：『夫何敢！是將為亂乎！夫何敢！』俄而牙殺械成，季子和藥而飲之，曰：『公子從吾言而飲此，則必可以無為天下戮笑，必有後乎魯國；不從吾言而不飲此，則必為天下戮笑，必無後乎魯國。』於是從其言而飲之。飲之無傫氏，至乎王堤而死。公子牙今將爾，〔註二一〕辭曷為與親弒者同？君親無將，將而誅焉。然則善之與？曰：然。殺世子母弟直稱君者，甚之也。季子殺母兄，何善爾？誅不得辟兄，君臣之義也。然則曷為不直誅而酖之？行誅乎兄，隱而逃之，使託若以疾死然，親親之道也。」閔元年：「春，王正月。」公羊傳曰：「殺公子牙，今將爾，季子不免。將而不免，遏惡也。」孔廣森云：「遏惡者，惡未作而弭之之謂。」

此貴豫之事也。

歸含晚則譏。

文五年：「春王正月，王使榮叔歸含且賵。」穀梁傳曰：「其不言來，不周事之用也，賵以早而含以晚。」〔註二三〕

歸賵不及事則譏。

隱元年：「秋七月，天王使宰咺來歸惠公仲子之賵。」公羊傳曰：「其言來，何？不及事也。」〔註二三〕穀梁傳曰：「其志，不及事也。」春秋繁露王道篇曰：「天王使宰咺來歸惠公仲子之賵，刺不及事也。」説苑修文篇曰：「賵死不及柩尸，弔生不及悲哀，非禮也。故古者吉行五十里，奔喪百里。賵賵及事之期時。時，禮之大者也。春秋曰：天王使宰咺來歸惠公仲子之賵。」

作主後則譏。

文二年：「二月丁丑，作僖公主。」公羊傳曰：「作僖公主者，何？為僖公作主也。作僖公主何以書？譏。何譏爾？不時也。其不時柰何？欲久喪而後不能也。」何注云：「作練主當以十三月，文公亂聖人制，欲服喪三十六月，十九月作練主。又不能卒竟，故以二十五月也。」穀梁傳曰：「立主，喪主於虞，吉主於練。作僖公主，譏其後也。」

救邢不及事則譏。

僖元年：「齊師、宋師、曹師次於聶北，救邢。」公羊傳曰：「救不言次，此言其次，何？不及事也。不及事者何？邢已亡矣。」何注云：「刺其救急舒緩，使至於亡。」穀梁傳曰：「救不言次，言次，非救也。其不言齊侯，何也？以其不足乎揚，不言齊侯也。」范注云：「救不及事，不足稱揚。」

後會則譏。〔註二四〕

莊十四年：「夏，單伯會伐宋。」公羊傳曰：「其言會伐宋，何？後會也。」穀梁傳曰：「會，事之成也。」范注云：「伐事已成，單伯乃至。」僖十九年：「夏六月，宋人、曹人、邾婁人盟於曹南，鄫子會邾婁。」公羊傳曰：「其言會盟，何？後會也。」僖二十八年：「五月癸丑，公會晉侯、齊侯、宋公、蔡侯、鄭伯、衛子、莒子盟於踐土，陳侯如會。」公羊傳曰：「其言如會，何？後會也。」穀梁傳曰：「如會，外乎會也。」春秋繁露觀德篇曰：「陳侯後至，謂如會。」襄三年：「六月，公會單子、晉侯、宋公、衛侯、鄭伯、莒子、邾婁子、齊世子光。己未，同盟於雞澤。陳侯使袁僑如會。」公羊傳曰：「其言如會，何？後會也。」穀梁傳曰：「如會，外乎會也。」范注云：「外乎會者，明本非會內也，諸侯已會乃至耳。」

此譏事之緩者也。

知晚則譏。

文十四年：「晉人納接菑於邾婁，弗克納。」公羊傳曰：「納者何？入辭也。其言弗克納，何？大其弗克納也。何大乎其弗克納？晉郤缺帥師革車八百乘以納接菑於邾婁，力沛若有餘而納之。邾婁人言曰：『接菑，晉出也。貜且，齊出也。子以其指，則接菑也四，貜且也六。〔註二五〕子以大國壓之，則未知齊、晉孰有之也。貴則皆貴矣，雖然，貜且也長。』郤缺曰：『非吾力不能納也，義實不爾克也。』引師而去之。故君子大其弗克納也。」穀梁傳曰：「是郤克也，其曰人，何也？微之也。何為微之也？長轂五百乘，緜地千里，過宋、鄭、滕、薛，敻入千乘之國，欲變人之主，至城下然後知，何知之晚也。」

此譏知之緩者也。

貴變改第十

春秋貴變改。

秦繆公能變而霸西戎。

文十二年：「秦伯使遂來聘。」公羊傳曰：「遂者何？秦大夫也。秦無大夫，此何以書？賢繆公也。何賢乎繆公？以為能變也。其為能變柰何？惟諓諓善竫言，俾君子易怠。〔註二六〕而況乎我多有之！惟一介斷斷焉無他技，其心休休能有容，是難也。」何注云：「秦穆公自傷前不能用百里子、蹇叔子之言，感而自變悔，遂霸西戎。」子貢曰：『君子之過也，如日月之食焉。過也，人皆見之；更也，人皆仰之。』此之謂也。」荀子大略篇曰：「春秋賢穆公，以為能變也。」漢書淮陽王欽傳：「王駿諭指曰：張博等所犯罪惡大，羣下之所共攻，王法之所不赦也。自今以來，王毋復以博等累心，務與衆棄之。春秋之義，大能變改。易曰『藉用白茅，无咎』，言臣子之道，改過自新，絜己以承上，然後免於咎也。王其留意慎戒，惟思所以悔過易行，塞重責，稱厚恩者。如此，則長有富貴，社稷安矣。」又李尋傳：「尋說王根曰：得人之效，成敗之機，不可不勉也。昔秦穆公說諓諓之言，任仡仡之勇，身受大辱，社稷幾亡。悔過自責，思惟黄髮，任用百里奚，卒伯西域，德列王道。二者禍福如此，可不慎哉！」又息夫躬傳曰：「王嘉對問曰：昔秦繆公不從百里奚、蹇叔之言，以敗其師，悔過自責，疾詿誤之臣，思黄髮之言，名垂於後世。」

齊頃公悔敗而反喪邑。

成八年春：「晉侯使韓穿來言汶陽之田歸之於齊。」公羊傳曰：「來言者何？內辭也，脅我使歸之也。曷為使我歸之？鞌之戰，齊師大敗。齊侯歸，弔死視疾，七年不飲酒，不食肉。晉侯聞之曰：嘻！奈何使人之君七年不飲酒，不食肉，請皆反其所侵地。」何注云：「晉侯聞齊侯悔過自責，高其義，畏其德，使諸侯還鞌之所喪邑。」春秋繁露竹林篇曰：「春秋記天下之得失而見所以然之故，甚幽而明，無傳而著，不可不察也。夫泰山之為大，弗察弗見，而況微眇者乎！故案春秋而適往事，窮其端而視其故。得志之君子，有喜之人，不可不慎也。齊頃公，親齊桓公之孫，國固廣大而地勢便利矣，又得霸主之餘尊，而志加於諸侯。以此之故，難使會同而易使驕奢。即位九年，未嘗肯一與會同之事。有怒魯衛之志，而不從諸侯於清丘斷道。春往伐魯，入其北郊；顧返伐衛，敗之新築。當是時也，方乘勝而志廣，大國往聘，慢而弗敬其使者，晉魯俱怒，內悉其衆，外得黨與曹衛，四國相輔，大困之鞌，獲齊頃公，斮逄丑父。深本頃公之所以大辱，身幾亡國，為天下笑，其端乃從懾魯勝衛起。伐魯，魯不敢出。擊衛，大敗之。因得氣而無敵國以興患也。故曰：得志有喜，不可不戒。此其效也。自是之後，頃公恐懼，不聽聲樂，不飲酒食肉；內憂百姓，問疾弔喪；外敬諸侯，從會與盟；卒終其身國家安寧。是福之本生於憂而禍起於喜也。嗚乎！物之所由然，其於人切近，可不省邪！」說苑敬慎篇曰：「齊頃公賴逄丑父之欺，奔逃得歸；弔死問疾，七年不飲酒，不食肉，外金石絲竹之聲，遠婦女之色；出會與盟，卑下諸侯。國家內得行義，聲聞震乎諸侯。所亡之地，弗求而自為來。尊寵不武而得之；可謂能詘免變化以致之。故福生於隱約，而禍生於得意，此得失之效也。」

楚莊變悔而遂前功。

宣十一年：「冬十月，楚人殺陳夏徵舒。丁亥，楚子入陳。」何注云：「日者，惡莊王討賊之後欲利其國。」「納公孫寧、儀行父於陳。」公羊傳曰：「此皆大夫也，其言納，何？納公黨與也。」何注云：「主書者，美楚能變悔改過以遂前功，卒不取其國而存陳。」

齊景公謝過而歸侵地。

定十年：「夏，公會齊侯於頰谷，公至自頰谷。」穀梁傳曰：「頰谷之會，孔子相焉。兩君就壇，兩相相揖。齊人鼓譟而起，欲以執魯君。孔子歷階而上，不盡一等，而視歸乎齊侯，曰：『兩君合好，夷狄之民何為來為？』令司馬止之。齊侯逡巡而謝曰：『寡人之過也。』退而屬其二三大夫曰：『夫人率其君與之行古人之道，二三子獨率我而入夷狄之俗，何為？』罷會，齊人使優施舞於魯君之幕下，孔子曰：『笑君者罪當死。』使司馬行法焉，首足異門而出。齊人來歸鄆、讙、龜陰之田者，蓋為此也。」「齊人來歸運、讙、龜陰田。」公羊傳曰：「齊人曷為來歸運、讙、龜陰田？孔子行乎季孫，三月不違，齊人為是來歸之。」史記孔子世家曰：「會齊侯夾谷。景公歸而大恐，告其羣臣曰：『魯以君子之道輔其君，而子獨以夷狄之道教寡人，使得罪於魯君，為之柰何？』有司進對曰：『君子有過則謝以質，小人有過則謝以文。君若悼之，則謝以質。』於是齊侯乃歸所侵魯之鄆、汶陽、龜陰之田以謝過。」新語五曰：「魯定公之時，與齊侯會於夾谷，孔子行相事。兩君升壇，兩相處下，兩相欲揖。君臣之禮，濟濟備焉。齊人鼓譟而起，欲執魯公。孔子歷階而上，不盡一等而立。謂齊侯曰：『兩君合好，以禮相率，以樂相化，臣聞嘉樂不野合，犧象之薦不下堂，夷狄之民何來為？』命司馬請止之。定公曰：『諾。』齊侯逡巡而避席，曰：『寡人之過。』退而自責大夫。罷會，齊人使優旃舞於魯公之幕下，傲戲，欲候魯公之隙，以執定公。孔子嘆曰：『君辱，臣當死。』使司馬行法，斬焉，首足異門而出。於是齊人懼然而恐，君臣易操，不安其故行。乃歸魯四邑之侵地，終無乖魯之心。」

魯哀公悔過而歸邾君。

哀七年：「秋，公伐邾婁。八月己酉，入邾婁，以邾婁子益來。」公羊傳曰：「邾婁子益何以名？絕。曷為絕之？獲也。曷為不言其獲？內大惡諱也。」八年：「歸邾婁子益于邾婁。」何注云：「獲歸不書，此書者，善魯能悔過歸之。」

此人君以悔過見稱者也。

晉郤缺服義則大之。

文十四年：「晉人納接菑於邾婁，弗克納。」公羊傳曰：「納者何？入辭也。其言弗克納何？大其弗克納也。何大乎其弗克納？晉郤缺帥師革車八百乘以納接菑於邾婁，力沛若有餘而納之。邾婁人言曰：『接菑，晉出也；貜且，齊出也。子以其指，則接菑也四，貜且也六。子以大國壓之，則未知齊晉孰有之也。貴則皆貴矣，雖然，貜且也長。』郤缺曰：『非吾力不能納也，義實不爾克也。』引師而去之。故君子大其弗克納也。」何注云：「大其不以己非奪人之是。」穀梁傳曰：「未伐而曰弗克，何也？弗克其義也。接菑，晉出也；貜且，齊出也。貜且，正也；接菑，不正也。」

趙鞅悔過則許之。

定十三年：「晉趙鞅歸於晉。」穀梁傳曰：「此叛也，其以歸言之，何也？貴其以地反也。貴其以地反，則是大利也？非大利也，許悔過也。」

伯尊下問則録之。

成五年：「梁山崩。」穀梁傳曰：「梁山崩，壅遏河，三日不流。晉君召伯尊而問焉。伯尊來，遇輦者，輦者不辟，使車右下而鞭之。輦者曰：『所以鞭我者，其取道遠矣。』伯尊下車而問焉，曰：『子有聞乎？』對曰：『梁山崩，壅遏河，三日不流。』伯尊曰：『君為此召我也，為之奈何？』輦者曰：『天有山，天崩之。天有河，天壅之。雖召伯尊，如之何？』伯尊由忠問焉。輦者曰：『君親素縞，帥羣臣而哭之，既而祠焉，斯流矣。』伯尊至，君問之曰：『梁山崩，壅遏河，三日不流，為之柰何？』伯尊曰：『君親素縞，帥羣臣而哭之，既而祠焉，斯流矣。』孔子聞之，曰：『伯尊其無績乎，攘善也。』」

此人臣以悔改見稱者也。

貴有辭第十一

春秋貴有辭。

郲婁人有辭，則服郤缺。

文十四年：「晉人納接菑於郲婁，弗克納。」公羊傳曰：「晉郤缺帥師革車八百乘以納接菑於郲婁，力沛若有餘而納之。郲婁人言曰：『接菑，晉出也；貜且，齊出也。子以其指，則接菑也四，貜且也六。子以大國壓之，則未知齊晉孰有之也。貴則皆貴矣，雖然，貜且也長。』郤缺曰：『非吾力不能納也，義實不爾克也。』引師而去之。」穀梁傳曰：「弗克納。未伐而曰弗克，何也？弗克其義也。捷菑，晉出也；貜且，齊出也。貜且，正也；捷菑，不正也。」

齊國佐有辭，則服郤克。

成二年：「秋七月，齊侯使國佐如師。己酉，及國佐盟於袁婁。」公羊傳曰：「二大夫歸，相與率師為牽之戰，齊師大敗。齊侯使國佐如師，郤克曰：『與我紀侯之甗，反魯衛之侵地，使耕者東畝，且以蕭同姪子為質，則吾舍子矣。』國佐曰：『與我紀侯之甗，請諾。反魯衛之侵地，請諾。使耕者東畝，則是土齊也。蕭同姪子者，齊君之母也。齊君之母猶晉君之母也，不可，請戰。壹戰不勝，請再。再戰不勝，請三。三戰不勝，則齊國盡子之有也，何必以蕭同姪子為質？』揖而去之。郤克眣魯衛之使，使以其辭而為之請，然後許之。逮於袁婁而與之盟。」何注云：「傳極道此者，本禍所由生。因録國佐受命不受辭，義可拒則拒，可許則許。一言使四國大夫汲汲與之盟。」穀梁傳曰：「爰婁在師之外。郤克曰：『反魯衛之侵地，以紀侯之甗來，以蕭同姪子之母為質，使耕者皆東其畝，然後與之盟。』國佐曰：『反魯衛之侵地，以紀侯之甗來，則諾。以蕭同姪子之母為質，則是齊侯之母也。齊侯之母猶晉君之母也。晉君之母猶齊侯之母也。使耕者盡東其畝，則是終土齊也。不可，請壹戰。壹戰不克，請再。再不克，請三。三不克，請四。四不克，請五。五不克，舉國而授。』於是而與之盟。」春秋繁露王道篇曰：「齊國佐不辱君命而尊齊侯，此春秋之救文以質也。」後漢書孔融傳：「融議曰：馬日磾以上公之尊，秉髦節之使，銜命直指，寧輯東夏，而曲媚姦臣，為所牽率，章表署用，輒使首名，附下罔上，姦以事君。昔國佐當晉軍而不撓，宜僚臨白刃而正色。王室大臣，豈得以見脅為辭！」

齊魯之君臣有辭，孔子稱其足觀。

昭二十五年：「齊侯唁公于野井。」公羊傳曰：「齊侯唁公于野井，曰：『奈何君去魯國之社稷？』昭公曰：『喪人不佞，失守魯國之社稷，執事以羞。』再拜顙。慶子家駒曰：『慶子免君於大難矣。』子家駒曰：『臣不佞，陷君於大難，君不忍加之以鈇鑕，錫之以死。』再拜顙。高子執簞食與四脡脯，國子執壺漿，曰：『吾寡君聞君在外，餕饔未就，敢致糗於從者。』昭公曰：『君不忘吾先君，延及喪人，錫之以大禮。』再拜稽首，以衽受。高子曰：『有夫不祥，君無所辱大禮。』昭公蓋祭而不嘗。景公曰：『寡人有不腆先君之服，未之敢服；有不腆先君之器，未之敢用。敢以請。』昭公曰：『喪人不佞，失守魯國之社稷，執事以羞。敢辱大禮，敢辭。』景公曰：『寡人有不腆先君之服，未之敢服；有不腆先君之器，未之敢用。敢固以請。』昭公曰：『以吾宗廟之在魯也，有先君之服，未之能以服；有先君之器，未之能以出。敢固辭。』景公曰：『寡人有不腆先君之服，未之敢服；有不腆先君之器，未之敢用。請以饗乎從者。』昭公曰：『喪人其何稱？』景公曰：『孰君而無稱！』昭公於是曒然而哭，諸大夫皆哭。既哭，以人為菑，以幦為席，〔註二七〕以鞍為几，以遇禮相見。孔子曰：『其禮與其辭足觀矣。』」

楚屈完有辭，則齊桓之得志也僅。

僖四年：「楚屈完來盟於師，盟於召陵。」穀梁傳曰：「來者何？內桓師也。〔註二八〕於師，前定也。於召陵，得志乎桓公也。得志者，不得志也。以桓公得志為僅矣。屈完曰：『大國之以兵向楚，何也？』桓公曰：『昭王南征不反，菁茅之貢不至，故周室不祭。』屈完曰：『菁茅之貢不至，則諾。昭王南征不反，我將問諸江。』」范注云：「此不服罪之言，故退於召陵而與之盟。屈完所以得志，桓公之不得志也。」

此以有辭見褒者也。

季孫行父失命，則春秋以為譏。

文十六年：「春，季孫行父會齊侯於陽穀，齊侯弗及盟。」穀梁傳曰：「弗及者，内辭也。行父失命矣，齊得内辭也。」范注云：「行父出會失辭，義無可納。故齊侯以正道拒而弗受，不盟由齊，故得内辭。」

此以失辭見譏者也。

譏慢第十二

春秋譏慢。

御廪災而嘗，譏。

桓十四年：「秋八月壬申，御廩災。乙亥，嘗。」公羊傳曰：「常事不書，此何以書？譏。何譏爾？譏嘗也。曰：猶嘗乎？御廩災，不如勿嘗而已矣。」穀梁傳曰：「御廩之災不志，此其志，何也？以為唯未易災之餘而嘗可也，志不敬也。〔註二九〕天子親耕以供粢盛，王后親蠶以共祭服。國非無良農工女也，以為人之所盡事其祖禰，不若以己所自親者也，何用見其未易災之餘而嘗也？曰：甸粟而內之三宮，三宮米而藏之御廩，夫嘗必有兼甸之事焉。壬申，御廩災；乙亥，嘗。以為未易災之餘而嘗也。」范注：「壬申、乙亥相去四日，言用日至少而功多，明未足及易而嘗。」

世室屋壞，譏。

文十三年：「世室屋壞。」公羊傳曰：「世室者何？魯公之廟也。周公稱大廟，魯公稱世室，羣公稱宮。此魯公之廟也，曷為謂之世室？世室猶世室也，世世不毀也。世室屋壞何以書？譏。何譏爾？久不修也。」穀梁傳曰：「大室屋壞者，有壞道也。譏不修也。大室猶世室也。周公曰大廟，伯禽曰大室，羣公曰宮。禮：宗廟之事，君親割，夫人親舂，敬之至也。為社稷之主而先君之廟壞，極稱之，志不敬也。」世室，穀梁、左氏經皆作大室。左氏傳曰：「大室之屋壞，書不共也。」

鼷鼠食郊牛，譏。

成七年：「春王正月，鼷鼠食郊牛角，改卜牛。鼷鼠又食其角，乃免牛。」公羊無傳。何注云：「京房易傳曰：祭天不慎，鼷鼠食郊牛角。」定十五年：「鼷鼠食郊牛，牛死。改卜牛。」公羊傳曰：「曷為不言其所食？漫也。」何注云：「漫者，徧食其身，災不敬也。」穀梁傳曰：「不敬莫大焉。」漢書五行志中之上曰：「成公七年正月，鼷鼠食郊牛角；改卜牛，又食其角。董仲舒以為鼷鼠食郊牛，皆養牲不謹也。」哀元年：「鼷鼠食郊牛，改卜牛。夏，四月，辛巳，郊。」穀梁傳曰：「鼷鼠食郊牛角，改卜牛。志不敬也。」

此郊祭之慢也。

齊桓公震矜，叛者九國。

僖九年：「夏，公會宰周公、齊侯、宋子、衛侯、鄭伯、許男、曹伯于葵丘。九月戊辰，諸侯盟於葵丘。」公羊傳曰：「桓之盟不日，此何以日？危之也。何危爾？貫澤之會，桓公有憂中國之心。不召而至者，江人、黄人也。葵丘之會，桓公震而矜之，叛者九國。震之者何？猶曰振振然。矜之者何？猶曰莫若我也。」鹽鐵論世務篇曰：「昔齊桓公内附百姓，外綏諸侯，存亡接絶而天下從風。其後德虧行衰，葵丘之會，振而矜之，叛者九國。春秋刺其不崇德而崇力也，故任德則强楚告服，遠國不召而自至；任力則近者不親，小國不附。此其效也。」

齊頃公傲客，至於大辱。

成二年：「六月癸酉，季孫行父、臧孫許、叔孫僑如、公孫嬰齊帥師會晉郤克、衛孫良夫、曹公子手及齊侯戰于鞌，齊師敗績。秋七月，齊侯使國佐如師。己酉，及國佐盟于袁婁。」公羊傳曰：「君不使乎大夫，此其行使乎大夫，何？佚獲也。其佚獲柰何？師還齊侯，晉郤克投戟逡巡再拜稽首馬前。逢丑父者，頃公之車右也。面目與頃公相似，衣服與頃公相似，代頃公當左，使頃公取食，頃公操飲而至，曰：『革取清者。』頃公用是佚而不反。逢丑父曰：『吾賴社稷之神靈，吾君已免矣。』郤克曰：『欺三軍者其法柰何？』曰：『法斮。』於是斮逢丑父。己酉，及齊國佐盟于袁婁。曷為不盟於師而盟于爰婁？前此者，晉郤克與臧孫許同時而聘于齊。蕭同姪子者，齊君之母也，踴于棓而闚客，則客或跛或眇。於是使跛者迓跛者，使眇者迓眇者。二大夫出，相與倚閭而語，移日然後相去。齊人皆曰：『患之起必自此始。』二大夫歸，相與率師為鞌之戰，齊師大敗。齊侯使國佐如師，郤克曰：『與我紀侯之甗，反魯衛之侵地，使耕者東畝，且以蕭同姪子為質，則吾舍子矣。』國佐曰：『與我紀侯之甗，請諾。反魯衛之侵地，請諾。使耕者東畝，是則土齊也。蕭同姪子者，齊君之母也。齊君之母猶晉君之母也。不可，請戰。壹戰不勝，請再。再戰不勝，請三。三戰不勝，則齊國盡子之有也，何必以蕭同姪子為質？』揖而去之。郤克昳魯衛之使，使以其辭而為之請，然後許之。逮于袁婁而與之盟。」成元年穀梁傳曰：「冬十月，季孫行父禿，晉郤克眇，衛孫良夫跛，曹公子手僂。同時而聘于齊。齊使禿者御禿者，使眇者御眇者，使跛者御跛者，使僂者御僂者。蕭同姪子處臺上而笑之。聞于客，客不悦而去。相與立胥閭而語，移日不解。齊人有知之者，曰：『齊之患必自此始矣。』」二年穀梁傳曰：「搴去國五百里，爰婁去國五十里，壹戰緜地五百里，焚雍門之茨，侵車東至海。君子聞之，曰：夫甚甚之辭焉，齊有以取之也。齊之有以取之，何也？敗衛師于新築，侵我北鄙，敖郤獻子，齊有以取之也。爰婁在師之外。郤克曰：『反魯衛之侵地，以紀侯之甗來，以蕭同姪子之母為質，使耕者皆東其畝，然後與子盟。』國佐曰：『反魯衛之侵地，以紀侯之甗來，則諾。以蕭同姪子之母為質，則是齊侯之母也。齊侯之母猶晉君之母也，晉君之母猶齊侯之母也。使耕者盡東其畝，則是終土齊也。不可，請壹戰。壹戰不克，請再。再不克，請三。三不克，請四。四不克，請五。五不克，舉國而授。』於是而與之盟。」春秋繁露竹林篇曰：「春秋記天下之得失，而見所以然之故，甚幽而明，無傳而著，不可不察也。夫泰山之為大，弗察弗見，而況微眇者乎！故案春秋而適往事，窮其端而視其故。得志之君子，有喜之人，不可不慎也。齊頃公，親齊桓公之孫，國固廣大而地勢便利矣，又得霸主之餘尊，而志加于諸侯。以此之故，難使會同而易使驕奢。即位九年，未嘗肯一與會同之事，有怒魯衛之志，而不從諸侯于清丘斷道。春往伐魯，入其北郊；顧返伐衛，敗之新築。當是時也，方乘勝而志廣，大國往聘，慢而弗敬其使者。晉魯俱怒，内悉其衆，外得黨與曹衛，四國相輔，大困之搴，獲齊頃公，斮逢丑父。深本頃公之所以大辱，身幾亡國，為天下笑，其端乃從慑魯勝衛起。伐魯，魯不敢出。擊衛，大敗之。因得氣而無敵國以興患也。故曰：得志有喜，不可不戒。此其效也。」説苑敬慎篇曰：「齊頃公地廣民衆，兵强國富，又得伯者之餘尊，驕蹇怠傲，未嘗出會同諸侯。乃興師伐魯，反敗衛師於新築，輕小慢大之行甚。俄而晉魯往聘，以使者戲。二國怒歸，求黨與助，得衛及曹，四國相輔，期戰於鞌，大敗齊師，獲齊頃公，斮逢丑父。賴逢丑父之欺，奔逃得歸。」

齊人驕蹇，特書圍齊。

襄十一年：「公會晉侯、宋公、衛侯、曹伯、齊世子光、莒子、邾婁子、滕子、薛伯、杞伯、小邾婁子伐鄭，會于蕭魚。」十八年：「冬十月，公會晉侯、宋公、衛侯、鄭伯、曹伯、莒子、邾婁子、滕子、薛伯、杞伯、小邾婁子同圍齊。」十九年：「公至自伐齊。」公羊傳曰：「此同圍齊也，何以致伐？未圍齊也。未圍齊，則其言圍齊，何？抑齊也。曷爲抑齊？爲其亟伐也。或曰：爲其驕蹇，使其世子處乎諸侯之上也。」何注云：「以下葬略，或説是也。」

魯文公厭政，見譏不臣。

文十七年：「夏五月，公四不視朔。」公羊傳曰：「公曷爲四不視朔？公有疾也。何言乎公有疾不視朔？自是公無疾不視朔也。然則曷爲公無疾不視朔？有疾猶可言也，無疾不可言也。」何注云：「言無疾大惡，不可言也。是後公不復視朔，政事委任公子遂。」穀梁傳曰：「天子告朔于諸侯，諸侯受乎禰廟，禮也。公四不視朔，公不臣也。以公為厭政以甚矣。」范注云：「天子班朔而公不視，是不臣。」

此人事之慢也。

〔註一〕齊桓公不正而討陳袁濤塗，則不能予伯討。方伯所當討，謂之伯討。

〔註二〕則陳人不欲其反由己者。己謂陳。

〔註三〕陳不果內。內與納同。

〔註四〕於是使跛者迓跛者。迓，迎也。下文齊使禿者御禿者。御與迓同。

〔註五〕郤克眣魯衛之使。眣謂以目示意。

〔註六〕殺恥也。殺今言減輕。

〔註七〕魯成公以幼不見見而不恥。不見見謂不被見，即不為人所見也。下文不見與盟，不見二字義同。

〔註八〕大上不盟。大上今言最善。

〔註九〕誥誓不及五帝。言五帝時無誥誓之事，下二句可類推。

〔註一〇〕宋、齊、衛參盟則志之。參盟，三國結盟。

〔註一一〕其次不渝盟。渝，變也。謂不守信約。

〔註一二〕桓之盟不日，其會不致，信之也。不日，謂不書日。會不致，謂不書公至自會。信謂信任齊桓公。

〔註一三〕桓盟雖內與。內與謂魯君參加其盟。

〔註一四〕公不周乎伐鄭也。周，信也。

〔註一五〕大其平乎己也。己謂子反、華元二人。

〔註一六〕衛獻公諼君以弒，則惡之。諼，詐也。

〔註一七〕文何以無邾婁？通濫也。通濫，謂認濫為一國，故不言邾婁濫。

〔註一八〕夏父者，其所為有於顏者也。言夏父乃為顏夫人時所生之子。

〔註一九〕吾為子口隱矣。口謂探詢之。

〔註二〇〕殺則曷為不言刺？魯殺大夫，不書殺而曰刺。詳諱辭篇。

〔註二一〕公子牙今將爾。將弒而尚未弒。

〔註二二〕賵以早而含以晚。以與已同。以早以晚，今言太早太晚。

〔註二三〕不及事也。來晚，不及事之用。

〔註二四〕後會則譏。後會，今言没趕上會。

〔註二五〕子以其指，則接菑也四，玃且也六。何注云：言俱不得天之正性。

〔註二六〕惟諓諓善竫言，俾君子易怠。諓諓，淺薄之貌。俾，使也。易怠猶輕怠也。此段本尚書秦誓，故文詞古奧難通。

〔註二七〕以人為菑，以幦為席。菑，周埒垣也。幦，車覆笭也。

〔註二八〕來者何？內桓師也。內謂魯，凡向魯者言來。內桓師，謂視齊桓公之師如魯師。

〔註二九〕以為唯未易災之餘而嘗可也，志不敬也。嘗，祭名。唯與雖同。御廩藏米，既災，當別易新米行祭祀，乃為誠敬。而魯人以為雖不換易災餘之米而行祭，並無不可。遂以災餘之米為祭，故為不敬也。

卷　三

明權第十三

春秋明權。

鄭祭仲知權則賢之。

桓十一年：「九月，宋人執鄭祭仲。」公羊傳曰：「祭仲者何？鄭相也。何以不名？賢也。何賢乎祭仲？以為知權也。其為知權柰何？古者鄭國處於留，先鄭伯有善於鄶公者，通乎夫人以取其國，而遷鄭焉，而野留。〔註一〕莊公死，已葬。祭仲將往省於留，塗出於宋，宋人執之，謂之曰：『為我出忽而立突。』祭仲不從其言，則君必死，國必亡；從其言，則君可以生易死，國可以存易亡。少遼緩之，則突可故出而忽可故反。是不可得，則病，然後有鄭國。古之人有權者，祭仲之權是也。權者何？權者，反於經然後有善者也。權之所設，舍死亡無所設。行權有道，自貶損以行權，不害人以行權。殺人以自生，亡人以自存，君子不為也。」何注云：「權者稱也，所以別輕重。喻祭仲知國重君輕。「君子以存國除逐君之罪。」春秋繁露竹林篇曰：「夫去位而避兄弟者，君子之所甚貴；獲虜逃遁者，君子之所甚賤。祭仲措其君於人所甚貴以生其君，春秋以為知權而賢之。丑父措其君於人所甚賤以生其君，春秋以為不知權而簡之。其俱枉正以存君，相似也。其使君榮之與使君辱不同理。故凡人之有為也，前枉而後義者謂之中權。雖不能成，春秋善之。魯隱公、鄭祭仲是也。」漢書鄒陽傳：「公孫玃說梁孝王曰：昔者鄭祭仲許宋人立公子突以活其君，非義也。春秋記之，為其以生易死，以存易亡也。」鹽鐵論論儒篇曰：「祭仲自貶損以行權，時也。」後漢書馮衍傳：「衍說廉丹曰：衍聞：順而成者，道之所大也；逆而功者，權之所貴也。是故期於有成，不問所由；論於大體，不守小節。昔逢丑父伏軾而使其君取飲，稱於諸侯；鄭祭仲立突而出忽，終得復位，美於春秋。蓋以死易生，以亡易存，君子之道也。」詭於衆意，寧國存身，賢者之慮也。」孔氏廣森通義云：「春秋之於祭仲，取其詭詞從宋以生忽存鄭為近於知權耳。仲後逡巡畏懼，不終其志，經於忽之弒、子亹子儀之立，一切没而不書，所以醇順其文，成仲之權，使可為後法。故假祭仲以見行權之道，猶齊襄公未必非利紀也，而假以立復讎之準。所謂春秋非記事之書，明義之書也。苟明其義，其事可略也。俗儒責仲當守死不聽。仲既被執，終無能為，仲死而突故入，忽故亡。匹夫之諒，何所取之！外大夫例恒書名，獨祭仲書字，灼然見賢。必不信傳，將不信經乎！仲惟得於本事不名，季友没仍稱字，又可以明仲一時之權，固未若季子之盡善矣。伯莒之戰，傳曰：「吳何以稱子？夷狄也而憂中國。其下吳入楚，傳曰：吳何以不稱子？反夷狄也。」由是言之，一簡之中，隨宜褒貶。仲時所行，暫得合權。校其後事，仍自無取。正猶不保其往，不與其退。苟達於此，了無閡義矣。」

魯隱公權立則賢之。

隱元年：「春王正月。」公羊傳曰：「公何以不言即位？成公意也。何成乎公之意？公將平國而反之桓，桓幼而貴，隱長而卑。其為尊卑也微，國人莫知。隱長而賢，諸大夫扳隱而立之。隱於是焉而辭立，則未知桓之將必得立也。且如桓立，則恐諸大夫之不能相幼君也。故凡隱之立，為桓立也。隱長又賢，何以不宜立？立適以長不以賢，立子以貴不以長。桓何以貴？母貴也。母貴則子何以貴？子以母貴，母以子貴。」穀梁傳曰：「公何以不言即位？成公志也。焉成之？言君之不取為公也。君之不取為公，何也？將以讓桓也。」春秋繁露竹林篇曰：「故凡人之有為也，前枉而後義者謂之中權，雖不能成，春秋善之，魯隱公、鄭祭仲是也。」

宋目夷權立則賢之。

僖二十一年：「楚人使宜申來獻捷。」公羊傳曰：「此楚子也，其稱人何？貶。曷為貶？為執宋公貶。曷為為執宋公貶？宋公與楚子期以乘車之會。公子目夷諫曰：『楚，夷國也，彊而無義。請君以兵車之會往。』宋公曰：『不可！吾與之約以乘車之會。自我為之，自我墮之。』

曰：『不可！』終以乘車之會往。楚人果伏兵車，執宋公以伐宋。宋公謂公子目夷曰：『子歸守國矣。國，子之國也，吾不從子之言以至乎此。』公子目夷復曰：『君雖不言國，國固臣之國也。』於是歸，設守械而守國。楚人謂宋人曰：『子不與我國，吾將殺子君矣。』宋人應之曰：『吾賴社稷之神靈，吾國已有君矣。』楚人知雖殺宋公猶不得宋國，於是釋宋公。宋公釋乎執，走之衛。公子目夷復曰：『國為君守之，君曷為不入？』然後逆襄公歸。惡乎捷？捷乎宋。曷為不言捷乎宋？為襄公諱也。此圍辭也，曷為不言其圍？為公子目夷諱也。」春秋繁露王道篇曰：「魯隱之代桓立，祭仲之出忽立突，仇牧、孔父、荀息之死節，公子目夷不與楚國，此皆執權存國，行正世之義，守惓惓之心，春秋加氣義焉，故皆見之，復正之謂也。」又玉英篇曰：「夫權雖反經，亦必在可以然之域，不在不可以然之域。故雖死亡，終弗為也。公子目夷是也。公子目夷復其君，終不與國。祭仲已與，後改之。晉荀息死而不聽。衛曼姑拒而弗内。此四臣事異而同心，其義一也。目夷之弗與，重宗廟。祭仲與之，亦重宗廟。荀息死之，貴先君之命；曼姑拒之，亦貴先君之命也。事雖相反，所為同，俱為重宗廟，貴先君之命耳。」

衛叔武權立則賢之。

僖二十八年：「晉人執衛侯，歸之于京師。」公羊傳曰：「歸之于者何？歸于者何？歸之于者，罪已定矣。歸于者，罪未定也。衛侯之罪何？殺叔武也。何以不書？為叔武諱也。春秋為賢者諱。何賢乎叔武？讓國也。其讓國柰何？文公逐衛侯而立叔武，叔武辭立而他人立，則恐衛侯之不得反也，故於是己立。然後為踐土之會，治反衛侯。衛侯得反，曰：『叔武篡我。』元咺爭之曰：『叔武無罪。』終殺叔武，元咺走而出。」

若弦高矯君命以存鄭。

僖三十三年：「夏四月辛巳，晉人及姜戎敗秦於殽。」公羊傳曰：「其謂之秦，何？夷狄之也。曷為夷狄之？秦伯將襲鄭，百里子與蹇叔子諫曰：『千里而襲人，未有不亡者也。』秦伯怒曰：『若爾之年者，宰上之木拱矣。爾曷知？』師出，百里子與蹇叔子送其子而戒之曰：『爾即死，必於殽之嶔巖，是文王之所避風雨者也，吾將尸爾焉。』子揖師而行，百里子與蹇叔子從其子而哭之。秦伯怒曰：『爾曷為哭吾師？』對曰：『臣非敢哭君師，哭臣之子也。』弦高者，鄭商也。遇之殽，矯以鄭伯之命而犒師焉。或曰：往矣；或曰：反矣。〔註二〕然而晉人與姜戎要之殽而擊之，匹馬隻輪無反者。」

季子辟內難而如陳。

莊二十七年：「秋，公子友如陳，葬原仲。」公羊傳曰：「原仲者何？陳大夫也。大夫不書葬，此何以書？通乎季子之私行也。何通乎季子之私行？辟內難也。君子辟內難而不辟外難。內難者何？公子慶父、公子牙、公子友，皆莊公之母弟也。公子慶父、公子牙通乎夫人以脅公，季子起而治之，則不得與于國政。坐而視之，則親親因不忍見也。故於是復請至于陳而葬原仲也。」

皆春秋所許也。

至于逢丑父措其君于可賤之域，雖殺身以生君，固不得謂為知權矣。

成二年：「秋，七月，齊侯使國佐如師。己酉，及國佐盟於袁婁。」公羊傳曰：「君不使乎大夫，此其行使乎大夫，何？佚獲也。其佚獲柰何？師還齊侯，晉郤克投戟逡巡再拜稽首馬前。逢丑父者，頃公之車右也。面目與頃公相似，衣服與頃公相似。代頃公當左，使頃公取飲。頃公操飲而至，曰：『革取清者。』頃公用是佚而不反。逢丑父曰：『吾賴社稷之神靈，吾君已免矣。』郤克曰：『欺三軍者其法柰何？』曰：『法斮。』于是斮逢丑父。」何注云：「佚獲者，已獲而逃亡也。丑父死君，不賢之者，經有使乎大夫，於王法頃公當絕。如賢丑父，是賞人臣之絕其君也。若以丑父故不絕頃公，是開諸侯戰不能死難也。」春秋繁露竹林篇曰：「逢丑父殺其身以生其君，何以不得謂知權？丑父欺晉，祭仲許宋，俱枉正以存其君。然而丑父之所為難于祭仲，祭仲見賢，而丑父猶見非，何也？曰：是非難別者在此。此其嫌疑相似而不同理者，不可不察。夫去位而避兄弟者，君子之所甚貴。獲虜逃遁者，君子之所甚賤。祭仲措其君于人所甚貴以生其君，故春秋以為知權而賢之。丑父措其君於人所甚賤以生其君，春秋以為不知權而簡之。其俱枉正以存君，相似也。其使君榮之與使君辱不同理。故凡人之有為也，前枉而後義者謂之知權，雖不能成，春秋善之，魯隱公、鄭祭仲是也。前正而後有枉者謂之邪道，雖能成之，春秋不愛，齊頃公、逢丑父是也。夫冒大辱以生，其情無樂，故賢人不為也，而衆人疑焉。春秋以為人不知義而疑也，故示之以義，曰：國滅君死之，正也。正也者，正于天之為人性命也。天之為人性命，使行仁義而羞可恥，非若鳥獸然苟為生苟為利而已。是故春秋推天施而順人理，以至尊為不可以加于至辱大羞，故獲者絶之；以至辱為不可以加于至尊大位，故雖失位，弗君也。已反國，在位矣，而春秋猶有不君之辭，況其溷然方獲而虜邪？其於義也，非君定矣。若非君，則丑父何權矣！故欺三軍為大罪於晉；其免頃公為辱宗廟于齊，是以雖難而春秋不愛。丑父大義，宜言於頃公曰：『君慢侮而怒諸侯，是失禮大矣。今被大辱而弗能死，是無恥也，而復重罪。請俱死，無辱宗廟，無羞社稷。』如此，雖陷其身，尚有廉名。當此之時，死賢於生。故君子生以辱，不如死以榮，正是之謂也。由法論之，則丑父欺而不中權，忠而不中義。」

謹始第十四

春秋謹始。

故無事必書正月。

隱元年：「春王正月。」穀梁傳曰：「雖無事，必舉正月，謹始也。」

齊師遷紀郱、鄑、郚，滅紀之始也。

莊元年：「齊師遷紀郱、鄑、郚。」公羊傳曰：「外取邑不書，此何以書？大之也。〔註三〕何大爾？自是始滅也。」何注云：「將大滅紀，從此始，故重而書之。」四年：「紀侯大去其國。」公羊傳曰：「大去者，何？滅也。孰滅之？齊滅之。曷為不言齊滅之？為襄公諱也。」

蕭同姪子笑客，齊患之始也。

成二年：「秋七月，齊侯使國佐如師。己酉，及國佐盟於袁婁。」公羊傳曰：「前此者，晉郤克與臧孫許同時而聘于齊。蕭同姪子者，齊君之母也。踊於踣而窺客，則客或跛或眇。於是使跛者迓跛者，使眇者迓眇者。二大夫出，相與踦閭而語，移日然後相去。齊人皆曰：『患之起必自此始。』二大夫歸，相與率師為鞌之戰，齊師大敗。」成元年穀梁傳曰：「冬十月，季孫行父禿，晉郤克眇，衛孫良夫跛，曹公子手僂，同時而聘于齊。齊使禿者御禿者，使眇者御眇者，使跛者御跛者，使僂者御僂者。蕭同姪子處臺上而笑之，聞于客，客不說而去，相與立胥閭而語，移日不解。齊人有知之者，曰：『齊之患必自此始矣。』」

晉三郤之殺，晉禍之始也。

成十七年："晉殺其大夫郤錡、郤犫、郤至。"穀梁傳曰："自禍於是起矣。"范注云："厲公見殺之禍。" 十八年："晉弑其君州蒲。"

魯僖公以楚師伐齊，有致禍之道。其得免者，幸爾。

僖二十六年："公以楚師伐齊，取穀。公至自伐齊。"公羊傳曰："此已取穀矣，何以致伐？未得乎取穀也。曷為未得乎取穀？曰：患之起必自此始也。"何注云："魯内虛而外乞師以犯強齊，會齊侯昭卒，晉文行霸，幸而得免。故雖得意猶致伐也。"春秋繁露俞序篇曰："愛人之大者，莫大乎思患而豫防之，故蔡得意於吳，魯得意於齊，而春秋皆不善，故次以言。怨人不可邇，敵國不可狎，攘竊之國不可使久親，皆防患為民除害之意。"説苑尊賢篇曰："季子卒後，邾擊其南，齊伐其北。魯不勝其患，乞師于楚以取全身。故傳曰：患之起，必自此始也。"

惟謹始也，故為惡始見於春秋者疾之，所謂疾始也。

僖十七年："夏，滅項。"公羊傳曰："君子之惡惡也疾始，善善也樂終。"春秋繁露王道篇曰："誅犯始者，省刑絶惡疾始也。"

故始參盟則志之，〔註四〕

隱八年："秋七月庚午，宋公、齊侯、衛侯盟于瓦屋。"穀梁傳曰："外盟不日，此其日，何也？諸侯之參盟于是始，故謹而日之也。誥誓不及五帝，盟詛不及三王，交質子不及二伯。"

始滅國則疾之。

隱二年：「無駭帥師入極。」公羊傳曰：「無駭者何？展無駭也。何以不氏？貶。曷為貶？疾始滅也。始滅昉於此乎？前此矣。前此則曷為始乎此？託始焉爾。曷為託始焉爾？春秋之始也。此滅也，其言入，何？內大惡諱也。」何注云：「言疾始滅者，諸滅復見不復貶，皆從此取法，所以省文也。」樹達按：莊四年公羊傳曰：「不可勝譏，故將壹譏而已。」疾始滅者，滅不可勝貶，於其始見者一貶之，而以下之滅為貶可知也。他疾始皆同此。穀梁傳曰：「入者，內弗受也。極，國也。苟焉以入人為志者，人亦入之矣。不稱氏者，滅同姓，貶也。」八年：「冬十有二月，無駭卒。」公羊傳曰：「此展無駭也。何以不氏？疾始滅也。故終其身不氏。」春秋繁露王道篇曰：「無駭滅極，不能誅，諸侯得以大亂篡弒無已。」後漢書李固傳：「固奏記商曰：春秋褒儀父以開義路，貶無駭以閉利門。」

始取邑則疾之。

隱四年：「春王二月，莒人伐杞，取牟婁。」公羊傳曰：「牟婁者何？杞之邑也。外取邑不書，此何以書？疾始取邑也。」穀梁傳曰：「言伐言取，所惡也。諸侯相伐取地於是始，故謹而志之也。」

始以火攻則疾之。

桓七年：「春二月己亥，焚咸丘。」公羊傳曰：「焚之者何？樵之也。樵之者何？以火攻也。何言乎以火攻？疾始以火攻也。咸丘者何？邾婁之邑也。」穀梁傳曰：「其不言邾咸丘，何也？疾其以火攻也。」

初稅畝則譏之。

宣十五年：「初稅畝。」公羊傳曰：「初者何？始也。稅畝者何？履畝而稅也。初稅畝何以書？譏。何譏爾？譏始履畝而稅也。何譏乎始履畝而稅？古者什一而藉。古者曷為什一而藉？什一者，天下之中正也。多乎什一，大桀小桀；寡乎什一，大貉小貉。什一者，天下之中正也。什一行而頌聲作矣。」穀梁傳曰：「初者，始也。古者什一，藉而不稅。初稅畝，非正也。古者三百步為里，名曰井田。井田者九百畝，公田居一。私田稼不善則非吏，公田稼不善則非民。初稅畝者，非公之去公田而履畝十取一也，以公之與民為已悉矣。古者公田為居，井竈葱韭盡取焉。」左氏傳曰：「初稅畝，非禮也。穀出不過藉，以豐財也。」鹽鐵論鹽鐵取下篇曰：「德惠塞而嗜慾衆，君奢侈而上求多，民困於下，怠於公事，是以有履畝之稅，碩鼠之詩作也。」

始用田賦則譏之。

哀十二年：「春，用田賦。」公羊傳曰：「何以書，譏？何譏爾？譏始用田賦也。」穀梁傳曰：

「古者公田什一，用田賦，非正也。」

始丘使則譏之。

成元年：「三月，作丘甲。」公羊傳曰：「何以書？譏。何譏爾？譏始丘使也。」穀梁傳曰：「作，為也。丘為甲也。丘甲，國之始也。丘作甲，非正也。丘作甲之為非正，何也？古者立國家，百官具，農工皆有職以事上。古者有四民：有士民，有商民，有農民，有工民。夫甲非人人之所能為也，丘作甲，非正也。」

始僭諸公則譏之。

隱五年：「初獻六羽。」公羊傳曰：「初者何？始也。六羽者何？舞也。初獻六羽何以書？譏。何譏爾？譏始僭諸公也。六羽之為僭柰何？天子八佾，諸公六，諸侯四。始僭諸公昉於此乎？前此矣。前此則曷為始乎此？僭諸公猶可言也，僭天子不可言也。」穀梁傳曰：「始僭樂矣。」尸子曰：舞夏，自天子至諸侯皆用八佾。初獻六羽，始厲樂矣。」春秋繁露王道篇曰：「魯舞八佾，如天子之為。又曰：獻八佾，諱八言六。」

始不親迎則譏之。

隱二年：「九月，紀履緰來迎女。」公羊傳曰：「紀履緰者何？紀大夫也。外逆女不書，此何以書？譏。何譏爾？譏始不親迎也。始不親迎昉於此乎？前此矣。前此則曷為始乎此？託始焉爾。曷為託始焉爾？春秋之始也。」穀梁傳曰：「逆女，親者也。使大夫，非正也。」漢書外戚傳曰：「故易基乾坤，詩首關雎，書美釐降，春秋譏不親迎。夫婦之際，人道之大倫也。」

始不三年喪則譏之。

閔二年：「夏五月乙酉，吉禘于莊公。」公羊傳曰：「其言吉，何？吉者，未可以吉也。曷為未可以吉？未三年也。三年矣，曷為謂之未三年？三年之喪，實以二十五月。吉禘於莊公何以書？譏。何譏爾？譏始不三年也。」穀梁傳曰：「吉禘者，不吉者也。喪事未畢而舉吉祭，故非之也。」

始忌省則譏之。

莊二十二年：「春王正月肆大省。」公羊傳曰：「肆者何？跌也。大省者何？災省也。肆大省何以書？譏。何譏爾？譏始忌省也。」

此皆春秋謹始之事也。

重意第十五

春秋之論事也重意。

春秋繁露玉杯篇曰：「春秋之論事，莫重於志，緣此以論禮。禮之所重者在其志：志敬而節具，則君子予之知禮；〔註五〕志和而音雅，則君子予之知樂；志哀而居約，則君子予之知喪。故曰：非虛加之，重志之謂也。志為質，物為文。質文兩備，然後其禮成。不能備而偏行之，寧有質而無文。雖弗予能禮，尚少善之。介葛盧來是也。有文無質，非直不予，乃少惡之。謂州公實來是也。然則春秋之序道也，先質而後文，右志而左物。故曰：『禮云禮云，玉帛云乎哉！』推而前之，亦宜曰：朝云朝云，辭令云乎哉！『樂云樂云，鐘鼓云乎哉！』引而後之，亦宜曰：喪云喪云，衣服云乎哉！是故孔子立新王之道，明其貴志以反和，見其好誠以滅僞。其有繼周之弊故若此也。」又曰：「春秋之好微與其貴志也。」又精華篇曰：「春秋之聽獄也，必本其事而原其志。志邪者不待成，首惡者罪特重，本直者其論輕。」漢書薛宣傳曰：「春秋之義，意惡功遂，不免於誅。」又曰：「春秋之義，原心定罪。」鹽鐵論刑德篇：「春秋之治獄，論心定罪。志善而違于法者免，志惡而合于法者誅。」

意善者，著之以成其美：魯隱之將讓位于桓也，於不書即位見之。

隱元年：「春，王正月。」公羊傳曰：「何以不言即位？成公意也。何成乎公之意？公將平國而反之桓。故凡隱之立，為桓立也。」穀梁傳曰：「公何以不言即位？成公志也。焉成之？言君之不取為公也。君之不取為公，何也？將以讓桓也。」

於書天王歸仲子之賵見之。

隱元年：「秋，七月，天王使宰咺來歸惠公、仲子之賵。」公羊傳曰：「惠公者何？隱之考也。仲子者何？桓之母也。何以不稱夫人？桓未君也。桓未君，則諸侯曷為來賵之？隱為桓立，故以桓母之喪告於諸侯。然則何言爾？成公意也。」何注云：「尊貴桓母，以赴告天子諸侯，彰桓當立，得事之宜。故善而書仲子，所以起其意，成其賢。」

於子氏不書葬見之。

隱二年：「十有二月，乙卯，夫人子氏薨。」公羊傳曰：「夫人子氏者，何？隱公之母也。何以不書葬？成公意也。何成乎公之意？子將不終為君，故母亦不終為夫人也。」何注云：「時隱公卑屈其母，不以夫人禮葬之，以妾禮葬之，以卑下桓母，無終為君之心，得事之宜。故善而不書葬，所以起其意而成其賢。」左氏傳以子氏為桓公之母，而以三年君氏卒為隱公母。傳曰：「夏，君氏卒。聲子也。不赴于諸侯，不反哭於寢，不祔於姑，故不曰薨。不稱夫人，故不言葬。」與公羊說異而義仍同。

於考仲子之宮見之。

隱五年：「九月，考仲子之宮。」公羊傳曰：「考宮者何？考猶入室也，始祭仲子也。桓未君，則曷為祭仲子？隱為桓立，故為桓祭其母也。然則何言爾？成公意也。」何注云：「尊桓之母，為立廟，所以彰桓當立，得事之宜。故善而書之，所以起其意，成其賢也。」

魯季子不忍暴其兄之罪，故為之諱殺公子牙。

莊三十二年：「秋七月癸巳，公子牙卒。」公羊傳曰：「何以不稱弟？殺也。殺則曷為不言刺？為季子諱殺也。曷為為季子諱殺？季子之遏惡也，不以為國獄。緣季子之心而為之諱。」陳立義疏云：「推季子親親之心，不忍顯揚其罪之故，為之諱刺言卒，使若非以罪見殺然。」

又為之諱慶父出奔。

莊三十二年：「公子慶父如齊。」何注云：「如齊者，奔也。不言奔者，起季子不探其情，不暴其罪。」

曹羈正諫，故諱曹不言滅。

莊二十四年：「冬，戎侵曹。曹羈出奔陳。」公羊傳曰：「曹羈者何？曹大夫也。曹無大夫，此何以書？賢也。何賢乎曹羈？戎將侵曹，曹羈諫曰：『戎衆以無義，君請勿自敵也。』曹伯曰：『不可！』三諫，不從，遂去之。故君子以為得君臣之義也。」二十六年：「曹殺其大夫。」公羊傳曰：「何以不名？衆也。曷為衆殺之？不死於曹君者也。君死乎位曰滅，曷為不言其滅？為曹羈諱也。此蓋戰也，何以不言戰？為曹羈諱也。」何注云：「所諫者，戰也。故為去戰滅之文，所以致其意也。」

宋襄公憂中國而見執，故為諱不言楚捷。

僖二十一年：「楚人使宜申來獻捷。」公羊傳曰：「此楚子也，其稱人何？貶。曷為貶？為執宋公貶。宋公與楚子期以乘車之會。公子目夷諫曰：『楚，夷國也。彊而無義，請君以兵車之會往。』宋公曰：『不可，吾與之約以乘車之會。自我為之，自我墮之，曰『不可』。終以乘車之會往。楚人果伏兵車，執宋公以伐宋。宋公謂公子目夷曰：『子歸守國矣。國，子之國也。吾不從子之言，以至乎此。』公子目夷復曰：『君雖不言國，國固臣之國也。』於是歸，設守械而守國。楚人謂宋人曰：『子不與我國，吾將殺子君矣。』宋人應之曰：『吾賴社稷之神靈，吾國已有君矣。』楚人知雖殺宋公猶不得宋國，於是釋宋公。宋公釋乎執，走之衛。公子目夷復曰：『國為君守之，君曷為不入？』然後逆襄公歸。惡乎捷？捷乎宋。曷為不言捷乎宋？為襄公諱也。」何注云：「襄公本會楚，欲行霸憂中國也。不用目夷之言，而見詐執伐宋，幾亡其國，故為諱滅國文，所以申善志。」

公子目夷欲存其國免其君，故為諱不言楚圍。

前傳續曰：「此圍辭也，曷為不言其圍？為公子目夷諱也。」何注云：「目夷遭難，設權救君，有解圍存國免主之功，故為諱圍，起其事，所以彰目夷之賢也。」春秋繁露玉英篇曰：「夫權雖反經，亦必在可以然之域，不在不可以然之域。故雖死亡，終弗為也，公子目夷是也。公子目夷復其君，終不與國。祭仲已與，後改之。事異而同心，其義一也。目夷之弗與，重宗廟。祭仲與之，亦重宗廟。事雖相反，所為同，俱為重宗廟耳。」孔氏廣森通義云：「目夷之事，欲彰其賢而反諱之，此聖經之高義，賢傳之達言。蓋以鳴其孝者非令子，矜其忠者非令臣。原臣子之道，莫不欲尊榮君父。故讓則歸美，過則稱己。曹羈以義去，公子目夷以仁守。目夷有成勞矣，羈雖不克濟君於難，而並有愛國之心，悃悃忱忱，殊武安倖敗之意，鮮慶鄭愎諫之懟。春秋緣羈與目夷之心，而君死國辱，為不忍言焉。斯二臣之風氣，千載可想矣。」

衛叔武欲其兄饗國，故為之諱見殺。

僖二十八年：「晉人執衛侯，歸之於京師。」公羊傳曰：「歸之于者何？歸于者何？歸之于者，罪已定矣。歸于者，罪未定也。罪未定則何以得為伯討？歸之于者，執之于天子之側者也，罪定不定已可知矣。歸于者，非執之于天子之側者也，罪定不定未可知也。衛侯之罪何？殺叔武也。何以不書？為叔武諱也。春秋為賢者諱。何賢乎叔武？讓國也。其讓國柰何？文公逐衛侯而立叔武。叔武辭立而他人立，則恐衛侯之不得反也。故於是己立，然後為踐土之會，治反衛侯。衛侯得反，曰：『叔武篡我。』元咺爭之曰：『叔武無罪。』終殺叔武，元咺走而出。」何注云：「叔武讓國見殺，而為叔武諱殺者，叔武治反衛侯，欲兄饗國。故為去殺己之罪，所以起其功而重衛侯之無道。」

吳季子不欲父子兄弟相殺，故弒僚諱不書闔廬。

襄二十九年：「吳子使札來聘。」公羊傳曰：「吳無君，無大夫，此何以有君、有大夫？賢季子也。何賢乎季子？讓國也。其讓國柰何？謁也、餘祭也、夷昧也，與季子同母者四。季子弱而才，兄弟皆愛之，同欲立之以為君。謁曰：『今若是迮而與季子國，季子猶不受也，請無與子而與弟，弟兄迭為君，而致國乎季子。』皆曰：『諾。』故諸為君者皆輕死為勇，飲食必祝曰：『天苟有吳國，尚速有悔于予身。』故謁也死，餘祭也立；餘祭也死，夷昧也立；夷昧也死，則國宜之季子者也。季子使而亡焉。僚者，庶長也，即之。季子使而反，至而君之爾。闔廬曰：『先君之所以不與子國而與弟者，凡為季子故也。將從先君之命與？則國宜之季子者也；如不從先君之命與？則我宜立者也。僚惡得為君乎！』于是使專諸刺僚，而致國乎季子。季子不受，曰：『爾弒吾君，吾受爾國，是吾與爾為篡也；爾殺吾兄，吾又殺爾，是父子兄弟相殺終身無已也。』去之延陵，終身不入吳國。故君子以其不受為義，以其不殺為仁。」昭二十七年：「夏四月，吳弒其君僚。」何注云：「不書闔廬弒其君者，為季子諱。明季子不忍父子兄弟自相殺，讓國闔廬，欲其享之，故為沒其罪也。」

其意不善者，亦顯示之著其惡，魯桓、宣篡君，皆書即位。

桓元年：「春王正月，公即位。」公羊傳曰：「繼弒君不言即位。此其言即位，何？如其意也。」

何注云：「弒君欲即位，故如其意以著其惡。」春秋繁露玉英篇曰：「桓之志無王，故不書王，其志欲立，故書即位。書即位者，言其弒君兄也。不書王者，以言其背天子。是故隱不言立，桓不言王者，從其志以見其事也。從賢之志以達其志，從不肖之志以著其惡。由此觀之，春秋之所善，善也；所不善，亦不善也。不可不兩省也。」宣元年：「春王正月，公即位。」公羊傳曰：「繼弒君不言即位。此其言即位何？其意也。」

魯文公終喪娶夫人，特書納幣以譏其喪娶。

文二年：「公子遂如齊納幣。」公羊傳曰：「納幣不書，此何以書？譏。何譏爾？譏喪娶也。娶在三年之外，則何譏乎喪娶？三年之內不圖婚。吉禘於莊公譏，然則曷為不於祭焉譏？三年之恩疾矣，非虛加之也，以人心為皆有之。以人心為皆有之，則曷為獨於娶焉譏？娶者，大吉也，非常吉也。其為吉者主於己。以為有人心焉者則宜於此焉變矣。」春秋繁露玉杯篇曰：「春秋譏文公以喪取。難者曰：喪之法不過三年，三年之喪二十五月。今按經，文公乃四十一月方取，取時無喪，出其法也久矣，何以謂之喪取？曰：春秋之論事，莫重於志。今取必納幣，皆失於太蚤。春秋不譏其前而顧譏其後，必以三年之喪，肌膚之情也，雖從速而不能終，猶宜未平于心。今全無悼遠之志，反思念取事，是春秋所甚疾也。不別先後，賤其無人心也。」

鄭悼公以喪伐許，書曰鄭伯。

成四年：「三月壬申，鄭伯堅卒。冬，鄭伯伐許。」何注云：「未踰年君稱伯者，時樂成君位，親自伐許，故如其意以著其惡。」春秋繁露竹林篇曰：「問者曰：是君死，其子未踰年，有稱伯，不子，法辭，其罪何？曰：先王之制，有大喪者，三年不呼其門，順其志之不在事也。書曰：高宗諒闇，三年不言。居喪之義也。今縱不能如是，柰何其父卒未踰年，即以喪舉兵也！春秋以薄恩，且施失其子心，故不復得稱子，謂之鄭伯，以辱之也。既無子恩，又不熟計，一舉兵不當，被患不窮，自取之也，是以生不得稱子，去其義也。死不得書葬，見其窮也。」通典引五經異義曰：「諸侯未踰年出朝會與不朝會，何稱？春秋公羊說云：『諸侯未踰年不出境，在國内稱子。以王事出，亦稱子。非王事，出會同，安父位，不稱子。鄭伯伐許是也。未踰年以本爵，譏不子也。』左氏說：『諸侯未踰年，在國内稱子。以王事出，則稱爵。詘于王事，不得申其私恩，鄭伯伐許是也。』鄭玄駁曰：『昔武王卒父業，已除喪，出至孟津之上猶稱太子者，是為孝也。今未除喪而出，稱爵，是與武王義反矣。』」按：鄭用公羊說。

此託事以見其意者也。至于事與意反，春秋亦舍其事而書其意，故公子買不卒戍而書戍衛，魯僖公之意也。

僖二十八年：「公子買戍衛。不卒戍，刺之。」公羊傳曰：「不卒戍者何？不卒戍者，内辭也，不可使往也。不可使往，則其言戍衛，何？遂公意也。」何注云：「使臣子，不可使。恥深，故諱使若往。不卒竟事者，明臣不得壅塞君命。」鹽鐵論備胡篇曰：「春秋貶諸侯之後，刺不卒戍。」

公孫敖不至而書如京師，魯文公之意也。

文八年：「公孫敖如京師。不至，復。」公羊傳曰：「不至復者何？不至復者，内辭也，不可使往也。不可使往，則其言如京師，何？遂公意也。」何注云：「正其義不使君命壅塞。」

非救邢而書救邢，齊桓公之意也。

僖元年：「齊師、宋師、曹師次于聶北，救邢。」穀梁傳曰：「非救而曰救，何也？遂齊侯之意也。」

未侵曹而書侵曹，晉文公之意也。

僖二十八年：「春，晉侯侵曹，晉侯伐衛。」公羊傳曰：「曷為再言晉侯？非兩之也。然則何以不言遂？未侵曹也。未侵曹，則其言侵曹，何？致其意也。其意侵曹，則曷為伐衛？晉侯將侵曹，假塗于衛，衛曰：『不可得。』則固將伐之也。」何注云：「曹有罪，晉文行霸征之，衛壅遏不得使義兵以時進，故著言侵曹以致其意，所以通賢者之心，不使壅塞也。」

未見諸侯而言如會，鄭僖公之意也。

襄七年：「十有二月，公會晉侯、宋侯、陳侯、衛侯、曹伯、莒子、邾婁子于鄬，鄭伯髡原如會，未見諸侯。丙戌，卒於操。」公羊傳曰：「操者何？鄭之邑也。諸侯卒其封内不地，此何以地？隱之也。何隱爾？弑也。孰弑之？其大夫弑之。曷為不言其大夫弑之？為中國諱也。曷為為中國諱？鄭伯將會諸侯於鄬，其大夫諫曰：『中國不足歸也，則不若與楚。』鄭伯曰：『不可！』其大夫曰：『以中國為義，則伐我喪；以中國為彊，則不若楚。』于是弑之。未見諸侯，其言如會，何？致其意也。」何注云：「鄭伯欲與中國，意未達而見弑，故養遂而致之，所以達賢者之心。」穀梁傳曰：「未見諸侯，其曰如會，何也？致其志也。禮：諸侯不生名。此其生名，何也？卒之也。卒之名則曷為加之如會之上？見以如會卒也。其見以如會卒，何也？鄭伯將會中國，其臣欲從楚，不勝，其臣弑而死。」春秋繁露觀德篇曰：「鄭僖公方來會我而道弑，春秋致其意，謂之如會。」

已立為君而書公子，楚比之意也。

昭十三年：「楚公子棄疾弑公子比。」公羊傳曰：「比已立矣，其稱公子，何？其意不當也。」

然則意安可不慎也哉！

重民第十六

春秋重民。

春秋繁露俞序篇曰：「子夏言：春秋重民。諸譏皆本此。」

故齊桓愛民則稱之。

莊二十七年：「夏六月，公會齊侯、宋公、陳侯、鄭伯同盟于幽。」穀梁傳曰：「齊侯兵車之會四，未嘗有大戰也，愛民也。」

楚莊恤百姓則與之。

宣十二年：「楚子圍鄭。夏，六月，乙卯，晉荀林父帥師及楚子戰于邲，晉師敗績。」公羊傳曰：「大夫不敵君，此其稱名以敵楚子，何？不與晉而與楚子為禮也。（中略）晉師之救鄭者至。曰：『請戰。』莊王許諾，令之還師而逆晉寇。莊王鼓之，晉師大敗。晉衆之走者，舟中之指可掬矣。莊王曰：『嘻，吾兩君不相好，百姓何罪！』令還師而佚晉寇。」

魯僖有志乎民則稱之。

僖三年：「夏，四月，不雨。」穀梁傳曰：「一時言不雨者，閔雨也。〔註六〕閔雨者，有志乎民者也。」「六月雨。」穀梁傳曰：「雨云者，喜雨也。喜雨者，有志乎民者也。」

魯文無志乎民則譏之。

文二年：「自十有二月不雨，至於秋七月。」穀梁傳曰：「歷時而言不雨，文不憂雨也。不憂雨者，無志乎民者也。」文十年：「自正月不雨，至于秋七月。」穀梁傳曰：「歷時而言不雨，文不閔雨也。文不閔雨，無志乎民也。」

重民力則譏築作。

鹽鐵論備胡篇曰：「春秋動衆則書，重民也。」

城中丘，譏。

隱七年：「夏，城中丘。」穀梁傳曰：「城，為保民為之也。民衆城小則益城，益城無極，凡城之志皆譏也。」

新延厩，譏。

莊二十九年：「春，新延厩。」公羊傳曰：「新延厩者何？修舊也。修舊不書，此何以書？譏。何譏爾？凶年不修。」穀梁傳曰：「延厩者，法厩也。其言新，有故也。有故則何為書也？古之君人者，必時視民之所勤：民勤于力，則功築罕；民勤于財，則貢賦少；民勤于食，則百事廢矣。冬築微，春新延厩，以其用民力為已悉矣。」春秋繁露竹林篇曰：「春秋之法，凶年不修舊，意在無苦民爾。故曰：凶年修舊則譏，造邑則諱。是害民之小者，惡之小也；害民之大者，惡之大也。」

作南門，譏。

僖二十年：「春，新作南門。」公羊傳曰：「何以書？譏。何譏爾？門有古常也。」穀梁傳曰：「作，為也，有加其度也。言新，有故也，非作也。」左氏傳曰：「新作南門，書不時也。」

作雉門及兩觀，譏。

定二年：「冬十月，新作雉門及兩觀。」公羊傳曰：「其言新作之，何？修大也。修舊不書，此何以書？譏。何譏爾？不務乎公室也。」穀梁傳曰：「言新，有舊也。作，為也，有加其度也。此不正，其以尊者親之，何也？雖不正也，於美猶可也。」

築鹿囿，譏。

成十八年：「築鹿囿。」公羊傳曰：「何以書？譏。何譏爾？有囿也，又為也。」何注云：「刺奢泰妨民。」

築臺，譏。

莊三十一年：「春，築臺於郎。」公羊傳曰：「何以書？譏。何譏爾？臨民之所漱浣也。」「夏四月，築臺於薛。」公羊傳曰：「何以書？譏。何譏爾？遠也。」「秋，築臺于秦。」公羊傳曰：「何以書？譏。何譏爾？臨國也。」穀梁傳曰：「不正罷民三時，虞山林藪澤之利。且財盡則怨，力盡則懟，君子危之，故謹而志之也。或曰：倚諸桓也，桓外無諸侯之變，內無國事，越千里之險，北伐山戎，為燕辟地。魯外無諸侯之變，內無國事，一年罷民三時，虞山林藪澤之利，惡內也。」春秋繁露王道篇曰：「魯莊好宮室，一年三起臺。觀乎魯之起臺，知驕奢淫佚之失。」又曰：「作南門，刻桷，丹楹，作雉門及兩觀，築三臺，新延廄，譏驕溢不恤下也。」

毀臺，譏。

文十六年：「毀泉臺。」公羊傳曰：「泉臺者何？郎臺也。郎臺則曷為謂之泉臺？未成為郎臺，既成為泉臺。毀泉臺何以書？譏。何譏爾？築之譏，毀之譏。先祖為之，已毀之，不如無居而已矣。」穀梁傳曰：「自古為之，今毀之，不如勿處而已矣。」後漢書楊終傳：「終上書曰：魯文公毀泉臺，春秋譏之，曰：先祖為之，而已毀之，不如勿居而已。以其無妨害於民也。」

久役，譏。

隱五年：「冬，宋人伐鄭，圍長葛。」六年：「冬，宋人取長葛。」公羊傳曰：「外取邑不書，此何以書？久也。」穀梁傳曰：「伐國不言圍邑，此其言圍，何也？久之也。伐之踰時。」〔註七〕鹽鐵論備胡篇曰：「春秋動衆則書，重民也。宋人圍長葛，譏久役也。」白虎通三軍篇曰：「古者師出不踰時者，為怨思也。天道一時生，一時養。人者，天之貴物也。踰時則內有怨女，外有曠夫。詩云：『昔我往矣，楊柳依依。今我來思，雨雪霏霏。』春秋曰：『宋人取長葛。』傳曰：『外取邑不書，此何以書？久也。』」莊八年：「正月甲午，祠兵。」公羊傳曰：「祠兵者何？出曰祠兵，入曰振旅，其禮一也，皆習戰也。何言乎祠兵？為久也。曷為為久？吾將以甲午之日然後祠兵如是。」僖十五年：「三月，公會齊侯、宋公、陳侯、衛侯、鄭伯、許男、曹伯盟于牡丘。遂次于匡。公孫敖帥師及諸侯之大夫救徐。九月，公至自會。」公羊傳曰：「桓公之會不致，此何以致？久也。」注云：「久暴師衆過三時。」

亟伐，譏。

襄十五年：「夏，齊侯伐我北鄙，圍成。」十六年：「齊侯伐我北鄙。秋，齊侯伐我北鄙，圍成。」十七年：「秋，齊侯伐我北鄙，圍洮。齊高厚帥師伐我北鄙，圍防。」十八年：「秋，齊侯伐我北鄙。」十九年：「春王正月，諸侯盟于祝阿。晉人執邾婁子。公至自伐齊。」公羊傳曰：「此同圍齊也，何以致伐？未圍齊也。未圍齊，則其言圍齊，何？抑齊也。曷為抑齊？為其亟伐也。」

亟大蒐，譏。

定十三年：「大蒐于比蒲。」十四年：「大蒐于比蒲。」何注云：「譏亟也。」樹達按：桓六年傳注云：「五年大簡車徒，謂之大蒐。」今連年為之，故譏亟也。

重民食，故有年則書。

桓三年：「有年。」公羊傳曰：「有年何以書？以喜書也。大有年何以書？亦以喜書也。」

告糴則譏。

莊二十八年：「臧孫辰告糴于齊。」公羊傳曰：「告糴者何？請糴也。何以不稱使？以為臧孫辰之私行也。曷為以臧孫辰之私行？君子之為國也，必有三年之委，一年不熟，告糴，譏也。」穀梁傳曰：「國無三年之畜，曰國非其國也。一年不升，告糴諸侯。告，請也。糴，糴也。不正，故舉臧孫辰以為私行也。國無九年之畜，曰不足；無六年之畜，曰急；無三年之畜，曰國非其國也。古者税什一，豐年補敗，不外求而上下皆足也。雖累凶年，民弗病也。一年不艾而百姓饑，君子非之。不言如，為内諱也。」春秋繁露王道篇曰：「臧孫辰請糴于齊，孔子曰：君子為國，必有三年之積，一年不熟，乃請糴，失君之職也。」又玉英篇曰：「春秋之書事，時詭其實，以有避也。其書人時易其名，以有諱也。故告糴於齊者，實莊公為之，而春秋詭其辭，以予臧孫辰。」

重民命，故公子遂乞師則譏。

僖二十六年：「公子遂如楚乞師。」穀梁傳曰：「乞，重辭也。何重焉？重人之死也，非所乞也。

師出不必反，戰不必勝，故重之也。」

魯僖以楚師伐齊則譏。

僖二十六年：「公以楚師伐齊，取穀。」穀梁傳曰：「以者，不以者也。民者，君之本也。使民以其死，非其正也。」

鄭棄其師則譏。

閔二年：「鄭棄其師。」公羊傳曰：「鄭棄其師者何？惡其將也。鄭伯惡高克，使之將，遂而不納，棄師之道也。」穀梁傳曰：「惡其長也，兼不反其衆，則是棄其師也。」春秋繁露竹林篇曰：「秦穆侮蹇叔而大敗，鄭文輕衆而喪師，春秋之敬賢重民如是。」說苑君道篇曰：「夫天之生人也，蓋非以為君也。天之立君也，蓋非以為位也。夫為人君，行其私欲而不顧其人，是不承天意，忘其位之所以宜事也。如此者，春秋不予能君而夷狄之。鄭伯惡一人而兼棄其師，故有夷狄不君之辭。人主不以此自省，惟既以失實，心奚由知之？故曰：有國者不可以不學春秋，此之謂也。」

重民財，故税畝則譏。

宣十五年：「初税畝。」公羊傳曰：「初者何？始也。税畝者何？履畝而税也。初税畝何以書？譏。何譏爾？譏始履畝而税也。何譏乎始履畝而税？古者什一而藉。曷為什一而藉？什一者，天下之中正也。多乎什一，大桀小桀；寡乎什一，大貉小貉。什一者，天下之中正也。什一行而頌聲作矣。」穀梁傳曰：「初者，始也。古者什一，藉而不稅。初稅畝，非正也。古者三百步為里，名曰井田。井田者九百畝，公田居一。私田稼不善則非吏，公田稼不善則非民。初稅畝者，非公之去公田而履畝十取一也，以公之與民為已悉矣。古者公田為居，井竈葱韭盡取焉。」鹽鐵論鹽鐵取下篇曰：「德惠塞而嗜欲衆，君奢侈而上求多，民困于下，怠於公事，是以有履畝之稅，碩鼠之詩作也。」潛夫論班祿篇曰：「履畝稅而碩鼠作。」

虞山林藪澤則譏。〔註八〕

莊二十八年：「冬，築微。」穀梁傳曰：「山林藪澤之便，所以與民共也。虞之，非正也。」成十八年：「築鹿囿。」穀梁傳曰：「築不志，此其志，何也？山林藪澤之利，所以與民共也。虞之，非正也。」

聖人之意亦大可見矣。

惡戰伐第十七

春秋惟重民也，故惡戰伐。

春秋繁露竹林篇曰：「秦穆侮蹇叔而大敗，鄭文輕衆而喪師，春秋之敬賢重民如是。是故戰攻侵伐雖數百起，必一二書，傷其害所重也。問者曰：其書戰伐甚謹，其惡戰伐無辭，何也？曰：會同之事，大者主小；戰伐之事，後者主先。苟不惡，何為使起之者居下？是其惡戰伐之辭已。且春秋之法，凶年不修舊，意在無苦民爾。苦民尚惡之，況傷民乎！傷民尚痛之，況殺民乎！故曰：凶年修舊則譏，造邑則諱。是害民之小者惡之小也，害民之大者惡之大也。今戰伐之於民，其為害幾何？考意而觀指，則春秋之所惡者，不任德而任力，驅民而殘賊之，其所好者，設而弗用。仁義以服之也。詩云：『弛其文德，洽此四國。』此春秋之所善也。夫德不足以親近，而文不足以來遠，而斷斷以戰伐為之者，此固春秋之所甚疾已，皆非義也。難者曰：春秋之書戰伐也，有惡有善也。惡詐擊而善偏戰，恥伐喪而榮復讎。奈何以春秋為無義戰而盡惡之也。曰：凡春秋之記災異也，雖畝有數莖，猶謂之無麥苗也。今天下之大，三百年之久，戰攻侵伐不可勝數，而復讎者有二焉，是何以異於無麥苗之有數莖哉！不足以難之，故謂之無義戰也。春秋之於偏戰也，善其偏，不善其戰。春秋愛人，而戰者殺人，君子奚説善殺其所愛哉！故春秋之於偏戰也，猶其於諸夏也，引之魯則謂之外，引之夷狄則謂之内。比之詐戰，則謂之義。比之不戰，則謂之不義。故盟不如不盟，然而有所謂善盟；戰不如不戰，然而有所謂善戰。不義之中有義，義之中有不義。辭不能及，皆在於指。非精心達思者，其孰能知之！」

滅國者疾之。

隱二年：「無駭帥師入極。」公羊傳曰：「無駭者何？展無駭也。何以不氏？貶。曷為貶？疾始滅也。始滅昉於此乎？前此矣。前此或曷為始乎此？託始焉爾。曷為託始焉爾？春秋之始也。此滅也，其言入，何？内大惡諱也。」何注云：「言疾始滅者，諸滅復見，不復貶，皆從此取法，所以省文也。」穀梁傳曰：「入者，内弗受也。極，國也。苟焉以入人為志者，人亦入之矣。不稱氏者，滅同姓，貶也。」

取邑者疾之。

隱四年：「春王二月，莒人伐杞，取牟婁。」公羊傳曰：「牟婁者何？杞之邑也。外取邑不書，此何以書？疾始取邑也。」穀梁傳曰：「言伐言取，所惡也。諸侯相伐取地於是始，故謹而志之也。」

火攻者疾之。

桓七年：「春二月己亥，焚咸丘。」公羊傳曰：「焚之者何？樵之也。樵之者何？以火攻也。何言乎以火攻？疾始以火攻也。咸丘者何？邾婁之邑也。」穀梁傳曰：「其不言邾咸丘，何也？疾其以火攻也。」

伐喪則尤惡之。

故鄭襄公伐衛喪，目鄭為夷狄。

成二年：「八月庚寅，衛侯遬卒。冬，楚師、鄭師侵衛。」三年：「鄭伐許。」穀梁無傳。范注云：「鄭從楚而伐衛之喪，又叛諸侯之盟，故狄之。」春秋繁露竹林篇曰：「春秋曰：鄭伐許。奚惡於鄭而夷狄之也？曰：衛侯遬卒，鄭師侵之，是伐喪也。鄭與諸侯盟于蜀，已盟而歸諸侯，於是伐許，是叛盟也。伐喪無義，叛盟無信。無信無義，故大惡之。」

諸侯取鄭邑，諱之曰城虎牢。

襄二年：「六月庚辰，鄭伯睔卒。晉師、宋師、衛甯殖侵鄭。秋七月，仲孫蔑會晉荀罃、宋華元、衛孫林父、曹人、邾婁人于戚。冬，仲孫蔑會晉荀罃、齊崔杼、宋華元、衛孫林父、曹人、邾婁人、滕人、薛人、小邾婁人于戚，遂城虎牢。」公羊傳曰：「虎牢者何？鄭之邑也。其言城之何？取之也。取之則曷為不言取之？為中國諱也。曷為為中國諱？諱伐喪也。曷為不繫乎鄭？為中國諱也。大夫無遂事，此其言遂，何？歸惡乎大夫也。」

而晉士匄不伐齊喪，則善之。

襄十九年：「秋七月辛卯，齊侯瑗卒。晉士匄帥師侵齊，聞齊侯卒，乃還。」公羊傳曰：「還者何？善辭也。何善爾？大其不伐喪也。此受命乎君而伐齊，則何大乎其不伐喪？大夫以君命出，進退在大夫也。」穀梁傳曰：「受命而誅生，死無所加其怒。不伐喪，善之也。」左氏傳曰：

「晉士匄侵齊，及穀，聞喪而還，禮也。」漢書蕭望之傳曰：「五鳳中，匈奴大亂。議者多曰：『匈奴為害日久，可因其壞亂，舉兵滅之。』詔問望之計策，望之對曰：『春秋晉士匄帥師侵齊，聞齊侯卒，引師而還，君子大其不伐喪，以為恩足以服孝子，誼足以動諸侯。前單于慕化鄉善稱弟，遣使請求和親，海內欣然，夷狄莫不聞。未終奉約，不幸為賊臣所殺；今而伐之，是乘亂而幸災也，彼必奔走遠遁。不以義動兵，恐勞而無功。宜遣使者弔問，輔其微弱，救其災患，四夷聞之，咸貴中國之仁義。如遂蒙恩得復其位，必稱臣服從，此德之盛也。』上從其議，後竟遣兵護輔呼韓邪單于定其國。」白虎通誅伐篇曰：「諸侯有三年之喪，有罪且不誅，何？君子恕己，哀孝子之思慕，不忍加刑罰。春秋傳曰：晉士匄帥師侵齊，至穀，聞齊侯卒，乃還。傳曰：大其不伐喪也。」

然宋襄公以豎刁、易牙爭權而征齊，則與之。

僖十七年：「冬十有二月乙亥，齊侯小白卒。」十八年：「春，王正月，宋公會曹伯、衛人、邾婁人伐齊。五月戊寅，宋師及齊師戰于甗，齊師敗績。」公羊傳曰：「戰不言伐，此其言伐，何？宋公與伐而不與戰，故言伐。春秋伐者為客，伐者為主，〔註九〕曷為不使齊主之？與襄公之征齊也。曷為與襄公之征齊？桓公死，豎刁、易牙爭權不葬，為是故伐之也。」樹達按：穀梁傳曰：「非伐喪也。」不如公羊義長。

楚靈王以齊慶封亂齊而伐防，則與之。

昭四年：「秋七月，楚子、蔡侯、陳侯、許男、頓子、胡子、沈子、淮夷伐吴，執齊慶封，殺之。」公羊傳曰：「此伐吴也，其言執齊慶封，何？爲齊誅也。其爲齊誅柰何？慶封走之吴，吴封之於防。然則曷爲不言伐防？不與諸侯專封也。慶封之罪何？脅齊君而亂齊國也。」何注云：「道爲齊誅意也。稱侯而執者，伯討也。月者，善録義兵。」春秋繁露楚莊王篇曰：「楚莊王殺陳夏徵舒，春秋貶其文，不與專討也。靈王殺齊慶封，而直稱楚子，何也？曰：莊王之行賢，而徵舒之罪重，以賢君討重罪，其於人心善；若不貶，孰知其非正經。春秋常於其嫌得者見其不得也，是故齊侯不予專地而封，晉文不予致王而朝，楚莊弗予專殺而討。三者不得，則諸侯之得殆此矣。此楚靈之所以稱子而討也。問者曰：不予諸侯之專封，復見於陳蔡之滅，不予諸侯之專討，獨不復見於慶封之殺，何也？曰：春秋之用辭，已明者去之，未明者著之。今諸侯之不得專討，固已明矣。而慶封之罪未有所見也，故稱楚子以伯討之，著其罪之宜死，以爲天下大禁。曰：人臣之行，貶主之位，亂國之臣，雖不篡殺，其罪皆宜死。比於此，其云爾也。」樹達按：公羊以慶封罪大，予楚靈王爲伯討。穀梁以楚靈王已身不正，非可討慶封之人。春秋不以亂治亂，故不與楚討。兩傳各明一義，不相妨也。

爲復讎而興師者，則榮之。

春秋繁露竹林篇曰：「春秋之書戰伐也，有惡有善也。惡詐擊而善偏戰，恥伐喪而榮復讎。」

故齊襄滅紀，為之諱而書大去。

莊四年：「紀侯大去其國。」公羊傳曰：「大去者何？滅也。孰滅之？齊滅之。曷為不言齊滅之？為襄公諱也。春秋為賢者諱。何賢乎襄公？復讎也。何讎爾？遠祖也。哀公亨乎周，紀侯譖之。以襄公之為於此焉者事祖禰之心盡矣。盡者何？襄公將復讎乎紀，卜之，曰：『師喪分焉。』『寡人死之　不為不吉也。』遠祖者，幾世乎？九世矣。九世猶可以復讎乎？雖百世可也。家亦可乎？曰不可。國何以可？國君一體也。先君之恥猶今君之恥也，今君之恥猶先君之恥也。國君何以為一體？國君以國為體，諸侯世，故國君為一體也。今紀無罪，此非怒與？曰非也。古者有明天子，則紀侯必誅，必無紀者。紀侯之不誅，至今有紀者，猶無明天子也。古者諸侯必有會聚之事，相朝聘之道。號辭必稱先君以相接。然則齊紀無說焉，不可以並立乎天下。故將去紀侯者，不得不去紀也。」漢書匈奴傳：「漢既誅大宛，威震外國。天子意欲遂困胡，乃下詔曰：高皇帝遺朕平城之憂。高后時，單于書絕悖逆。昔齊襄復九世之讎，春秋大之。」後漢書袁紹傳：「劉表書諫袁譚曰：昔齊襄公報九世之讎，士匄卒荀偃之事，是故春秋美其義，君子稱其信。」

魯與齊戰於乾時，雖敗績而不諱。

莊九年：「八月庚申及齊師戰于乾時，我師敗績。」公羊傳曰：「內不言敗，此其言敗，何？伐敗也。曷為伐敗？復讎也。」何注云：「復讎以死敗為榮，故録之。」孔氏廣森通義云：「伐，誇也，雖敗猶可誇。不若常敗有恥當諱。」

此國君之復讎者也。

伍子胥假吳師以伐楚，則善而不誅。

定四年：「冬十有一月庚午，蔡侯以吳子及楚人戰于柏莒，楚師敗績。」公羊傳曰：「吳何以稱子？夷狄也而憂中國。其憂中國柰何？伍子胥父誅於楚，挾弓而去楚以干闔廬。闔廬曰：『士之甚！勇之甚！』將為之興師而復讎於楚。伍子胥復曰：『諸侯不為匹夫興師，且臣聞之：事君猶事父也。虧君之義，復父之讎，臣不為也。』於是止。蔡昭公朝乎楚，有美裘焉。囊瓦求之，昭公不與。為是拘昭公於南郢，數年然後歸之。於其歸焉，用事乎河，曰：『天下諸侯苟有能伐楚者，寡人請為之前列。』楚人聞之怒，為之興師，使囊瓦將而伐蔡。蔡請救於吳。伍子胥復曰：『蔡非有罪也，楚人為無道，君如有憂中國之心，則若時可矣。』於是興師而救蔡。曰：事君猶事父也，此其為可以復讎柰何？曰：父不受誅，子復讎可也。父受誅，子復讎，推刃之道也。」白虎通誅伐篇曰：「父母以義見殺，子不復仇者，為往來不止也。春秋傳曰：父不受誅，子復仇可也。」禮記曲禮疏引五經異議曰：「凡君非禮殺臣，公羊說子可復仇。故子胥伐楚，春秋善之。左氏說：君命，天也，是不可復仇。鄭駁之云：子思云：今之君子，退人若將隊諸淵，毋為戎首，不亦善乎？子胥父兄之誅，隊淵不足諭，伐楚使吳首兵，合於子思之言。」按：鄭從公羊義。後漢書張敏傳：「春秋之義，子不報仇，非子也。」

此臣子之復讎者也。

至魯季子忿不加暴，則大其獲莒挐。

僖元年：「冬，十月，壬午，公子友帥師敗莒師于犁，獲莒挐。」公羊傳曰：「莒挐者何？莒大夫也。莒無大夫，此何以書？大季子之獲也。何大乎季子之獲？季子治內難以正，禦外難以正。其禦外難以正奈何？公子慶父弒閔公，走而之莒。莒人逐之，將由乎齊，齊人不納。郤反，舍於汶水之上，使公子奚斯入請。季子曰：『公子不可以入，入則殺矣。』奚斯不忍反命於慶父，自南涘北面而哭。慶父聞之，曰：『嘻，此奚斯之聲也。』諾，已。曰：『吾不得入矣！』於是抗輈經而死。莒人聞之，曰：『吾已得子之賊矣。』以求賂乎魯，魯人不與。為是興師而伐魯，季子待之以偏戰。」何注云：「傳云爾者，善季子忿不加暴，得君子之道。」春秋繁露竹林篇曰：「春秋之書戰伐也，有惡有善也。惡詐擊而善偏戰。」

宋襄公不忘大禮，則譬為文王之戰。

僖二十二年：「冬十有一月己巳，朔，宋公及楚人戰于泓，宋師敗績。」公羊傳曰：「偏戰者日爾，此其言朔，何？春秋辭繁而不殺者，正也。何正爾？宋公與楚人期戰于泓之陽，楚人濟泓而來，有司復曰：『請追其未畢濟而擊之。』宋公曰：『不可！吾聞之也，君子不厄人。吾雖喪國之餘，寡人不忍行也。』既濟，未畢陳，有司復曰：『請追其未畢陳而擊之。』宋公曰：『不可！吾聞之也，君子不鼓不陳列。』臨大事而不忘大禮，有君而無臣，以為雖文王之戰亦不過此也。」春秋繁露俞序篇曰：「善宋襄公不厄人。不由其道而勝，不如由其道而敗。春秋貴之，將以變習俗而成王化也。」又王道篇曰：「宋襄公曰：不鼓不成列，不阨人，此春秋之救文以質也。」史記宋微子世家贊曰：「太史公曰：襄公既敗于泓，而君子或以為多。傷中國缺禮義，褒之也，宋襄之有禮讓也。」淮南子泰族訓曰：「泓之戰，軍敗君獲，而春秋大之，取其不鼓不成列也。」此戰而能禮見稱者也。

重守備第十八

春秋重守備。

大閱以罕書。

桓六年：「秋八月壬午，大閱。」公羊傳曰：「大閱者何？簡車徒也。何以書？蓋以罕書也。」

何注云："罕，希也。孔子曰：以不教民戰，是謂棄之。故比年簡徒謂之蒐，三年簡車謂之大閱，五年大簡車徒謂之大蒐。存不忘亡，安不忘危。蒐例時，此日者，桓既無文德，又忽忘武備，故尤危録。"樹達按：以罕書者，以此次之特書，見平素之不舉，故為忽忘武備也。下同。

蒐紅以罕書。

昭八年："秋，蒐于紅。"公羊傳曰："蒐者何？簡車徒也。何以書？蓋以罕書也。"

漢書刑法志曰："至魯成公作丘甲，哀公用田賦，搜狩治兵大閱之事皆失其正，春秋書而譏之，以存王道。"樹達按：搜與蒐同。

蒐比蒲以罕書。

昭十一年："大蒐于比蒲。"公羊傳曰："大蒐者何？簡車徒也。何以書？蓋以罕書也。"穀梁傳范注云："時有小君之喪，不譏喪蒐者，重守國之衛，安不忘危。"樹達按：公羊謂書此為譏，穀梁反之。二義相反，其為重守備之義則一也。

頰谷之會，魯君以有武備而掩齊。

定十年："夏，公會齊侯於頰谷，公至自頰谷。"穀梁傳曰："離會不致，〔註一〇〕何為致也？危之也。危之則以地致，何也？為危之也。其危柰何？曰：頰谷之會，孔子相焉。兩君就壇，兩相相揖。齊人鼓譟而起，欲以執魯君。孔子歷階而上，不盡一等，而視歸乎齊侯，曰：『兩君合好，夷狄之民何為來為？』令司馬止之。齊侯逡巡而謝曰：『寡人之過也。』退而屬其二三大夫曰：『夫人率其君行古人之道，二三子獨率我而入夷狄之俗，何為？』罷會，齊人使優施舞於魯君之幕下。孔子曰：『笑君者罪當死。』使司馬行法焉，首足異門而出。齊人來歸鄆、讙、龜陰之田者，蓋為此也。因是以見雖有文事，必有武備，孔子於頰谷之會見之矣。

巢之役，吳子以無武備而見弒。

襄二十五年：「十有二月，吳子謁伐楚，門于巢，卒。」穀梁傳曰：「以伐楚之事門于巢卒也。于巢者，外乎楚也。門于巢，乃伐楚也。諸侯不生名，取卒之名加之伐楚之上者，見以伐楚卒也。其見以伐楚卒，何也？古者大國過小邑，小邑必飾城而請罪，禮也。吳子謁伐楚，至巢，入其門，門人射吳子，有矢創，反舍而卒。古者雖有文事，必有武備。非巢之不飾城而請罪，非吳子之自輕也。」（註一二）

舒無守禦之備，故徐人滅之，而書取。

僖三年：「徐人取舒。」公羊傳曰：「其言取之，何？易也。」何注云：「易者，猶無守禦之備。」鹽鐵論險固篇曰：「關梁者，邦國之固，而山川社稷之寶也。徐人取舒，春秋謂之取，惡其無備，得物之易也。故君子為國，必有不可犯之難。易曰：重門擊柝，以待暴客。言備之素修也。」

鄫無守禦之備，故邾婁戕之而書地。

宣十八年：「秋七月，邾婁人戕鄫子于鄫。」公羊傳曰：「戕鄫子於鄫者何？殘賊而殺之也。」何注云：「言于鄫者，刺鄫無守備。」

為國者可不戒哉！

貴得衆第十九

春秋貴得衆。

人者，衆辭也。

衆所欲立也，立晉書曰衛人。

隱四年：「冬十有二月，衛人立晉。」公羊傳曰：「晉者何？公子晉也。其稱人，何？衆立之之辭也。然則孰立之？石碏立之。石碏立之，則其稱人，何？衆之所欲立也。」穀梁傳曰：「衛人者，衆辭也。其稱人以立之，何也？得衆也。」左氏傳曰：「書曰衛人立晉，衆也。」春秋繁露王道篇曰：「衛人立晉，美得衆也。」又玉英篇曰：「非其位而即之，雖受之先君，春秋危之，宋繆公是也。非其位，不受之先君而即之，春秋危之，吳王僚是也。苟能行善得衆，春秋弗危，衛侯晉以立書葬是也。俱不宜立，而宋穆公受之先君而危，衛宣弗受先君而不危，以此見得衆心之為大安也。」

衆所欲授也，會北杏書曰齊人、宋人、陳人、蔡人、邾人。

莊十三年：「春，齊人、宋人、陳人、蔡人、邾人會於北杏。」穀梁傳曰：「是齊侯、宋公也。其曰人，何也？始疑之。何疑焉？桓非受命之伯也，將以事授之者也。曰：可矣乎？未乎？舉人，衆之辭也。」

衆所欲為也，宋、楚平書曰宋人、楚人。

宣十五年：「夏五月，宋人及楚人平。」穀梁傳曰：「平者，成也。善其量力而反義也。人者，衆辭也。平稱衆，上下欲之也。」按：此與公羊稱人貶平者在下之説，各明一義。

衆所欲執也，執鄭詹書曰齊人。

莊十七年：「春，齊人執鄭詹。」穀梁傳曰：「人者，衆辭也。以人執，與之辭也。鄭詹，鄭之卑者。卑者不志，此其志，何也？以其逃來志之也。逃來則何志焉？將有其末，不得不録其本也。鄭詹，鄭之佞人也。」

衆所欲殺也，殺州吁書曰衛人。

隱四年：「九月，衛人殺州吁于濮。」公羊傳曰：「其稱人，何？討賊之辭也。」穀梁傳曰：「稱人以殺，殺有罪也。」白虎通誅伐篇曰：「討者，何謂也？討者除也，欲言臣當掃除弒君之賊也。春秋曰：衛人殺州吁于濮。傳曰：其稱人，何？討賊之辭也。」

殺無知書曰齊人。

莊九年：「春，齊人殺無知。」穀梁傳曰：「稱人以殺大夫，殺有罪也。」春秋繁露王道篇曰：「衛人殺州吁，齊人殺無知，明君臣之義，守國之正也。」

殺士穀、箕鄭父書曰晉人，

文九年：「晉人殺其大夫士穀及箕鄭父。」穀梁傳曰：「稱人以殺，誅有罪也。」

殺大夫書曰宋人。

文七年：「宋人殺其大夫。」穀梁傳曰：「稱人以殺，誅有罪也。」

齊桓得衆，則見授以諸侯。

莊二十七年：「夏六月，公會齊侯、宋公、陳侯、鄭伯同盟于幽。」穀梁傳曰：「同者，有同也，同尊周也。於是而後授之諸侯也。其授之諸侯，何也？齊侯得衆也。」

紀侯得衆，則賢而諱其滅。

莊四年：「紀侯大去其國。」穀梁傳曰：「大去者，不遺一人之辭也。言民之從者四年而後畢也。紀侯賢而齊侯滅之。不言滅而曰大去其國者？不使小人加乎君子。」春秋繁露玉英篇曰：「何賢乎紀侯？曰：齊將復讎，紀侯自知力不如而志距之，故謂其弟曰：『我，宗廟之主，不可以不死也。汝以酅往服罪於齊，請以立五廟。使我先君歲時有所依歸，率一國之衆以衛九世之主。』襄公逐之，不去。求之，不予。上下同心而俱死之，故謂之大去。春秋賢死義且得衆心也，故為諱滅以為之諱，見其賢之也。以其賢之也，見其中仁義也。」

此以得衆見稱者也。

晉惠失民，故未敗而先獲。

僖十五年：「十有一月壬戌，晉侯及秦伯戰于韓，獲晉侯。」穀梁傳曰：「韓之戰，晉侯失民矣。以其民未敗而君獲也。」

晉靈失衆，故無道而見弒。

宣二年：「秋九月乙丑，晉趙盾弒其君夷獋。」六年：「春，晉趙盾、衛孫免侵陳。」公羊傳曰：「趙盾弒君，此其復見，何？親弒君者趙穿也。親弒君者趙穿，則曷為加之趙盾？不討賊也。何以謂之不討賊？晉史書賊曰：『晉趙盾弒其君夷獋。』趙盾曰：『天乎！無辜！吾不弒君。誰謂吾弒君者乎！』史曰：『爾為仁為義，人弒爾君，而復國不討賊，此非弒君如何？』趙盾之復國柰何？靈公為無道，使諸大夫皆内朝，然後處乎臺上，引彈而彈之，己趨而辟丸，是樂而已矣。趙盾已朝而出，與諸大夫立於朝，有人荷畚自閨而出者，趙盾曰：『彼何也？夫畚曷為出乎閨？』呼之，不至。曰：『子大夫也，欲視之，則就而視之。』趙盾就而視之，則赫然死人也。趙盾曰：『是何也？』曰：『膳宰也。熊蹯不熟，公怒，以斗摮而殺之。支解，將使我棄之。』趙盾曰：『嘻！』趨而入。靈公望見趙盾，愬而再拜。趙盾逡巡北面再拜稽首，趨而出。靈公心怍焉，欲殺之。於是使勇士某者往殺之。勇士入其大門，則無人門焉者；入其閨，則無人閨焉者；上其堂，則無人焉。俯而闚其户，方食魚飧。勇士曰：『嘻，子誠仁人也。吾入子之大門，則無人焉；入子之閨，則無人焉；上子之堂，則無人焉，是子之易也。子為晉國重卿而食魚飧，是子之儉也。君將使我殺子，吾不忍殺子也。雖然，吾亦不可復見吾君矣。』遂刎頸而死。靈公聞之，怒，滋欲殺之甚。衆莫可使往者，於是伏甲於宫中，召趙盾而食之。趙盾之車右祈彌明者，國之力士也。仡然從乎趙盾而入，放乎堂下而立。趙盾已食，靈公謂盾曰：『吾聞子之劍，蓋利劍也，子以示我，吾將觀焉。』趙盾起，將進劍。祈彌明自下呼之曰：『盾食飽則出，何故拔劍於君所？』趙盾知之，躇階而走。靈公有周狗，謂之獒。呼獒而屬之。獒亦躇階而從之。祈彌明逆而踆之，絶其頷。趙盾顧曰：『君之獒不若臣之獒也。』然而宫中甲鼓而起，有起於甲中者，抱趙盾而乘之。趙盾顧曰：『吾何以得此於子？』曰：『子某時食活我於暴桑下者也。』趙盾曰：『子名為誰？』曰：『吾君孰為介？子之乘矣。何問吾名？』趙穿緣民衆不說，起弒靈公，然後迎趙盾而入，與之立於朝，而立成公黑臀。」春秋繁露王道篇曰：「晉靈行無禮，處臺上，彈羣臣，枝解宰人而棄之。及患趙盾之諫，欲殺之，卒為趙穿所弒。」

莒庶其失衆，故見弒而民喜。

文十八年：「莒弒其君庶其。」公羊傳曰：「稱國以弒，何？稱國以弒者，衆弒君之辭。」何注云：「一人弒君，國中人人盡喜，故舉國以明失衆，當坐絕也。」

狐射姑，晉之大夫也，以民衆不說而不得為將。

文六年：「晉殺其大夫陽處父，晉狐射姑出奔狄。」公羊傳曰：「晉殺其大夫陽處父，則狐射姑曷為出奔？射姑殺也。射姑殺，則其稱國以殺，何？君漏言也。其漏言奈何？君將使射姑將，陽處父諫曰：『射姑，民衆不說，不可使將。』於是廢將。陽處父出，射姑入，君謂射姑曰：『陽處父言曰：射姑，民衆不說，不可使將。』射姑怒，出，刺陽處父於朝而走。」

季氏，魯之大夫也，以得民衆而昭公致敗。

昭二十五年：「齊侯唁公于野井。」公羊傳曰：「昭公將弒季氏，告子家駒曰：『季氏為無道，僭於公室久矣。吾欲弒之，何如？』子家駒曰：『且夫牛馬維婁委己者也而柔焉，季氏得民衆久矣，君無多辱焉。』昭公不從其言，終弒之而敗焉，走之齊。」

然則國家之於民衆也，可不慎哉！可不慎哉！

〔註一〕而野留。以留爲邊野之地。

〔註二〕或曰往矣，或曰反矣。或主前進，或主回師也。

〔註三〕外取邑不書，此何以書？大之也。大之，謂視其事爲重大。

〔註四〕故始參盟則志之。三國爲盟，故曰參盟。

〔註五〕志敬而節具，則君子予之知禮。予與與同，予之猶言許之。

〔註六〕一時言不雨者，閔雨也。閔，憂也。憂雨，以雨不雨之事爲憂也。

〔註七〕伐不踰時。一時謂三個月，今言一季。

〔註八〕虞山林藪澤則譏。虞謂置官守之，禁民往取其利。

〔註九〕春秋伐者爲客，伐者爲主。伐者爲客，謂伐人者。伐者爲主，謂見伐者。

〔註一〇〕離會不致。二國會曰離會。

〔註一一〕非巢之不飾城而請罪，非吴子之自輕也。非，不以爲是，與譏貶略同。

卷四

尊尊第二十

分莫尊於天子。

故戰則王者無敵。

成元年：「秋，王師敗績于貿戎。」公羊傳曰：「孰敗之？蓋晉敗之。或曰：貿戎敗之。然則曷為不言晉敗之？王者無敵，莫敢當也。」穀梁傳曰：「不言戰，莫之敢敵也。為尊者諱敵不諱敗，為親者諱敗不諱敵，尊尊親親之義也。然則孰敗之？晉也。」漢書五行志下之上曰：「春秋曰：王師敗績于貿戎。不言敗之者？以自敗為文，尊尊之意也。」鹽鐵論世務篇曰：「春秋王者無敵，言其仁厚，其德美，天下賓服，莫敢受交也。」

盟則王人序首。

僖八年：「春王正月，公會王人、齊侯、宋公、衛侯、許男、曹伯、陳世子款、鄭世子華盟于洮。」公羊傳曰：「王人者何？微者也。曷為序乎諸侯之上？先王命也。」穀梁傳曰：「王人之先諸侯，何也？貴王命也。朝服雖敝，必加於上；弁冕雖舊，必加於首。周室雖衰，必先諸侯。」漢書翟方進傳：「涓勳奏曰：春秋之義，王人微者序乎諸侯之上，尊王命也。」周禮內司服注曰：「春秋之義，王人雖微者，猶序於諸侯之上，所以尊尊也。」

天子之大夫執則稱伐。

隱七年：「冬，天王使凡伯來聘。戎伐凡伯于楚丘，以歸。」公羊傳曰：「凡伯者何？天子之大夫也。此聘也，其言伐之，何？執之也。執之則其言伐之，何？大之也。曷為大之？不與夷狄之執中國也。」穀梁傳曰：「凡伯者，何也？天子之大夫也。國而曰伐，此一人而曰伐，何也？大天子之命也。」范注云：「以一人當一國，皆尊尊之正義，春秋之微旨。」春秋繁露王道篇曰：「諸侯不得執天子之大夫。執天子之大夫，與伐國同罪。執凡伯言伐，止亂之道也，非諸侯所當為也。觀乎執凡伯，知犯上之法。」

奔則言來。

隱元年：「祭伯來。」公羊傳曰：「祭伯者何？天子之大夫也。何以不稱使？奔也。奔則曷為不言奔？王者無外，言奔，則有外之辭也。」

不敢逆天王，故伐衛不言納朔。

莊五年：「冬，公會齊人、宋人、陳人、蔡人伐衛。」公羊傳曰：「此伐衛，何？納朔也。曷為不言納衛侯朔？辟王也。」穀梁傳曰：「是齊侯、宋公也。其曰人，何也？人諸侯所以人公也。其言公，何也？逆天王之命也。」六年：「夏六月，衛侯朔入于衛。」穀梁傳曰：「其不言伐衛納朔，何也？不逆天王之命也。」

不敢勝天子，故魯莊致伐。

莊六年：「公至自伐衛。」公羊傳曰：「曷為或言致會？或言致伐？得意致會，不得意致伐。衛侯朔入于衛，何以致伐？不敢勝天子也。」書公至自伐某國為致伐，書公至自會某國為致會。

辟王號，故吳楚之君不書葬。

宣十八年：「七月甲戌，楚子旅卒。」公羊傳曰：「何以不書葬？吳、楚之君不書葬，辟其號也。」何注云：「旅即莊王也。葬從臣子辭，當稱王。故絶其辭，明當誅之。」禮記坊記篇曰：「子云：天無二日，土無二王，家無二主，尊無二上，示民有君臣之別也。春秋不稱楚、越之王喪，禮：君不稱天，大夫不稱君，恐民之惑也。」注云：「楚、越之君僭號稱王，不稱其喪，謂不書葬也。」

諸侯舞天子之樂則譏。

隱五年：「初獻六羽。」公羊傳：「初者何？始也。六羽者何？舞也。初獻六羽何以書？譏。何譏爾？譏始僭諸公也。六羽之為僭柰何？天子八佾，諸公六，諸侯四。始僭諸公昉於此乎？前此矣。前此則曷為始乎此？僭諸公猶可言也，僭天子不可言也。」何注云：「前僭八佾于惠公廟，大惡不可言也。」穀梁傳曰：「初，始也。穀梁子曰：舞夏，天子八佾，諸公六佾，諸侯四佾。初獻六羽，始僭樂矣。」昭二十五年：「齊侯唁公于野井。」公羊傳曰：「昭公將弑季氏，告子家駒曰：『季氏為無道，僭於公室久矣，吾欲弑之，何如？』子家駒曰：『諸侯僭於天子，大夫僭於諸侯久矣。』昭公曰：『吾何僭矣哉？』子家駒曰：『設兩觀，乘大路，朱干玉戚以舞大夏，八佾以舞大武，此皆天子之禮也。』」春秋繁露王道篇曰：「諸侯不得舞天子之樂。魯舞八佾，北祭泰山，郊天祀地，如天子之為。獻八佾，諱八言六，止亂之道也，非諸侯所當為也。觀乎獻六羽，知上下之差。」

郊祀則譏。

僖三十一年：「夏四月，四卜郊，不從，乃免牲，猶三望。」公羊傳曰：「卜郊，非禮也。卜郊何以非禮？魯郊非禮也。魯郊何以非禮？天子祭天，諸侯祭土。天子有方望之事，無所不通。諸侯，山川有不在其封内者，則不祭也。」

得罪於天子則絶。

桓十六年：「十有一月，衛侯朔出奔齊。」公羊傳曰：「衛侯朔何以名？絶。曷為絶之？得罪於天子也。其得罪於天子柰何？見使守衛朔，而不能使衛小衆。越在岱陰齊，屬負兹舍，不即罪爾。」穀梁傳曰：「朔之名，惡也。天子召而不往也。」春秋繁露王道篇曰：「無以先天下，召衛侯不能致。觀乎衛侯朔，知不即召之罪。」

犯王命則絶。

莊六年：「夏，六月，衛侯朔入于衛。」公羊傳曰：「衛侯朔何以名？絶。曷為絶之？犯命也。其言入，何？篡辭也。」穀梁傳曰：「入者何？内弗受也。何用弗受也？為以王命絶之也。朔之名，惡也。朔入逆則出順矣。朔出入名，以王命絶之也。」春秋繁露順命篇曰：「公侯不能奉天子之命，則名絶而不得就位，衛侯朔是也。」

致天子則不與。〔註一〕

僖二十八年：「五月，癸丑，公會晉侯、齊侯、宋公、蔡侯、鄭伯、衛子、莒子盟于踐土，公朝于王所。」公羊傳曰：「曷為不言公如京師？天子在是也。天子在是，則曷為不言天子在是？不與致天子也。」何注云：「時晉文公年老，恐霸功不成，故上白天子曰：『諸侯不可卒致，願王居踐土。』下謂諸侯曰：『天子在是，不可不朝。』迫使正君臣。」穀梁傳曰：「諱會天王也。」「公朝于王所」，穀梁傳曰：「朝不言所。言所者，非其所也。」「冬，公會晉侯、齊侯、宋公、蔡侯、鄭伯、陳子、莒子、邾婁子、秦人于温。天王狩于河陽。」公羊傳曰：「狩不書，此何以書？不與再致天子也。」何注云：「再失禮，重，故深正其義，使若天子自狩，非致也。」穀梁傳：「全天王之行也，為若將守同狩。而遇諸侯之朝也，為天王諱也。壬申，公朝於王所。朝於廟，禮也。於外，非禮也。獨公朝與？諸侯盡朝也。其日，以其再致天子，故謹而日之。日繫於月，月繫於時。壬申，公朝於王所。其不月，失其所繫也。以為晉文公之行事為已傎矣。」左氏傳曰：「是會也，晉侯召王，以諸侯見，且使王狩。仲尼曰：『以臣召君，不可以訓。』故書曰：『天王狩於河陽。』言非其地也，且明德也。」春秋繁露玉英篇曰：「春秋之書事，時詭其實，以有避也。故詭晉文得志之實以狩，諱避致王也。」又王道篇曰：「晉文再致天子，諱致言狩，止亂之道也。非諸侯所當為也。」又楚莊王篇曰：「晉文不予致王而朝。」史記周本紀曰：「晉文公召襄王，襄王會之踐土，諸侯畢朝。書諱曰：『天王狩于河陽。』」又晉世家曰：「晉侯會諸侯于温，欲率之朝周。乃使人言周襄王狩于河陽。壬申，遂率諸侯朝王于踐土。孔子讀史記至文公，曰『諸侯無召王』、『王狩河陽』者，春秋諱之也。」又孔子世家曰：「踐土之會，實召天子，而春秋諱之曰『天王狩于河陽』，推此類以繩當世。貶損之義，後有王者舉而開之。春秋之義行，則天下亂臣賊子懼焉。」

伐天子則不與。

宣元年：「冬，晉趙穿帥師侵柳。」公羊傳曰：「柳者何？天子之邑也。曷為不繫乎周？不與伐天子也。」昭二十三年：「晉人圍郊。」公羊傳曰：「郊者何？天子之邑也。曷為不繫於周？不與伐天子也。」

有天子在，諸侯不得專地。

春秋繁露王道篇曰：「春秋立義，有天子在，諸侯不得專地。」

故易地則諱之。

桓元年：「鄭伯以璧假許田。」公羊傳曰：「其言以璧假之，何？易之也。易之，則其言假之，何？為恭也。曷為為恭？有天子存，則諸侯不得專地也。」穀梁傳曰：「假不言以，言以，非假也。非假而曰假，諱易地也。禮：天子在上，諸侯不得以地相與也。」春秋繁露王道篇曰：「鄭魯易地，諱易言假，止亂之道也，非諸侯所當為也。觀乎許田，知諸侯不得專地。」地本誤作封，據陳立校改。漢書匡衡傳曰：「春秋之義，諸侯不得專地，所以壹統尊法制也。」

與地則惡之。

隱八年：「三月，鄭伯使宛來歸邴。」穀梁傳曰：「名宛，所以貶鄭伯，惡與地也。邴者，鄭伯所受命於天子而祭泰山之邑也。」史記魯世家曰：「隱公八年，與鄭易天子之泰山之邑祊與邴同。及許田，君子譏之。」

封建自天子，諸侯不得專封。

春秋繁露王道篇曰：「春秋立義，有天子在，諸侯不得專封。」

故救邢不稱齊侯。

僖元年：「齊師、宋師、曹師次於聶北，救邢。」公羊傳曰：「曷為先言次而後言救？君也。君則其稱師，何？不與諸侯專封也。」

城楚丘不稱桓公。

僖二年：「春王正月，城楚丘。」公羊傳曰：「孰城？城衛也。曷為不言城衛？滅也。孰滅之？蓋狄滅之。然則孰城之？桓公城之。曷為不言桓公城之？不與諸侯專封也。曷為不與？實與而文不與。〔註二〕文曷為不與？諸侯之義不得專封也。」穀梁傳曰：「楚丘者何？衛邑也。國而曰城，此邑也，其曰城，何也？封衛也。則其不言城衛，何也？衛未遷也。其不言衛之遷焉，何也？不與齊侯專封也。其言城之者，專辭也。故非天子不得專封諸侯。諸侯不得專封諸侯，王引之云：不得二字，因上衍。雖通其仁，以義而不與也，故曰仁不勝道。」

城緣陵不稱桓公。

僖十四年：「春，諸侯城緣陵。」公羊傳曰：「孰城？城杞也。曷為城杞？滅也。孰滅之？蓋徐莒脅之。然則孰城之？桓公城之。曷為不言桓公城之？不與諸侯專封也。曷為不與？實與而文不與。文曷為不與？諸侯之義不得專封也。」春秋繁露楚莊王篇曰：「齊桓不予專地而封。」

討慶封不稱伐防。

昭四年：「秋七月，楚子、蔡侯、陳侯、許男、頓子、胡子、沈子、淮夷伐吳，執齊慶封，殺之。」公羊傳曰：「此伐吳也，其言執齊慶封，何？為齊誅也。其為齊誅柰何？慶封走之吳，吳封之於防。然則曷為不言伐防？不與諸侯專封也。慶封之罪何？脅齊君而亂齊國也。」穀梁傳曰：「此入而殺。其不言入，何也？慶封封乎吳鍾離。其不言伐鍾離，何也？不與吳封也。」

討魚石繫彭城於宋。

襄元年：「仲孫蔑會晉欒黶、宋華元、衛甯殖、曹人、莒人、邾婁人、滕人、薛人圍彭城。」公羊傳曰：「宋華元曷為與諸侯圍宋彭城？為宋誅也。其為宋誅柰何？魚石走之楚，楚為之伐宋，取彭城，以封魚石。魚石之罪柰何？以入是為罪也。楚已取之矣，曷為繫之宋？不與諸侯專封也。」穀梁傳曰：「繫彭城於宋者，不與魚石正也。」

蔡侯廬、陳侯吳皆書歸。

昭十三年：「蔡侯廬歸于蔡，陳侯吳歸于陳。」公羊傳曰：「此皆滅國也，其言歸，何？不與諸侯專封也。」何注云：「故使若有國自歸者也。」

征伐自天子方伯，故諸侯不得專討。

宣十一年：「冬十月，楚人殺陳夏徵舒。」公羊傳曰：「此楚子也，其稱人，何？貶。曷為貶？不與外討也。不與外討者，因其討乎外而不與也，雖内討亦不與也。曷為不與？實與而文不與。文曷為不與？諸侯之義不得專討也。」春秋繁露楚莊王篇曰：「楚莊王殺陳夏徵舒。春秋貶其文，不予專討也。靈王殺齊慶封，而直稱楚子，何也？曰：莊王之行賢，而徵舒之罪重，以賢君討重罪，其於人心善；若不貶，孰知其非正經。春秋常於其嫌得者見其不得也，是故齊侯不予專地而封，晉文不予致王而朝，楚莊弗予專殺而討。」

蔡衛陳從王伐鄭，則正之。

桓五年：「秋，蔡人、衛人、陳人從王伐鄭。」公羊傳曰：「其言從王伐鄭，何？從王，正也。」何注云：「美其得正義也，故以從王征伐録之。蓋起時天子微弱，諸侯背叛，莫肯從王者征伐，以善三國之君獨尊天子死節。」

大夫不得專廢置。

文十四年：「晉人納接菑于邾婁，弗克納。」公羊傳曰：「此晉郤缺也，其稱人，何？貶。曷為貶？不與大夫專廢置君也。曷為不與？實與而文不與。文曷為不與？大夫之義不得專廢置君也。」春秋繁露王道篇曰：「春秋立義，大夫不得廢置君。觀乎晉郤缺之伐邾婁，知臣下作福之誅。」

不得專執。

定元年：「三月，晉人執宋仲幾于京師。」公羊傳曰：「仲幾之罪何？不蓑城也。其言于京師，何？伯討也。伯討則其稱人，何？貶。曷為貶？不與大夫專執也。曷為不與？實與而文不與。文曷為不與？大夫之義不得專執也。」何注云：「大夫不得專相執，辟諸侯也。」穀梁傳曰：「此大夫，其曰人，何也？微之也。何為微之？不正其執人於尊者之所也，不與大夫之伯討也。」

尊降於天子者為諸侯，次諸侯者為大夫。

會則君不會大夫。

故趙盾之師稱晉師。

宣元年：「宋公、陳侯、衛侯、曹伯會晉師于棐林，伐鄭。」公羊傳曰：「此晉趙盾之師也，曷為不言趙盾之師？君不會大夫之辭也。」何注云：「時諸侯為趙盾所會，不與卑致尊，故正之。」

衛甯速之會以隨莒子。

僖二十六年：「春王正月己未，公會莒子、衛甯速盟于向。」穀梁傳曰：「公不會大夫，其曰甯速，何？曰：以其隨莒子，可以言會也。」

戰則大夫不敵君。

故子玉得臣稱楚人。

僖二十八年：「夏四月己巳，晉侯、齊師、宋師、秦師及楚人戰于城濮，楚師敗績。」公羊傳曰：「此大戰也，曷為使微者？子玉得臣也。子玉得臣則其稱人，何？貶。曷為貶？大夫不敵君也。」何注云：「臣無敵君戰之義，故絶正也。」春秋繁露王道篇曰：「古者人君立於陰，大夫立於陽，所以別位明貴賤。今宋閔公與臣相對而博，置婦人在側，此君人無別也，獨得殺死之道也。春秋傳曰：大夫不適君，遠此逼也。」

晉荀林父之書以與楚子。

宣十二年：「夏六月乙卯，晉荀林父帥師及楚子戰于邲，晉師敗績。」公羊傳曰：「大夫不敵君，此其稱名氏以敵楚子，何？不與晉而與楚子為禮也。」

魯君與大夫盟，則諱不言公。

莊二十二年：「秋七月丙申，及高傒盟于防。」公羊傳曰：「齊高傒者何？貴大夫也。曷為就吾微者而盟？公也。公則曷為不言公？諱與大夫盟也。」穀梁傳曰：「不言公，高傒伉也。」范注云：「高傒驕伉，與公敵體，恥之，故不書公。」文二年：「三月己巳，及晉處父盟。」穀梁傳曰：

「不言公，處父伉也，為公諱也。」

所與盟之大夫，易稱曰人。

隱八年：「九月辛卯，公及莒人盟于包來。」公羊傳曰：「公曷為與微者盟？稱人則從不疑也。」穀梁傳曰：「可言公及人，不可言公及大夫。」范注云：「稱人，衆辭，可言公及人，若舉國之人皆盟也。不可言公及大夫，如以大夫敵公也。」樹達按：此公與莒大夫盟，明書大夫，則有大夫敵公之疑。故公羊傳云：「稱人則從不疑也。」與穀梁傳義實相同。董生及何休謂盟者為莒子。果為莒子，與魯同為諸侯，何疑之有邪？公羊傳文本無誤，此說春秋傳者之失也。

或名而不氏。

文二年：「三月乙巳，及晉處父盟。」公羊傳曰：「此晉陽處父也，何以不氏？諱與大夫盟也。」

樹達按：此與前記穀梁傳義相足。

盟國無君，則泛稱大夫而不名。

莊九年：「公及齊大夫盟于暨。」公羊傳曰：「公曷為與大夫盟？齊無君也。然則何以不名？為其諱與大夫盟也，使若衆然。」何注云：「鄰國之臣猶吾臣也。君之於臣當告從命行，而反歃血約誓，故諱，使若悉得齊諸大夫約束之者愈也。」穀梁傳曰：「公不及大夫，大夫不名，無君也。」

大夫專政則貶。

襄三十年：「晉人、齊人、宋人、衛人、鄭人、曹人、莒人、邾婁人、滕人、薛人、杞人、小邾婁人會于澶淵，宋災故。」公羊傳曰：「此大事也，曷為使微者？卿也。卿則其稱人，何？貶。曷為貶？卿不得憂諸侯也。」春秋繁露王道篇曰：「大夫盟于澶淵，刺大夫之專政也。」

魯三家張則譏。

定六年：「冬，城中城。」穀梁傳曰：「城中城者，三家張也。」

君在而大夫盟則刺。

襄十六年：「三月，公會晉侯、宋公、衛侯、鄭伯、曹伯、莒子、邾婁子、薛伯、杞伯、小邾婁子于溴梁。戊寅，大夫盟。」公羊傳曰：「諸侯皆在是，其言大夫盟，何？信在大夫也。何言乎信在大夫？偏刺天下之大夫也。曷為偏刺天下之大夫？君若贅旒然。」穀梁傳曰：「溴梁之會，諸侯失正矣。諸侯會而曰大夫盟，正在大夫也。〔註三〕諸侯在而不曰諸侯之大夫，大夫不臣也。」春秋繁露竹林篇曰：「溴梁之盟，信在大夫，而春秋刺之，為其奪君尊也。」

君在而大夫平則貶。

宣十五年：「夏五月，宋人及楚人平。」公羊傳曰：「此皆大夫也，其稱人，何？貶。曷為貶？

平者在下也。」何注云：「言在下者，譏二子在君側，不先以便宜反報，歸美于君，而生事專平，故貶稱人。」

君在而大夫會則譏。

襄八年：「季孫宿會晉侯、鄭伯、齊人、宋人、衛人、邾人于邢丘。」穀梁傳曰：「見魯之失正也，公在而大夫會也。」

諸侯盟大夫又盟則譏。

襄三年：「六月，公會單子、晉侯、宋公、衛侯、鄭伯、莒子、邾子、齊世子光。己未，同盟于雞澤。戊寅，叔孫豹及諸侯之大夫及陳袁僑盟。」穀梁傳曰：「諸侯盟，又大夫相與私盟，是大夫張也。故雞澤之會，諸侯始失正矣，大夫執國權。」

天子嫁女乎諸侯，必使諸侯同姓者主之。

故單伯逆王姬，書。

莊元年：夏，「單伯逆王姬。」公羊傳曰：「單伯者何？吾大夫之命乎天子者也。何以不稱使？天子召而使之也。逆之者何？使我主之也。曷為使我主之？天子嫁女乎諸侯，必使諸侯同姓者主之。諸侯嫁女于大夫，必使大夫同姓者主之。」何注云：「不自為主者，尊卑不敵，共行婚姻之禮，則傷君臣之義。行君臣之禮，則廢婚姻之好。故必使同姓有血脈之屬宜為父道與所適敵體者主之。」白虎通嫁娶篇曰：「王者嫁女，必使同姓主之，何？昏禮貴和，不可相答，為傷君臣之義，亦欲使女不以天子尊乘諸侯也。春秋傳曰：天子嫁女乎諸侯，使同姓諸侯主之。諸侯嫁女於大夫，使大夫同姓者主之。必使同姓者，以其同宗共祖，可以主親也，故使攝父事。不使同姓卿主之，何？尊加諸侯，為威厭不得舒也。」後漢書荀爽傳曰：「春秋之義，王姬嫁齊，使魯主之，不以天子之尊加於諸侯也。」

諸侯嫁女于大夫，必使大夫同姓者主之。

故莒慶逆叔姬，譏。

莊二十七年：「莒慶來逆叔姬。」穀梁傳曰：「諸侯之嫁子於大夫，主大夫以與之。來者，接內也。不正其接內，故不與夫婦之稱也。」范注云：「君不敵臣，接內，謂與君為禮也。」

此尊尊之見於禮儀者也。

天子曰崩，諸侯曰薨，大夫曰卒，士曰不禄。

隱三年：「三月庚戌，天王崩。」公羊傳曰：「曷為或言崩，或言薨？天子曰崩，諸侯曰薨，大夫曰卒，士曰不禄。」

此尊尊之見於言辭者也。

然春秋貶天子，退諸侯。

春秋繁露王道篇曰：「孔子明得失，差貴賤，反王道之本，譏天王以致太平。」史記自序曰：「太史公曰：余聞董生曰：周道衰廢，孔子為魯司寇，諸侯害之，大夫壅之。孔子知言之不用，道之不行也，是非二百四十二年之中，以為天下儀表，貶天子，退諸侯，討大夫，以達王事而已矣。」

故周襄王不能乎母，則書出以示絕。

僖二十四年：「冬，天王出居于鄭。」公羊傳曰：「王者無外，此其言出，何？不能乎母也。魯子曰：是王也，不能乎母者，其諸此之謂與！」何注云：「不能事母，罪莫大於不孝，故絕之言出也。」春秋繁露精華篇曰：「出天王，不為不尊上。」漢書霍光傳：「奏廢昌邑王曰：五辟之屬，莫大不孝。周襄王不能事母，春秋曰『天王出居于鄭』，繇不孝出之，絕之於天下也。」又嚴助傳曰：「助上書謝曰：春秋天王出居于鄭，不能事母，故絕之。」禮記曲禮下篇曰：「天子不言出。」鄭注云：「天子之言出，諸侯之生名，皆有大惡。君子所遠，出名以絕之。春秋傳曰：天王出居于鄭，衛侯朔入于衛，是也。」

頃王使毛伯求金，則譏其非王者。

文九年：「春，毛伯來求金。」公羊傳曰：「毛伯者何？天子之大夫也。毛伯來求金，何以書？譏。何譏爾？王者無求，求金，非禮也。然則是王者與？曰：非也。非王者，則曷為謂之王者？王者無求，曰：是子也，繼文王之體，守文王之法度。文王之法無求，而求，故譏之也。」穀梁傳曰：「求車猶可，求金甚矣。」左氏傳曰：「毛伯衛來求金，非禮也。」說苑貴德篇曰：「凡人之性，莫不欲善其德，然而不能為善德者，利敗之也。故君子羞言利名；言利名尚羞之，況居而求利者也！周天子使家父、毛伯求金於諸侯，春秋譏之。故天子好利則諸侯貪，諸侯貪則大夫鄙，大夫鄙則庶人盜；上之變下，猶風之靡草也。」

桓王求賻則譏。

隱三年：「秋，武氏子來求賻。」公羊傳曰：「武氏子者何？天子之大夫也。武氏子來求賻何以書？譏。何譏爾？喪事無求，求賻，非禮也。」穀梁傳曰：「歸死者曰賵，歸生者曰賻。歸之者，正也。求之者，非正也。周雖不求，魯不可以不歸。魯雖不歸，周不可以求之。求之為言，得不得未可知之辭也。交譏之。」春秋繁露玉英篇曰：「夫處位動風化者，徒言利之名爾，猶惡之，況求利乎？故天王使人求賻求金，皆為大惡而書。」

求車則譏。

桓十五年：「春二月，天王使家父來求車。」公羊傳曰：「何以書？譏。何譏爾？王者無求，求車，非禮也。」穀梁傳曰：「古者諸侯時獻于天子以其國之所有，故有辭讓而無徵求。求車，非禮也。」左氏傳曰：「天王使家父來求車，非禮也。諸侯不貢車服，天子不私求財。」春秋繁露王道篇曰：「刺家父求車，武氏毛伯求賻、金。」

追錫桓公命則譏。

莊元年：「王使榮叔來錫桓公命。」公羊傳曰：「錫者何？賜也。命者何？加我服也。其言桓公，何？追命也。」何注云：「不言天王者，桓行實惡，而乃追錫之，尤悖天道，故云爾。」穀梁傳曰：「禮：有受命，無來錫命。錫命，非正也。生服之，死行之，禮也；生不服，死追錫之，不正甚矣。」通典引五經異義曰：「春秋公羊説：王使榮叔錫魯桓公命，追錫死者，非禮也。死者功可追而錫，如有罪，又可追而刑耶？春秋左氏譏其錫篡殺之君。」

此天子見貶之事也。

克段則大鄭莊之惡。

隱元年：「夏，五月，鄭伯克段于鄢。」公羊傳曰：「克之者何？殺之也。殺之則曷為謂之克？大鄭伯之惡也。曷為大鄭伯之惡？母欲立之，已殺之，如勿與而已矣。」穀梁傳曰：「克者何？能也。何能也？能殺也。何以不言殺？見段之有徒衆也。段，鄭伯弟也。何以知其為弟也？殺世子，母弟目君；以其目君，知其為弟也。段弟也而弗謂弟，公子也而弗謂公子，貶之也。段失子弟之道矣，賤段而甚鄭伯也。何甚乎鄭伯？甚鄭伯之處心積慮成於殺也。」左氏傳曰：「稱鄭伯，譏失教也。」

賤絶則斥陳佗之名。

桓六年：「蔡人殺陳佗。」公羊傳曰：「陳佗者何？陳君也。陳君則曷為謂之陳佗？絶也。曷為絶之？賤也。其賤柰何？外淫也。惡乎淫？淫于蔡，蔡人殺之。」穀梁傳曰：「陳佗者，陳君也。其曰陳佗，何也？匹夫行，故匹夫稱之也。其匹夫行柰何？陳侯憙獵，淫獵于蔡，與蔡人爭禽，蔡人不知其是陳君也而殺之。」按：二傳説異，賤佗之義則同。

曹伯執則稱甚惡。

僖二十八年：「三月丙午，晉侯入曹，執曹伯，畀宋人。」公羊傳曰：「畀者何？與也。其言畀宋人，何？與使聽之也。曹伯之罪何？甚惡也。其甚惡柰何？不可以一罪言也。」

晉厲弑則稱君惡。

成十八年：「正月庚申，晉弑其君州蒲。」穀梁傳曰：「稱國以弑其君，君惡甚矣。」

鄆潰則譏魯昭。

昭二十九年：「冬十月，鄆潰。」穀梁傳曰：「潰之為言，上下不相得也。上下不相得，則惡矣，亦譏公也。昭公出奔，民如釋重負。」

盜殺鄭大夫則稱惡上。

襄十年：「冬，盜殺鄭公子斐、公子發、公孫輒。」穀梁傳曰：「稱盜以殺大夫，弗以上下道，惡上也。」

此諸侯見貶之事也。按：春秋貶諸侯事至多，不能盡舉。姑舉此數事爾。

知春秋固不以尊尊没是非善惡之公矣。

大受命第二十一

春秋之義，臣子大受命。

莊元年：「三月，夫人孫于齊。」穀梁傳曰：「人之於天也，以道受命；於人也，以言受命。不若於道者，天絶之也；〔註四〕不若於言者，人絶之也。臣子大受命。」春秋繁露順命篇曰：「人於天也，以道受命；其於人，以言受命。不若於道者，天絶之；不若於言者，人絶之。臣子大受命於君。」

尊王命，王人微者可先乎諸侯。

僖八年：「春王正月，公會王人、齊侯、宋公、衛侯、許男、曹伯、陳世子款、鄭世子華盟于洮。」公羊傳曰：「王人者何？微者也。曷為序乎諸侯之上？先王命也。」穀梁傳曰：「王人之先諸侯，何也？貴王命也。朝服雖敝，必加於上；弁冕雖舊，必加於首；周室雖衰，必先諸侯。」漢書翟方進傳：「涓勳奏曰：春秋之義，王人微者序乎諸侯之上，尊王命也。」

矯王命，王札子以不臣見罪。

宣十五年：「王札子殺召伯、毛伯。」穀梁傳曰：「王札子者，當上之辭也。殺召伯、毛伯不言其，何也？兩下相殺也。〔註五〕兩下相殺不志乎春秋，此其志，何也？矯王命以殺之，非忿怒相殺也。故曰：以王命殺也。以王命殺則何志焉？為天下主者天也，繼天者君也；君之所存者命也，為人臣而侵其君之命而用之，是不臣也；為人君而失其命，是不君也。君不君，臣不臣，此天下所以傾也。」

犯王命，衛侯朔以稱名見絶。

莊六年：「夏六月，衛侯朔入于衛。」公羊傳曰：「衛侯朔何以名？絶。曷為絶之？犯命也。其言入，何？篡辭也。」穀梁傳曰：「入者何，內弗受也。何用弗受也？為以王命絶之也。朔之名，惡也。朔入逆則出順矣。朔出入名，以王命絶之也。」春秋繁露順命篇曰：「公侯不能奉天子之命，則名絶而不得就位，衛侯朔是也。」

重君命，公子買不戍衛而書戍。

僖二十八年：「公子買戍衛，不卒戍，刺之。」公羊傳曰：「不卒戍者何？不卒戍者，内辭也，不可使往也。不可使往，則其言戍衛，何？遂公意也。」何注云：「使臣子，不可使，恥深，故諱使若往不卒竟事者，明臣不得壅塞君命。」

公孫敖未如京師而書如。

文八年：「公孫敖如京師，不至而復。丙戌，奔莒。」公羊傳曰：「不至復者何？不至復者，内辭也，不可使往也。不可使往，則其言如京師，何？遂公意也。」何注云：「正其義，不使君命壅塞。」穀梁傳曰：「不言所至，未如也。未如而曰如，不廢君命也。」

有君命，魯公孫嬰齊得以大夫卒。

成十七年：「十一月壬申，公孫嬰齊卒于貍軫。」公羊傳曰：「非此月日也，曷為以此月日卒之？待君命然後卒大夫。曷為待君命然後卒大夫？前此者，嬰齊走之晉，公會晉侯，將執公，嬰齊為公請，公許之反為大夫，歸至于貍軫而卒。無君命不敢卒大夫。公至，曰：『吾固許之反為大夫，然後卒之。』」何注云：「國人未被君命，不敢使從大夫禮。許反為大夫，即受命矣。善其不敢自專，故引其死日下就公至月卒之。」

衛石曼姑可以距蒯聵。

哀三年：「春，齊國夏、衛石曼姑帥師圍戚。」公羊傳曰：「齊國夏曷為與衛石曼姑帥師圍戚？伯討也。此其為伯討柰何？曼姑受命乎靈公而立輒，以曼姑之義為固可以距之也。」春秋繁露玉英篇曰：「晉荀息死而不聽，衛曼姑拒而弗内。事異而同心，其義一也。荀息死之，貴先君之命。曼姑拒之，亦貴先君之命也。事雖相反，所為同，俱為貴先君之命耳。」又順命篇曰：「子不奉父命，則有伯討之罪，衛世子蒯聵是也。」

無君命，晉趙鞅雖討惡而書叛。

定十三年：「秋，晉趙鞅入于晉陽以叛。冬，晉荀寅士吉射入于朝歌以叛。晉趙鞅歸于晉。」公羊傳曰：「此叛也，其言歸，何？以地正國也。其以地正國柰何？晉趙鞅取晉陽之甲以逐荀寅與士吉射。荀寅與士吉射曷為者也？君側之惡人也。此逐君側之惡人，曷為以叛言之？無君命也。」穀梁傳曰：「此叛也，其以歸言之，何也？貴其以地反也。貴其以地反，則是大利也。非大利也，許悔過也。許悔過則何以言叛也？以地正國也。以地正國則何以言叛？其入無君命也。」春秋繁露順命篇曰：「臣不奉君命，雖善以叛言，晉趙鞅入於晉陽以叛是也。」史記趙世家曰：「魯定公十四年，范、中行作亂，明年春，簡子謂邯鄲大夫午曰：『歸我衛士五百家，吾將置之晉陽。』午許諾，歸而其父兄不聽，倍言，趙鞅捕午，囚之晉陽。孔子聞趙簡子不請晉君而執邯鄲午，保晉陽。故書春秋曰：『趙鞅以晉陽畔。』」

魯公子遂以擅復而見譏。

宣八年：「夏六月，公子遂如齊。至黃，乃復。」公羊傳曰：「其言至黃乃復何？有疾也。何言乎有疾乃復？譏。何譏爾？大夫以君命出，聞喪，徐行而不返。」春秋繁露精華篇曰：「聞喪徐行不反者，謂不以親害尊，不以私妨公也。」白虎通喪服篇曰：「大夫使，受命而出，聞父母之喪，非君命不返者，蓋重君也。故春秋傳曰：大夫以君命出，聞喪，徐行不返。」

故曰大夫無遂事。

漢書馮奉世傳：「杜欽上疏，追訟奉世前功曰：奉世以衛侯便宜發兵誅莎車王，策定城郭，功施邊境。議者以奉世奉使有指，春秋之義無遂事，漢家之法有矯制，故不得侯。」

祭公逆王后則譏。

桓八年：「祭公來，遂逆王后于紀。」公羊傳曰：「遂者何？生事也。大夫無遂事，此其言遂，何？成使乎我也。其成使乎我奈何？使我為媒，可則因用是往逆矣。」何注云：「疾王者不重妃匹，逆天下之母若逆婢妾，將謂海內何哉！故譏之。」穀梁傳曰：「其不言使焉，何也？不正其以宗廟之大事即謀於我，故弗與使也。遂，繼事之辭也。其曰遂逆王后，故略之也。」范注云：「時天子命祭公就魯共卜擇紀女可中后者便逆之。不復返命，以其遂逆無禮，故不書逆女而曰王后。」春秋繁露王道篇曰：「祭公來逆王后，譏失禮也。」

魯公子遂如晉則譏。

僖三十年：「公子遂如京師，遂如晉。」公羊傳曰：「大夫無遂事，此其言遂，何？公不得為政爾。」何注云：「不從公政令也。時見使如京師，而橫生事，矯君命聘晉，故疾其驕蹇自專，當絶之。」春秋繁露精華篇文見下。說苑尊賢篇曰：「公子遂不聽君命而擅之晉，内侵於臣下，外困於兵亂，弱之患也。」

季孫宿入運則譏。

襄十二年：「季孫宿帥師救台，遂入運。」公羊傳曰：「大夫無遂事，此其言遂，何？公不得為政爾。」何注云：「時公微弱，政教不行，故季孫宿遂取運而自益其邑。」穀梁傳曰：「遂，繼事也。受命而救邰，不受命而入鄆，惡季孫宿也。」

諸大夫城虎牢則譏。

襄二年：「冬，仲孫蔑會晉荀罃、齊崔杼、宋華元、衛孫林父、曹人、邾婁人、滕人、薛人、小邾婁人于戚，遂城虎牢。」公羊傳曰：「虎牢者何？鄭之邑也。其言城之，何？取之也。取之則曷為不言取之？為中國諱也。曷為為中國諱？諱伐喪也。曷為不繫乎鄭？為中國諱也。大夫無遂事，此其言遂，何？歸惡乎大夫也。」

然晉士匄不伐喪而還，則許其進退在大夫而大之。

襄十九年：「晉士匄帥師侵齊，至穀，聞齊侯卒，乃還。」公羊傳曰：「還者何？善辭也。何善爾？大其不伐喪也。此受命乎君而伐齊，則何大乎其不伐喪？大夫以君命出，進退在大夫也。」白虎通三軍篇曰：「大夫將出兵，不從中御者，欲盛其威，使士卒一意繫心也。故但聞軍令，不聞君命，明進退在大夫也。」春秋傳曰：「此受命于君而伐齊，則還，何？大其不伐喪也。大夫以君命出，進退在大夫也。」

公子結與齊侯、宋公盟，則曰：有可以安社稷利國家者，專之可也。

莊十九年：「秋，公子結媵陳人之婦于鄄，遂及齊侯、宋公盟。」公羊傳曰：「媵不書，此何以書？為其有遂事書。大夫無遂事，此其言遂，何？聘禮：大夫受命不受辭，出竟，有可以安社稷利國家者，專之可也。」何注云：「先是鄄、幽之會，公比不至。公子結出竟，遭齊、宋欲深謀伐魯，故專矯君命而與之盟。除國家之難，全百姓之命，故善而詳録之。」春秋繁露順命篇曰：「臣子大受命於君，辭而出疆，唯有社稷國家之危，猶得發辭而專安之，鄄盟是也。」鄄字原脱，依陳立校補。又滅國下篇曰：「魯大國，幽之會，莊公不往。戎人乃窺兵于濟西，由見魯孤獨而莫之救也。此時大夫廢君命，專救危者。」按：此下文奪，按其文義，蓋指此事為言。何注云「鄄、幽之會，公比不至」云云，亦用董義也。

漢書終軍傳曰：「徐偃矯制，使膠東、魯國鼓鑄鹽鐵。張湯劾偃矯制大害，法至死。偃以為春秋之義，大夫出疆，有可以安社稷存萬民，顓之可也。湯以致其法，不能詘其義。有詔下軍問狀，軍詰偃曰：『古者諸侯國異俗分，百里不通，時有聘會之事，安危之勢，呼吸成變，故有不受辭造命顓己之宜；今天下為一，萬里同風，故春秋「王者無外」。偃巡封域之中，稱以出疆，何也？且鹽鐵，郡有餘臧，正二國廢，國家不足以為利害，而以安社稷存萬民為辭，何也？』偃窮詘，服罪。」又馮奉世傳曰：「莎車與旁國共攻殺漢所置莎車王萬年，並殺漢使者。奉世以為不亟擊之，則莎車日彊，其勢難制，必危西域；遂進擊莎車，攻拔其城。莎車王自殺，傳其首詣長安。諸國悉平，威振西域。上甚說，下議封奉世。丞相、將軍皆曰：『春秋之義，大夫出疆，有可以安國家，則顓之可也。奉世功效尤著，宜加爵士之賞。』」後漢書宋均傳曰：「會武陵蠻反，圍武威將軍劉尚，詔使均乘傳發江夏奔命三千人往救之。既至而尚已没。會伏波將軍馬援至，詔因令均監軍，與諸侯俱進，賊拒阸不得前。及馬援卒於師，軍士多温溼疾病，死者大半。均慮軍遂不反，乃與諸將議曰：『今道遠士病，不可以戰，欲權承制降之，何如？』諸將皆伏地莫敢應。均曰：『夫忠臣出境，有可以安國家，專之可也。』乃矯制調伏波司馬吕种守沅陵長，命种奉詔書入虜營，告以恩信，因勒兵隨其後。蠻夷震怖，即共斬其大帥而降。於是入賊營，散其衆，遣歸本郡，為置長吏而還。均未至，先自劾矯制之罪。光武嘉其功，迎賜以金帛，令過家上冢。其後每有四方異議，數訪問焉。」春秋繁露精華篇曰：「難者曰：春秋之法，大夫無遂事。又曰：出境，有可以安社稷利國家者，則專之可也。又曰：大夫以君命出，進退在大夫。又曰：聞喪，徐行而不返也。夫既曰無遂事矣，又曰專之可也；既曰進退在大夫矣，又曰徐行而不返也。若相悖然，是何謂也？曰：四者各有所處，得其處則皆是也，失其處則皆非也。春秋固有常義，又有應變。無遂事者，謂平生安寧也；專之可也者，謂救危除患也；進退在大夫者，謂將率用兵也；徐行不返者，謂不以親害尊，不以私妨公也。此之謂將得其私，句有誤字。知其指。故公子結受命往媵陳人之婦于鄄，道生事，從齊桓盟，春秋弗非，以為救莊公之危。公子遂受命使京師，道生事之晉，春秋非之，以為是時僖公安寧無危。故有危而不專救，謂之不忠。無危，而擅生事，是卑君也。故此二臣俱生事，春秋有是有非，其義然也。」説苑奉使篇曰：「春秋之辭有相反者四：既曰大夫無遂事，不得擅生事矣，又曰出境可以安社稷利國家者，則專之可也；既曰大夫以君命出進退在大夫矣，又曰以君命出，聞喪，徐行而不反者，何也？曰：此四者各止其科，不轉移也；不得擅生事者，謂平生常經也；專之可者，謂救危除患也；進退在大夫者，謂將帥用兵也。徐行而不反者，謂出使道聞君親之喪也。公子結擅生事，春秋不非，以為救莊公危也。公子遂擅生事，春秋譏之，以為僖公無危事也。故君有危而不專救，是不忠也；君無危而擅生事，是不臣也。傳曰：詩無通故，易無通吉，春秋無通義，此之謂也。」

若鄭弦高以救鄭國之危，矯君命而犒秦師。

僖三十三年：「夏四月辛巳，晉人及姜戎敗秦於殽。」公羊傳曰：「其謂之秦，何？夷狄之也。曷為夷狄之？秦伯將襲鄭，百里子與蹇叔子諫曰：『千里而襲人，未有不亡者也。』秦伯怒曰：『若爾之年者，宰上之木拱矣。爾曷知？』師出，百里子與蹇叔子送其子而戒之曰：『爾即死，必於殽之嶔巖，是文王之所辟風雨者也，吾將尸爾焉。』子揖師而行，百里子與蹇叔子從其子而哭之。秦伯怒曰：『爾曷為哭吾師？』對曰：『臣非敢哭君師，哭臣之子也。』弦高者，鄭商也，遇之殽，矯以鄭伯之命而犒師焉。或曰：往矣；或曰：反矣。然而晉人與姜戎要之殽而擊之，匹馬隻輪無反者。」

楚子反以矜宋人之厄，廢君命以平宋人。

宣十五年：「夏五月，宋人及楚人平。」公羊傳曰：「外平不書，此何以書？大其平乎己也。何大乎其平乎己？莊王圍宋，軍有七日之糧爾，盡此不勝，將去而歸爾。於是使司馬子反乘堙而闚宋城，宋華元亦乘堙而見之。司馬子反曰：『子之國何如？』華元曰：『憊矣！』曰：『何如？』曰：『易子而食之，析骸而炊之。』司馬子反曰：『嘻，甚矣憊！雖然，吾聞之也，圍者柑馬而秣之，使肥者應客。是何子之情也！』華元曰：『吾聞之，君子見人之厄則矜之，小人見人之厄則幸之。吾見子之君子也，是以告情于子也。』司馬子反曰：『諾，勉之矣！吾軍亦有七日之糧爾。盡此不勝，將去而歸爾。』揖而去之，反于莊王。莊王曰：『何如？』司馬子反曰：『憊矣！』曰：『何如？』曰：『易子而食之，析骸而炊之。』莊王曰：『嘻，甚矣憊！雖然，吾今取此然後而歸爾。』司馬子反曰：『不可！臣已告之矣，軍有七日之糧爾。』莊王怒曰：『吾使子往視之，子曷為告之？』司馬子反曰：『以區區之宋，猶有不欺人之臣，可以楚而無乎！是以告之也。』莊王曰：『諾，舍而止。雖然，吾猶取此然後歸爾。』司馬子反曰：『然則君請處於此，臣請歸爾。』莊王曰：『子去我而歸，吾孰與處于此，吾亦從子而歸爾。』引師而去之。故君子大其平乎己也。」春秋繁露竹林篇曰：「司馬子反為其君使，廢君命，與敵情，從其所請，與宋平。是內專政而外擅名也。專政則輕君，擅名則不臣，而春秋大之，奚由哉？曰：為其有慘怛之恩，不忍餓一國之民，使之相食。推恩者遠之而大，為仁者自然而美。今子反出己之心，矜宋之民，無計其間，故大之也。難者曰：春秋之法，卿不憂諸侯，政不在大夫。子反為楚臣而恤宋民，是憂諸侯也；不復其君而與敵平，是政在大夫也。溴梁之盟，信在大夫，而春秋刺之，為其奪君尊也。平在大夫，亦奪君尊，而春秋大之，此所閒也。且春秋之義，臣有惡，擅名義；故忠臣不顯諫，欲其為君出也。書曰：『爾有嘉謀嘉猷，入告爾君于內，爾乃順之于外，曰：此謀此猷，惟我君之德。』此為人臣之法也。古之良大夫，其事君皆若是。今子反去君近而不復，莊王可見而不告，皆以其解二國之難為不得已也。奈其奪君名美何？此所惑也。曰：春秋之道，固有常有變」，變用於變，常用於常，各止其科，非相妨也。今諸子所稱，皆天下之常，雷同之義也。子反之行，一曲之變，獨修之意也。夫目驚而體失其容，心驚而事有所忘，人之情也。通於驚之情者，取其一美，不盡其失。詩曰：『采葑采菲，無以下體。』此之謂也。今子反往視宋，聞人相食，大驚而哀之，不意之至於此也，是以心駭目動而違常禮。禮者，庶於仁文質而成體者也。今使人相食，大失其仁，安著其禮？方救其質，奚恤其文？故曰：當仁不讓，此之謂也。今讓者，春秋之所貴，雖然，見人相食，驚人相爨，救之忘其讓。君子之道，有貴於讓者也。故說春秋者無以平定之常義疑變故之大，則義幾可論矣。」後漢書王望傳曰：「昔華元、子反，楚、宋之良臣。不禀君命，擅平二國。春秋之義，以為美談。」皆春秋所許也。

錄正諫第二十二

春秋貴正諫。

曹僖不從曹羈之諫，而死於戎。

莊二十四年：「冬，戎侵曹，曹羈出奔陳。」公羊傳曰：「曹羈者何？曹大夫也。曹無大夫，此何以書？賢也。何賢乎曹羈？戎將侵曹，曹羈諫曰：『戎衆以無義，君請勿自敵也。』曹伯曰：

『不可。』三諫不從，遂去之。」二十六年：「曹殺其大夫。」公羊傳曰：「何以不名？衆也。曷為衆殺之？不死于曹君者也。君死乎位曰滅，曷為不言其滅？為曹羈諱也。此蓋戰也，何以不言戰？為曹羈諱也。」春秋繁露王道篇曰：「有正諫而不用，卒皆取亡。曹羈諫其君曰：『戎衆以無義，君無自適。』君不聽，果死戎寇。」説苑正諫篇曰：「夫不諫則危君，固諫則危身。與其危君，寧危身。危身而終不用，則諫亦無功矣。智者度君權時，調其緩急，而處其宜。上不敢危君，下不以危身。故在國而國不危，在身而身不殆。昔陳靈公不聽泄冶之諫而殺之，曹羈三諫曹君，不聽而去。春秋序義雖俱賢，而曹羈合禮。」又尊賢篇曰：「曹不用僖負羈之諫，敗死於戎。」樹達按：此以曹羈與僖負羈為一人。

宋襄不從目夷之諫而執於楚。

僖二十一年：「楚人使宜申來獻捷。」公羊傳曰：「宋公與楚子期以乘車之會。公子目夷諫曰：『楚，夷國也，彊而無義，請君以兵車之會往。』宋公曰：『不可！吾與之約以乘車之會。自我為之，自我墮之。』曰：『不可！』終以乘車之會往。楚人果伏兵車，執宋公以伐宋。宋公謂公子目夷曰：『子歸守國矣。國，子之國也，吾不從子之言以致乎此。』」

虞君不從宫之奇之言而滅虞、虢。

僖二年：「虞師晉師滅夏陽。」公羊傳曰：「虞，微國也。曷為序乎大國之上？使虞首惡也。曷為使虞首惡？虞受賂，假滅國者道，以取亡焉。其受賂柰何？獻公朝諸大夫而問焉，曰：『寡人夜者寢而不寐，其意也何？』諸大夫有進對者曰：『寢不安與？其諸侍御有不在側者與？』獻公不應。荀息進曰：『虞郭見與？』獻公揖而進之，遂與之入而謀曰：『吾欲攻郭，則虞救之；攻虞則郭救之。如之何？願與子慮之。』荀息對曰：『君若用臣之謀，則今日取郭而明日取虞爾。君何憂焉！』獻公曰：『然則柰何？』荀息曰：『請以屈產之乘與垂棘之白璧往，必可得也；則寶出之內藏藏之外府，馬出之內廄繫之外廄爾。君何喪焉！』獻公曰：『諾，雖然，宮之奇存焉，如之何？』荀息曰：『宮之奇知則知矣。雖然，虞公貪而好寶。見寶，必不從其言。請終以往。』於是終以往。虞公見寶，許諾。宮之奇果諫：『記曰：脣亡則齒寒。虞、郭之相救，非相為賜，則晉今日取郭，而明日虞從而亡爾。君請勿許也。』虞公不從其言，終假之道以取郭。還四年，反取虞。虞公抱寶牽馬而至。荀息曰：『臣之謀何如？』獻公曰：『子之謀則已行矣。寶則吾寶也，雖然，吾馬之齒亦已長矣。』蓋戲之也。」穀梁傳曰：「夏陽者，虞、虢之塞邑也。滅夏陽而虞、虢舉矣。虞之為主乎滅夏陽，何也？晉獻公欲伐虢，荀息曰：『君何不以屈產之乘、垂棘之璧而借道乎虞也。』公曰：『此晉國之寶也，如受吾幣而不借吾道，則如之何。』荀息曰：『此小國之所以事大國也。彼不借吾道，必不敢受吾幣；如受吾幣而借吾道，則是我取之中府而藏之外府，取之中廄而置之外廄也。』公曰：『宮之奇存焉，必不使受之也。』荀息曰：『宮之奇之為人也，達心而懦，又少長於君。達心則其言略，懦則不能彊諫，少長於君則君輕之。且夫玩好在耳目之前，而患在一國之後，此中知以上乃能慮之，臣料虞君中知以下也。』公遂借道而伐虢。宮之奇諫曰：『晉國之使者，其辭卑而幣重，必不便於虞。』虞公弗聽，遂受其幣而借之道。宮之奇諫曰：『語曰：脣亡則齒寒，其斯之謂與！』挈其妻子以奔曹。獻公亡虢，五年而後舉虞，荀息牽馬操璧而前曰：『璧則猶是也，而馬齒加長矣。』」春秋繁露王道篇曰：「晉假道虞，虞公許之。宮之奇諫曰：『脣亡齒寒，虞、虢之相救，非相為賜也。君請勿許。』虞公不聽。後虞果亡於晉。春秋明此，存亡道可觀也。」新序善謀篇曰：「虞、虢皆小國也。虞有夏陽之阻塞，虞、虢共守之，晉不能禽也。晉獻公用荀息之謀而禽虞，虞不用宮之奇謀而亡。故荀息非霸王之佐，戰鬥并兼之臣也。若宮之奇，則可謂忠臣之謀也。」

齊桓不從管仲之言而棄江黄。

僖十二年：「夏，楚人滅黄。」穀梁傳曰：「貫之盟，管仲曰：『江、黄遠齊而近楚。楚，為利之國也。若伐而不能救，則無以宗諸侯矣。』桓公不聽，遂與之盟。管仲死，楚伐江滅黄，桓公不能救，故君子閔之也。」

秦穆公不從百里、蹇叔之諫而敗於晉。

僖三十三年：「夏四月辛巳，晉人及姜戎敗秦于殽。」公羊傳曰：「秦伯將襲鄭，百里子與蹇叔子諫曰：『千里而襲人，未有不亡者也。』秦伯怒曰：『若爾之年者，宰上之木拱矣。爾曷知？』百里子與蹇叔子送其子而戒之曰：『爾即死，必於殽之嶔巖，是文王之所辟風雨者也，吾將尸爾焉。』子揖師而行。百里子與蹇叔子從其子而哭之，秦伯怒曰：『爾曷為哭吾師？』對曰：『臣非敢哭君師，哭臣之子也。』弦高者，鄭商也，遇之殽，矯以鄭伯之命而犒師焉。或曰：往矣；或曰：反矣。然而晉人與姜戎要之殽而擊之，匹馬隻輪無反者。」穀梁傳曰：「不言戰而言敗，何也？狄秦也。其狄之，何也？秦越千里之險入虛國。進不能守，退敗其師徒。亂人子女之教，無男女之別。秦之為狄，自殽之戰始也。秦伯將襲鄭，百里子與蹇叔子諫曰：『千里而襲人，未有不亡者也。』秦伯曰：『子之冢木已拱矣，何知？』師行，百里子與蹇叔子送其子而戒之曰：『女死，必於殽之巖唫之下，我將尸汝於是。』師行，百里子與蹇叔子隨其子而哭之。秦伯怒曰：『何為哭吾師也？』二子曰：『非敢哭師也，哭吾子也。我老矣，彼不死則我死矣。』晉人與姜戎要而擊之殽，匹馬倚輪無反者。」春秋繁露竹林篇曰：「秦穆侮蹇叔而大敗，鄭文輕衆而喪師，春秋之敬賢重民如是。」新序卷五雜事篇曰：「詩曰：『老夫灌灌，小子蹻蹻。』言老夫欲盡其謀，而少者蹻而不受也。秦穆公所以敗其師，殷紂所以亡天下也。故書曰：『黃髮之言，則無所愆。』詩曰：『壽胥與試。』美用老人之言以安國也。」

魯昭不從子家駒之諫而走於齊。

昭二十五年：「齊侯唁公于野井。」公羊傳曰：「昭公將弒季氏，告子家駒曰：『季氏為無道，僭於公室久矣。吾欲弒之，何如？』子家駒曰：『諸侯僭於天子，大夫僭於諸侯久矣，且夫牛馬維婁委己者也而柔焉。季氏得民衆久矣，君無多辱焉。』昭公不從其言，終弒而敗焉，走之齊。」後漢書曹節傳：「審忠上書曰：虞公抱寶牽馬，魯昭見逐乾侯，以不用宮之奇、子家駒，以至滅辱。」

陳靈不用泄冶之言而殺其身。

宣九年：「陳殺其大夫泄冶。」穀梁傳曰：「稱國以殺其大夫，殺無罪也。泄冶之無罪如何？陳靈公通於夏徵舒之家，公孫寧、儀行父亦通於其家。或衣其衣，或衷其襦，以相戲於朝。泄冶聞之，入諫曰：『使國人聞之猶可，使仁人聞之則不可。』君愧於泄冶，不能用其言而殺之。」十年：「五月癸巳，陳夏徵舒弒其君平國。」

此皆人臣正諫，人君不納以致敗者也。

楚莊不從子重之言而致霸。

宣十二年：「楚子圍鄭。六月乙卯，晉荀林父帥師及楚子戰于邲，晉師敗績。」公羊傳曰：「大夫不敵君，此其稱名氏以敵楚子，何？不與晉而與楚子為禮也。莊王伐鄭，勝乎皇門，放乎路衢。鄭伯肉袒，左執茅旌，右執鸞刀，以逆莊王。曰：『寡人無良邊垂之臣，以干天禍，是以使君王沛焉辱到敝邑。君如矜此喪人，錫之不毛之地，使帥一二耋老而綏焉，請唯君王之命。』莊王曰：『君之不令臣交易為言，是以使寡人得見君之玉面，而微至乎此。』莊王親自手旌，左右撝軍，退舍七里。將軍子重諫曰：『南郢之與鄭，相去數千里。諸大夫死者數人，斯役扈養死者數百人。今君勝鄭而不有，無乃失民臣之力乎？』莊王曰：『古者杅不穿、皮不蠹，則不出乎四方。是以君子篤於禮而薄於利，要其人而不要其土。告從，不赦不詳。吾以不詳導民，災及吾身，何日之有！』既則晉師之救鄭者至。曰：『請戰。』莊王許諾。將軍子重諫曰：『晉，大國也。王師淹病矣，君請勿許也。』莊王曰：『弱者吾威之，彊者吾辟之，是以使寡人無以立乎天下。』令之還師而逆晉寇。莊王鼓之，晉師大敗。晉衆之走者，舟中之指可掬矣。莊王曰：『嘻！吾兩君不相好，百姓何罪！』令還師而佚晉寇。」白虎通號篇曰：「楚勝鄭而不有，告從而赦之；又令還師而佚晉寇；圍宋，宋因而與之平，引師而去。知楚莊之霸也。」

鄭僖不信大夫之言而殺身。

襄七年：「十有二月，公會晉侯、宋公、陳侯、衛侯、曹伯、莒子、邾婁子于鄬，鄭伯髡頑如會，未見諸侯。丙戌，卒于操。」公羊傳曰：「操者何？鄭之邑也。諸侯卒其封內不地，此何以地？隱之也。何隱爾？弒也。孰弒之？其大夫弒之。曷為不言其大夫弒之？為中國諱也。曷為為中國諱？鄭伯將會諸侯于鄬，其大夫諫曰：『中國不足歸也，則不若與楚。』鄭伯曰：『不可！』其大夫曰：『以中國為義，則伐我喪；以中國為彊，則不若楚。』於是弒之。未見諸侯，其言如會，何？致其意也。」何注云：「鄭伯欲與中國，意未達而見弒，故養遂而致之。所以達賢者之心。」春秋繁露王道篇曰：「鄭伯髡原卒于會，諱弒，痛强臣專君，君不得為善也。」

此則諫者不正，而人君以不納為賢者也。二君之成敗雖殊，其能不惑於人言，孳孳為善，一也。

臣進諫而君漏言，則忠道絶。

文六年：「晉殺其大夫陽處父，晉狐射姑出奔狄。」公羊傳曰：「晉殺其大夫陽處父，則狐射姑曷為出奔？射姑殺也。射姑殺，則其稱國以殺，何？君漏言也。其漏言柰何？君將使射姑將，陽處父諫曰：『射姑，民衆不悦，不可使將。』於是廢將。陽處父出，射姑入，君謂射姑曰：『陽處父言曰：射姑民衆不悦，不可使將。』射姑怒，出，刺陽處父於朝而走。」何注云：「明君漏言殺之，當坐殺也。〔註六〕易曰：君不密則失臣，臣不密則失身，幾事不密則害成。」穀梁傳曰：「稱國以殺，罪累上也。襄公已葬，其以累上之辭言之，何也？君漏言也。上泄則下闇，下闇則上聾，且闇且聾，無以相通，夜姑殺者也，夜姑之殺奈何？曰：晉將與狄戰，使狐夜姑為將軍，趙盾佐之，陽處父曰：『不可！古者君之使臣也，使仁者佐賢者，不使賢者佐仁者。今趙盾賢，夜姑仁，其不可乎！』襄公曰：『諾。』謂夜姑曰：『吾始使盾佐女，今女佐盾矣。』夜姑曰：『敬諾。』

襄公死，處父主竟上之事，夜姑使人殺之，君漏言也。故士造辟而言，詭辭而出，曰：用我則可，不用我則無亂其德。」范注云：「親殺者夜姑，而歸罪於君，明由君言而殺之，罪在君也，故稱君以殺。」春秋繁露王道篇曰：「晉靈漏陽處父之謀，使陽處父死。觀乎漏言，知忠道之絶。」

君拒諫而臣去位，則主勢孤。

莊二十四年：「冬，戎侵曹。曹羈出奔陳。」公羊傳曰：「三諫不從，遂去之，故君子以為得君臣之義也。」何注云：「不從得去者，仕為行道，道不行，義不可素餐，所以申賢者之志，孤惡君也。」白虎通諫爭篇曰：「諸侯之臣諍不從，得去，何？以屈尊申卑，孤惡君也。去曰：某質性頑鈍，言愚不任用，請退避賢。如是，君待之以禮，臣待放；如不以禮待，遂去。必三諫者何？以為得君臣之義。」

為人上者可不慎哉！

親親第二十三

春秋親親。

魯季友辟内難而如陳，則記之。

莊二十七年：「秋，公子友如陳，葬原仲。」公羊傳曰：「原仲者何？陳大夫也。大夫不書葬，此何以書？通乎季子之私行也。何通乎季子之私行？辟内難也。君子辟内難而不辟外難。内難者何？公子慶父、公子牙、公子友，皆莊公之母弟也。公子慶父、公子牙通乎夫人以脅公，季子起而治之，則不得與于國政；坐而視之，則親親因不忍見也。故於是復請至于陳而葬原仲也。」

不誅慶父而逸賊，則稱之。

閔二年：「秋八月辛丑，公薨。」公羊傳曰：「公薨何以不地？隱之也。何隱爾？弑也。孰弑之？慶父也。殺公子牙，今將爾，季子不免。慶父弑二君，何以不誅？將而不免，遏惡也。既而不可及，（註七）緩追逸賊，親親之道也。」漢書鄒陽傳：「陽説王長君曰：魯公子慶父使僕人殺子般，獄有所歸，季友不探其情而誅焉。慶父親殺閔公，季子緩追免賊，春秋以為親親之道也。」鹽鐵論周秦篇曰：「自首匿相坐之法立，骨肉之恩廢而刑罪多。聞父母之於子，雖有罪猶匿之。豈不欲服罪爾，子為父隱，父為子隱，未聞父子之相坐也。聞兄弟緩追以免賊，未聞兄弟之相坐也。」

吳季札不忍父子相殺而讓國，則賢之。

襄二十九年：「吳子使札來聘。」公羊傳曰：「吳無君，無大夫，此何以有君，有大夫？賢季子也。何賢乎季子？讓國也。其讓國柰何？謁也，餘祭也，夷昧也，與季子同母者四。季子弱而才，兄弟皆愛之，同欲立之以為君。謁曰：『今若是迮而與季子國，季子猶不受也，請無與子而與弟，弟兄迭為君而致國乎季子。』皆曰：『諾。』故諸為君者皆輕死為勇，飲食必祝，曰：『天苟有吳國，當速有悔于予身。』故謁也死，餘祭也立；餘祭也死，夷昧也立；夷昧也死，則國宜之季子者也。季子使而亡焉。僚者，庶長也，即之。季子使而反，至而君之爾。闔廬曰：『先君之所以不與子國而與弟者，凡為季子故也。將從先君之命與？則國宜之季子者也；如不從先君之命與？則我宜立者也。僚惡得為君乎！』于是使專諸刺僚，而致國乎季子。季子不受，曰：『爾弑吾君，吾受爾國，是吾與爾為篡也；爾殺吾兄，吾又殺爾，是父子兄弟相殺終身無已也。』去之延陵，終身不入吳國。故君子以其不受為義，以其不殺為仁。」春秋繁露王道篇曰：「魯季子之免罪，吳季子之讓國，明親親之恩也。」又精華篇曰：「春秋之聽獄也，必本其事而原其志。志邪者不待成，首惡者罪特重，本直者其論輕。魯季子追慶父，而吳季子釋闔廬，俱弑君，或誅或不誅。聽訟折獄可無審耶！」

此全親親之義，而春秋褒之者也。

子叔姬書來歸。

文十五年：「十有二月，齊人來歸子叔姬。」公羊傳曰：「其言來，何？閔之也。子雖有罪，猶若其不欲服罪然。」何注云：「孔子曰：『父為子隱，子為父隱，直在其中矣。』所以崇父子之親也。」穀梁傳曰：「其曰子叔姬，貴之也。其言來歸，何也？父母之於子，雖有罪，猶欲其免也。」鹽鐵論周秦篇文見上。通典卷六十九載養兄弟子為後後自生子議曰：「東晉成帝咸和五年，散騎侍郎賀嶠妻于上表云：『董仲舒一代純儒，漢朝每有疑議，未嘗不遣使者訪問，以片言而折衷焉。』時有疑獄曰：『甲無子，拾道旁棄兒乙，養之以為子。及乙長有罪，殺人，以狀語甲。甲藏匿乙，甲當何論？』仲舒斷曰：『甲無子，振活養乙。雖非所生，誰與易之。詩云：「螟蛉有子，蜾蠃負之。」春秋之義，父為子隱。甲宜匿乙，詔不當坐。』」

郜、盛之君失地不名。

僖二十年：「夏，郜子來朝。」公羊傳曰：「郜子者何？失地之君也。何以不名？兄弟辭也。」何注云：「郜，魯之同姓，故不忍言其絶賤，明當尊遇之，異於鄧穀也。」文十二年：「春王正月，盛伯來奔。」公羊傳曰：「盛伯者何？失地之君也。何以不名？兄弟辭也。」春秋繁露觀德篇曰：「盛伯、郜子俱當絶，而獨不名，為其與我同姓兄弟也。」

及凡為中國諱，為內諱（詳後諱辭篇）。

皆春秋之親親也。

周襄王不能乎母，則書出以示絕。

僖二十四年：「冬，天王出居于鄭。」公羊傳曰：「王者無外，此其言出，何？不能乎母也。魯子曰：『是王也，不能乎母者，其諸此之謂與。』」禮記曲禮下篇曰：「天子不言出。」鄭注云：「天子之言出，諸侯之生名，皆有大惡，君子所遠，出名以絕之。春秋傳曰：天王出居于鄭，衛侯朔入于衛，是也。」漢書嚴助傳：「助上書謝曰：春秋『天王出居于鄭』，不能事母，故絕之。」又霍光傳：「丞相敞等奏曰：周襄王不能事母，春秋曰：『天王出居于鄭。』繇不孝出之，絕之於天下也。」鹽鐵論孝養篇曰：「周襄王之母非無酒肉也，衣食非不如曾皙也，然而被不孝之名，以其不能事其父母也。」又曰：「周襄王富有天下，而有不能事父母之累。」新語無為篇曰：「周襄王不能事後母，出居于鄭，而下多叛其親。」

晉獻公殺世子申生，直稱君殺以示惡。

僖五年：「春，晉侯殺其世子申生。」公羊傳曰：「曷為直稱晉侯以殺？殺世子母弟直稱君者，甚之也。」何注云：「甚之者，甚惡殺親親也。」穀梁傳曰：「目晉侯斥殺，惡晉侯也。」春秋繁露王道篇曰：「殺世子母弟直稱君，明失親親也。」白虎通誅伐篇曰：「父殺其子，當誅，何？以為天地之性人為貴，人皆天所生也，託父母氣而生耳。王者以養長而教之，故父不得專也。春秋傳曰：『晉侯殺其世子申生。』直稱君者，甚之也。」後漢書楊終傳：「終以書戒馬廖曰：春秋殺太子母弟直稱君，甚惡之者，坐失教也。」

鄭莊公殺弟叔段，則書克以大鄭伯之惡。

隱元年：「夏五月，鄭伯克段于鄢。」公羊傳曰：「克之者何？殺之也。殺之則曷為謂之克？大鄭伯之惡也。曷為大鄭伯之惡？母欲立之，己殺之，如勿與而已矣。」何注云：「不從討賊辭者，主惡以失親親，故書之。」穀梁傳曰：「克者何？能也。何能也？能殺也。何以不言殺？見段之有徒衆也。段，弟也，而弗謂弟，公子也，而弗謂公子，貶之也。段失子弟之道矣，賤段而甚鄭伯也。何甚乎鄭伯？甚鄭伯之處心積慮成於殺也。于鄢，遠也，猶曰取之其母之懷中而殺之云爾，甚之也。然則為鄭伯者奈何？緩追逸賊，親親之道也。」左氏傳曰：「書曰：『鄭伯克段于鄢。』段不弟，故不言弟。如二君，故曰克。稱鄭伯，譏失教也。謂之鄭志，不言出奔，難之也。」杜注：「不早為之所而養成其惡，故曰失教。段實出奔而以克為文，明鄭伯志在於殺，難言其奔。」

周景王殺其弟佞夫，則譏其首惡忍親。

襄三十年：「天王殺其弟佞夫。」穀梁傳曰：「諸侯且不首惡，況於天子乎！君無忍親之義。天子諸侯所親者，惟長子母弟耳。天王殺其弟佞夫，甚之也。」公羊無傳。何注云：「王者得專殺，書者，惡失親親也。」左氏傳曰：「書曰：『天王殺其弟佞夫。』罪在王也。」

陳侯之弟招殺世子偃師，則盡其親以惡招。

昭元年：「叔孫豹會晉趙武、楚公子圍、齊國酌、宋向戌、衛齊惡、陳公子招、蔡公孫歸生、鄭軒虎、許人、曹人于漷。」公羊傳曰：「此陳侯之弟招也，何以不稱弟？貶。曷為貶？為殺世子偃師貶，曰：陳侯之弟招殺陳世子偃師。大夫相殺稱人，此其稱名氏以殺，何？言將自是弒君也。今將爾，辭曷為與親弒者同？君親無將，將而必誅焉。然則曷為不於其弒焉貶？以親者弒，然後其罪惡甚。春秋不待貶絕而罪惡見者，不貶絕以見罪惡也；貶絕然後罪惡見者，貶絕以見罪惡也。今招之罪已重矣，曷為復貶乎此？著招之有罪也。何著乎招之有罪？言楚之託乎討招以滅陳也。」八年：「陳侯之弟公子招殺陳世子偃師。」穀梁傳曰：「鄉曰陳公子招，今曰陳侯之弟招，何也？曰：盡其親，所以惡招也。兩下相殺，不志乎春秋，此其志，何也？世子云者，唯君之貳也。云可以重之存焉，志之也。諸侯之尊，兄弟不得以屬通。其弟云者，親之也。親而殺之，惡也。」左氏傳曰：「書曰：『陳侯之弟招殺陳世子偃師。』罪在招也。」

陳哀公之弟光出奔楚，書弟出奔以惡之。

襄二十年：「陳侯之弟光出奔楚。」穀梁傳曰：「諸侯之尊，弟兄不得以屬通。其弟云者，親之也。親而奔之，惡也。」左氏傳曰：「陳侯之弟黃光左傳作黃。出奔楚，言非其罪也。」杜注：「稱弟，罪陳侯及二慶。」

秦景公之弟鍼出奔晉，亦書弟出奔以惡之。

昭元年：「夏，秦伯之弟鍼出奔晉。」公羊傳曰：「秦無大夫，此何以書？仕諸晉也。曷為仕諸晉？有千乘之國而不能容其母弟，故君子謂其奔也。」何注云：「弟賢，當任用之；不肖，當安處之。乃仕之他國，與逐之無異，故云爾。」穀梁傳曰：「諸侯之尊，弟兄不得以屬通。其弟云者，親之也。親而奔之，惡也。」左氏傳曰：「書曰：『秦伯之弟鍼出奔晉。』罪秦伯也。」春秋繁露觀德篇曰：「外出者衆，以母弟出，獨大惡之；為其亡母背骨肉也。」漢書杜鄴傳曰：「昔秦伯有千乘之國，而不能容其母弟，春秋亦書而譏焉。」

武氏子父卒未命而出使，則見譏為薄恩。

隱三年：「秋，武氏子來求賻。」公羊傳曰：「武氏子者何？天子之大夫也。其稱武氏子，何？譏。何譏爾？父卒，子未命也。」何注云：「時雖世大夫，緣孝子之心，不忍便當父位，故順古先試一年，乃命於宗廟。武氏子父新死未命，而便為大夫，薄父子之恩，故稱氏言子，見未命以譏之。」穀梁傳曰：「武氏子者，何也？天子之大夫也。天子之大夫，其稱武氏子，何也？未畢喪，孤未爵。未爵使之，非正也。」范注云：「時平王之喪在殯。因先王之喪在殯，故嗣子不得命大夫也。」

魯莊公滅同姓，則以為大惡而為之諱。

莊八年：「夏，師及齊師圍成。成降于齊師。」公羊傳曰：「成者何？盛也。盛則曷為謂之成？諱滅同姓也。」春秋繁露玉英篇曰：「變成謂之盛，諱大惡也。」

衛文公滅同姓則書名以示絶。

僖二十五年：「春王正月丙午，衛侯燬滅邢。」公羊傳曰：「衛侯燬何以名？絶。曷為絶之？滅同姓也。」穀梁傳曰：「燬之名，何也？不正其伐本而滅同姓也。」左氏傳曰：「衛侯燬滅邢，同姓也，故名。」禮記曲禮下篇曰：「諸侯不生名，滅同姓名。」春秋繁露觀德篇曰：「滅人者不絶，衛侯燬滅同姓獨絶，賤其本祖而忘先也。」

晉伐同姓，則視晉為狄。

昭十二年：「晉伐鮮虞。」穀梁傳曰：「其曰晉，狄之也。其狄之，何也？不正其與夷狄交伐中國，故狄稱之也。」公羊無傳。何注云：「謂之晉者，中國以無義故為夷狄所强，今楚行詐滅陳、蔡，諸夏懼然去而與晉會于屈銀。不因以大綏諸侯，先之以博愛，而先伐同姓，從親親起，欲以立威行霸，故狄之。」春秋繁露楚莊王篇曰：「春秋曰：『晉伐鮮虞。』奚惡乎晉而同夷狄也？曰：春秋尊禮而重信，禮無不答，施無不報，天之數也。今我君臣同姓遇女，女無良心，禮以不答，有恐畏我，何其不夷狄也。公子慶父之亂，魯危殆亡，而齊侯安之。於彼無親，尚來憂我，今晉不以同姓憂我，而强大厭我，我心望焉，故言之不好，謂之晉而已，婉辭也。」

魯僖公取同姓之田，則亦為之諱。

僖三十一年：「春，取濟西田。」公羊傳曰：「惡乎取之？取之曹也。曷為不言取之曹？諱取同姓之田也。」

同姓之國滅而魯不能救，則亦為之諱。

哀八年：「春王正月，宋公入曹，以曹伯陽歸。」公羊傳曰：「曹伯陽何以名？絶。曷為絶之？滅也。曷為不言其滅？諱同姓之滅，力能救之而不救也。」

此皆以不能盡親親之道而見惡於春秋者也。

然蒯聵為無道，則許衛輒之辭父。

哀三年：「春，齊國夏、衛石曼姑帥師圍戚。」公羊傳曰：「齊國夏曷為與衛石曼姑帥師圍戚？伯討也。此其為伯討奈何？曼姑受命乎靈公而立輒，以曼姑之義為固可以距之也。輒者，曷為者也？蒯聵之子也。然則曷為不立蒯聵而立輒？蒯聵為無道，靈公逐蒯聵而立輒。然則輒之義可以立乎？曰：可。其可柰何？不以父命辭王父命。以王父命辭父命，是父之行乎子也。不以家事辭王事。以王事辭家事，是上之行乎下也。」二年：「晉趙鞅帥師納衛世子蒯聵于戚。」穀梁傳曰：「納者，内弗受也。帥師而後納者，有伐也。何用弗受也？以輒不受父之命，受之王父也。信父而辭王父，則是不尊王父也。其弗受，以尊王父也。」春秋繁露順命篇曰：「子不奉父命，則有伯討之罪，衛世子蒯聵是也。」漢書雋不疑傳曰：「始元五年，有一男子乘黃犢車，建黃旐，衣黃襜褕，著黃冒，詣北闕，自謂衛太子。公車以聞，詔使公卿將軍中二千石雜識視。長安中吏民聚觀者數萬人。右將軍勒兵闕下，以備非常。丞相御史中二千石至者並莫敢發言。京兆尹不疑後到，叱從吏收縛。或曰：『是非未可知，且安之。』不疑曰：『諸君何患於衛太子！昔蒯聵違命出奔，輒拒而不納，春秋是之。衛太子得罪先帝，亡不即死，今來自詣，此罪人也。』遂送詔獄。天子與大將軍霍光聞而嘉之，曰：『公卿大臣當用經術明於大誼。』繇是名聲出於朝廷，在位者皆自以不及也。」後漢書安帝紀曰：「春秋之義，為人後者為之子，不以父命辭王父命。」

文姜與弒公，則不與魯莊之念母。

莊元年：「三月，夫人孫于齊。」公羊傳曰：「內諱奔謂之孫。夫人固在齊矣，其言孫于齊，何？念母也。夫人何以不稱姜氏？貶。曷為貶？與弒公也。念母者，所善也。則曷為於其念母焉貶？不與念母也。」何注云：「念母則忘父，背本之道也。蓋重本尊統，使尊行於卑，上行於下。」穀梁傳曰：「孫之為言猶孫也，諱奔也。接練時，録母之變，始人之也。不言氏姓，貶之也。人之於天也，以道受命；於人也，以言受命。不若於道者，天絕之也；不若於言者，人絕之也。

臣子大受命。」左氏傳曰：「夫人孫于齊，不稱姜氏，絶不為親禮也。」春秋繁露精華篇曰：「故變天地之位，正陰陽之序。直行其道而不忘其難，義之至也。是故脅嚴社而不為不敬靈，出天王而不為不尊上，辭父之命而不為不承親，絶母之屬而不為不孝慈，義矣夫！」又觀德篇曰：「王父父所絶，子孫不得屬。魯莊公之不得念母，衛輒之辭父命是也。」説苑辨物篇曰：「春秋乃正天下之位，徵陰陽之失，直書逆者，不避其難。是以春秋之不畏强禦也。故劫嚴社而不為驚靈，出天王而不為不尊上，辭蒯聵之命而不為不聽其父，絶文姜之屬而不為不愛其母，其義之盡耶！其義之盡耶！」

知親親之中，尊固有所統也。

公子牙為惡，季子以誅兄見賢。

莊三十二年：「秋，七月，癸巳，公子牙卒。」公羊傳曰：「何以不稱弟？殺也。殺則曷為不言刺？為季子諱殺也。曷為為季子諱殺？季子之遏惡也，不以為國獄，緣季子之心而為之諱。季子之遏惡奈何？莊公病，將死，以病召季子，季子至而授之以國政。曰：『寡人即不起此病，吾將焉致乎魯國。』季子曰：『般也存，君何憂焉。』公曰：『庸得若是乎！牙謂我曰：魯一生一及，〔註八〕君已知之矣，慶父也存。』季子曰：『夫何敢！是將為亂乎！夫何敢！』俄而牙殺械成。季子和藥而飲之，曰：『公子從吾言而飲此，則必可以無為天下戮笑，必有後乎魯國；不從吾言而不飲此，則必為天下戮笑，必無後乎魯國。』於是從其言而飲之。飲之無傫氏，至乎王堤而死。公子牙今將爾，辭曷為與親弒者同？君親無將，將而誅焉。然則善之與？曰：然。殺世子母弟直稱君者，甚之也。季子殺母兄，何善爾？誅不得辟兄，君臣之義也。然則曷為不直誅而酖之？行誅乎兄，隱而逃之，使託若以疾死然，親親之道也。」白虎通誅伐篇曰：「誅不避親戚，何？所以尊君卑臣，强榦弱枝，因善善惡惡之義也。春秋傳曰：『季子殺其母兄。』何善爾？誅不避母兄，君臣之義也。尚書曰：『肆朕誕以爾東征。』誅弟也。」漢書董賢傳曰：「蓋『君親無將，將而誅之』。是以季友鴆叔牙，春秋賢之；趙盾不討賊，謂之弒君。」後漢書樊儵傳曰：「廣陵王荆有罪，帝(明帝)以至親悼傷之。詔儵理其獄。事竟，奏請誅荆。引見宣明殿，帝怒曰：『諸卿以我弟故，欲誅之，即我子，卿等敢爾邪！』儵仰而對曰：『天下，高帝天下，非陛下之天下也。春秋之義，『君親無將，將而誅焉』。是以周公誅弟，季友鴆兄，經傳大之。臣等以荆屬託母弟，陛下留聖心，加惻隱，故敢請耳。如今陛下子，臣等專誅而已。』帝歎息良久。儵益以此知名。」又梁統傳：「統對問曰：春秋之誅，不避親戚，所以防患救亂，坐安衆庶，豈無仁愛之恩，貴絶殘賊之路也？」又袁紹傳：「審配獻書袁譚曰：『周公垂涕以斃惠棟説應作蔽。管、蔡之獄，季友歔欷而行叔牙之誅，何則？義重人輕，事不獲已故也。』」

魯宣公弒君，叔肸以非兄取貴。

宣十七年：「冬十有一月壬午，公弟叔肸卒。」穀梁傳曰：「其曰公弟叔肸，賢之也。其賢之，何也？宣弒而非之也。非之則胡為不去也？曰：兄弟也，何去而之。與之財，則曰：我足矣。織屨而食，終身不食宣公之食。君子以是為通恩也，以取貴乎春秋。」公羊無傳。何注曰：「稱字者，賢之。宣公篡立，叔肸不仕其朝，不食其禄，終身於貧賤。孔子曰：『篤信好學，守死善道。危邦不入，亂邦不居。天下有道則見，無道則隱。』此之謂也。」白虎通王者不臣篇曰：「盛德之士不名，尊賢也。春秋曰：公弟叔肸。」新序節士篇曰：「魯宣公者，文公之弟也。文公薨，文公之子赤立為魯侯，宣公殺子赤而奪其國。公子肸者，宣公之同母弟也。宣公殺子赤而肸非之。宣公與之禄，則曰我足矣，何以兄之食為哉！織屨而食，終身不食宣公之食。其仁恩厚矣，其守節固矣。故春秋美而貴之。」鹽鐵論論儒篇曰：「闔廬殺僚，公子札去而之延陵，終身不入吴國。魯宣公弒子赤，叔肸退而隱處，不食其禄。虧義得尊，枉道取容，效死不為也。」

哀姜亂魯，齊桓以正誅見稱。

僖元年：「秋，七月，戊辰，夫人姜氏薨于夷，齊人以歸。」公羊傳曰：「夷者何？齊地也。齊地則其言齊人以歸，何？夫人薨于夷，則齊人以歸。夫人薨于夷，則齊人曷為以歸？桓公召而縊殺之。」何注云：「先言薨，後言以歸，而不言喪者，起桓公召夫人于邾婁，歸殺之于夷，因為內諱恥，使若夫人自薨于夷，然後齊人以歸者也。主書者，從內不絶録，因見桓公行霸正誅，不阿親親。疾夫人淫泆二叔，殺二嗣子而殺之。」史記齊世家曰：「魯哀姜，桓公女弟也。哀姜淫於魯公子慶父。慶父弒湣公即閔公。哀姜欲立慶父，魯人更立釐公即僖公。桓公召哀姜殺之。」漢書孝成趙后傳曰：「魯嚴公即莊公，漢人諱莊為嚴。夫人殺世子，齊桓公召而誅焉，春秋與之。」

弟閔而兄僖，文公以逆祀見譏。

文二年：「八月丁卯，大祀于太廟，躋僖公。」公羊傳曰：「大祀者何？大祫也。大祫者何？合祭也。其合祭奈何？毀廟之主陳于大祖，未毀廟之主，皆升合食于大祖，五年而再殷祭。躋者何？升也。何言乎升僖公？譏。何譏爾？逆祀也。其逆祀奈何？先禰而後祖也。」何注云：「文公緣僖公於閔公為庶兄，置僖公於閔公上，失先後之義，故譏之。」穀梁傳曰：「大事者何？大是事也。著合嘗。祫祭者，毀廟之主陳於大祖，未毀廟之主，皆升合祭于大祖。躋，升也。先親而後祖也，逆祀也。逆祀則是無昭穆也，無昭穆則是無祖也，無祖則無天也。故曰：文無天。無天者，是無天而行也。君子不以親親害尊尊，此春秋之義也。」左氏傳曰：「躋僖公，逆祀也。」禮記禮器篇曰：「臧文仲安知禮，夏父弗綦逆祀而弗止也。」鄭注云：「文二年八月，丁卯，大事于太廟，躋僖公，始逆祀。是夏父弗綦為宗人之為也。」春秋繁露玉杯篇曰：「文公亂其羣祖以逆先公。」後漢書周舉傳曰：「梁太后臨朝，詔以殤帝幼崩，廟次宜在順帝下。太常馬訪奏宜如詔書；諫議大夫呂勃以為應依昭穆之序，先殤帝，後順帝。詔下公卿。舉議曰：『春秋魯閔公無子，庶兄僖公代立，其子文公遂躋僖於閔上。孔子譏之，書曰：「有事于太廟，躋僖公。」傳曰：「逆祀也。」及定公正其序，經曰：「從祀先公。」為萬世法也。今殤帝在先，於秩為父，順帝在後，於親為子，先後之義不可改，昭穆之序不可亂。呂勃議是也。』太后下詔從之。」

他如大夫受君命，聞喪而不得反。

宣八年：「夏六月，公子遂如齊，至黄，乃復。」公羊傳曰：「其言至黄乃復，何？有疾也。何言乎有疾乃復？譏。何譏爾？大夫以君命出，聞喪，徐行而不反。」何注云：「聞喪者，聞父母之喪。」春秋繁露精華篇曰：「聞喪徐行不反者，謂不以親害尊，不以私妨公也。」白虎通喪服篇曰：「大夫使受命而出，聞父母之喪，非君命不反，蓋重君也。故春秋傳曰：大夫以君命出，聞喪，徐行不反。」

以王事辭家事，不以家事辭王事。

哀三年：「春，齊國夏、衛石曼姑率師圍戚。」公羊傳曰：「不以家事辭王事，以王事辭家事，是上之行乎下也。」

蓋國重於家，固不以親害尊，以私妨公也。

春秋繁露精華篇，文見上。

重妃匹第二十四

夫婦者，人倫之始也，春秋重之。

納幣，不當親者也，而親之，則譏。

莊二十二年：「冬，公如齊納幣。」公羊傳曰：「納幣不書，此何以書？譏。何譏爾？親納幣，非禮也。」穀梁傳曰：「納幣，大夫之事也。公之親納幣，非禮也，故譏。」

親迎，宜親之者也，而不親，則譏。

隱二年：「九月，紀履緰來逆女。」公羊傳曰：「紀履緰者何？紀大夫也。外逆女不書，此何以書？譏。何譏爾？譏始不親迎也。」穀梁傳曰：「逆女，親者也。使大夫，非正也。」桓三年：「公子翬如齊逆女。」穀梁傳曰：「逆女，親者也。使大夫，非正也。」成十四年：「秋，叔孫僑如如齊逆女。九月，僑如以夫人婦姜氏至自齊。」穀梁傳曰：「大夫不以夫人，以夫人，非正也。刺不親迎也。」漢書外戚傳曰：「故易基乾坤，詩首關雎，書美釐降，春秋譏不親迎。夫婦之際，人道之大倫也。」

其親之者則稱。

莊二十四年：「夏，公如齊逆女。」公羊傳曰：「何以書？親迎，禮也。」

娶於國中，譏。

僖二十五年：「宋殺其大夫。」公羊傳曰：「何以不名？宋三世無大夫，三世内娶也。」何注云：「内娶大夫女也。言無大夫者，禮：不臣妻之父母。國内皆臣，無娶道。故絶去大夫名，正其義也。」文七年：「宋人殺其大夫。」公羊傳曰：「何以不名？三世無大夫，三世内娶也。」文八年：「宋人殺其大夫司馬，宋司城來奔。」公羊傳曰：「司馬者何？司城者何？皆官舉也。曷為皆官舉？宋三世無大夫，三世内娶也。」白虎通嫁娶篇曰：「諸侯所以不得自娶國中，何？諸侯不得專封，義不可臣其父母。春秋傳曰：『宋三世無大夫。』惡其内娶也。」又王者不臣篇曰：「不臣妻父母，何？妻者與己一體，恭承宗廟，欲得其歡心。上承先祖，下繼萬世，傳於無窮，故不臣也。春秋譏宋三世内娶於國中，謂無臣也。」

娶於外大夫，譏。

文四年：「夏，逆婦姜于齊。」公羊傳曰：「其謂之逆婦姜于齊，何？略之也。高子曰：娶于大夫者略之也。」何注云：「賤，非所以奉宗廟，故略之。」春秋繁露玉杯篇曰：「文公取于大夫以卑宗廟，亂其羣祖以逆先公，小善無一，而大惡四五。」

魯惠公妃匹不正，致隱公之弑。

隱元年：「春王正月。」公羊傳曰：「公何以不言即位？成公意也。何成乎公之意？公將平國而反之桓。曷為反之桓？桓幼而貴，隱長而卑。其為尊卑也微，國人莫知。隱長又賢，諸大夫扳隱而立之。〔註九〕隱於是焉而辭立，則未知桓之將必得立也。且如桓立，則恐諸大夫之不能相幼君也。故凡隱之立，為桓立也。隱長又賢，何以不宜立？立適以長不以賢，立子以貴不以長。桓何以貴？母貴也。母貴則子何以貴？子以母貴，母以子貴。」穀梁傳曰：「公何以不言即位？成公志也。焉成之？言君之不取為公也。君之不取為公，何也？將以讓桓也。」四年：「秋，翬帥師會宋公、陳侯、蔡人、衛人伐鄭。」公羊傳曰：「翬者何？公子翬也。何以不稱公子？貶。曷為貶？與弒公也。其與弒公奈何？公子翬諂乎隱公，謂隱公曰：『百姓安子，諸侯説子，盍終為君矣？』隱曰：『吾否，吾使修塗裘，吾將老焉。』公子翬恐若其言聞乎桓。於是謂桓曰：『吾為子口隱矣，隱曰：吾不反也。』桓曰：『然則奈何？』曰：『請作難弒隱公。』於鍾巫之祭焉弒隱公也。」穀梁傳曰：「翬者，何也？公子翬也。其不稱公子，何也？貶之也。何為貶之也？與于弒公，故貶也。」十一年：「冬十有一月，公薨。」公羊傳曰：「何以不書葬？隱之也。何隱爾？弒也。公薨何以不地？不忍言也。隱何以無正月？隱將讓乎桓，故不有其正月也。」穀梁傳曰：「公薨，不地，故也。隱之，不忍地也。其不言葬，何也？君弒，賊不討，不書葬，以罪下也。」公羊疏卷一引春秋説曰：「惠公妃匹不正，隱、桓之禍生，是為夫之道缺也。」樹達按：史記魯世家曰：「惠公適夫人無子，公賤妾聲子生子息。息長，為娶於宋。宋女至而好，惠公奪而自妻之，生子允。登宋女為夫人，以允為太子。」此妃匹不正之事也。

僖公以妾為妻，生楚女之怨。

僖八年：「秋七月，禘于大廟，用致夫人。」公羊傳曰：「用者何？用者，不宜用也。致者何？致者，不宜致也。禘用致夫人，非禮也。夫人何以不稱姜氏？貶。曷為貶？譏以妾為妻也。其言以妾為妻，柰何？蓋脅于齊媵女之先至者也。」何注云：「僖公本聘楚女為嫡，齊女為媵。齊先致其女，脅僖公使用為嫡。」穀梁傳曰：「用者，不宜用者也。致者，不宜致者也。言夫人必以其氏姓，言夫人而不以氏姓，非夫人也，立妾之辭也，非正也。夫人之，我可以不夫人之乎！夫人卒葬之，我可以不卒葬之乎！一則以宗廟臨之而後貶焉，一則以外之弗夫人而見正焉。」二十年：「西宮災。」公羊傳曰：「西宮者何？小寢也。西宮災何以書？記災也。」何注云：「是時僖公為齊所脅，以齊媵為嫡。楚女廢在西宮而不見恤，悲愁怨曠之所生也。」春秋繁露王道篇曰：「春秋之義，立夫人以適不以妾。」漢書五行志上曰：「釐公即僖公二十年，五月，己酉春秋經作乙巳，西宮災。董仲舒以為釐娶于楚而齊媵之，脅公使立以為夫人。西宮者，小寢，夫人之居也。若曰妾何為居此宮，誅去之意也。以天災，故大之曰西宮也。」鹽鐵論備胡篇曰：「宋伯姬愁思而宋國火，魯妾不得意而魯寢災。」後漢書呂強傳：「強上疏曰：昔楚女悲愁，則西宮致災。」又陳蕃傳曰：「是以傾宮嫁而天下化，楚女悲而西宮災。」

季姬背邾更嫁，致鄫子之戕。

僖十四年：「夏六月，季姬及鄫子遇于防，使鄫子來朝。」公羊傳曰：「鄫子曷為使乎季姬來朝？內辭也。非使來朝，使來請己也。」何注云：「使來請娶己以為夫人。下書歸是也。」穀梁傳曰：「遇者，同謀也。來朝者，來請己也。朝不言使。言使，非正也，以病繒子也。」十五年：「季姬歸于鄫。」白虎通嫁娶篇曰：「聘嫡未往而死，媵當往，何？人君不再娶之義也。天命不可保，故一娶九女。以春秋伯姬卒時，娣季姬更嫁鄫，春秋譏之。」十九年：「夏六月，宋公、曹人、邾人盟于曹南。鄫子會盟于邾婁。己酉，邾婁人執鄫子，用之。」公羊傳曰：「惡乎用之？用之社也。其用之社柰何？蓋叩其鼻以血社也。」何注云：「魯本許嫁季姬於邾婁，季姬淫泆，使鄫子請己而許之。二國交忿，襄公為此盟，欲和解之。既在會間，反為邾婁所欺，執用鄫子。」穀梁傳曰：「微國之君因邾以求與之盟，人因己以求與之盟，已迎而執之。惡之，故謹而日之也。用之者，叩其鼻以衈社也。」

皆春秋之炯戒也。

〔註一〕致天子則不與。致，謂召之使至；不與，猶今言不許可。

〔註二〕實與而文不與。桓公意在救衛，其意可取，故意實嘉與之，故曰實與。文不與者，書法上不與之。蓋如文亦與之，則有承認諸侯得專封之嫌也。

〔註三〕正在大夫也。正與政同。

〔註四〕不若於道者，天絶之也。若，順也。

〔註五〕兩下相殺也。下謂臣下。

〔註六〕明君漏言殺之，當坐殺也。坐，謂坐其罪，猶言受其罪名也。

〔註七〕既而不可及。既，謂已弑。

〔註八〕魯一生一及。何注云：父死子繼曰生，兄死弟繼曰及。

〔註九〕諸大夫扳隱而立之。扳，謂援引。

卷五

尚别第二十五

春秋貴男女之别。

故宋伯姬守禮則賢之。

襄三十年：「五月甲午，宋災，伯姬卒。秋七月，叔弓如宋，葬宋共姬。」公羊傳曰：「外夫人卒不書葬，此何以書？隱之也。何隱爾？宋災，伯姬卒焉。其稱謚，何？賢也。何賢爾？宋災，伯姬存焉。有司復曰：『火至矣，請出。』伯姬曰：『不可！吾聞之也，婦人夜出，不見傅母不下堂。』傅至矣，母未至也，逮乎火而死。」穀梁傳曰：「取卒之日加之災上者，見以災卒也。其見以災卒柰何？伯姬之舍失火，左右曰：『夫人少辟火乎！』伯姬曰：『婦人之義，傅母不在，宵不下堂。』左右曰：『夫人少辟火乎！』伯姬曰：『婦人之義，保母不在，宵不下堂。』遂逮乎火而死。婦人以貞為行者也，伯姬之婦道盡矣。詳其事，賢伯姬也。」春秋繁露王道篇曰：「宋伯姬曰：

婦人夜出，傅、母不在不下堂。觀乎宋伯姬，知貞婦之信。」淮南子泰族訓曰：「宋伯姬坐燒而死，春秋大之，取其不踰禮而行也。」新序雜事一篇曰：「禹之興也以塗山，桀之亡也以末喜，湯之興也以有莘，紂之亡也以妲己，文武之興也以任姒，幽王之亡也以褒姒，是以詩正關雎而春秋褒伯姬也。」荀爽女誡曰：「聖人制禮，以隔陰陽。非禮不動，非義不行。是故宋伯姬遭火不下堂，知必為災。傅、母不來，遂成於灰。春秋書之，以為高也。」樹達按：宋襄公守禮而敗於泓，宋伯姬守禮而死於火，春秋褒而賢之者，此聖人睹衰世之滅禮，存救世之苦心也。

納幣不書，録伯姬則書。

成八年：「夏，宋公使公孫壽來納幣。」公羊傳曰：「納幣不書，此何以書？録伯姬也。」何注云：「伯姬守節，逮火而死，賢，故詳録其禮，所以殊於衆女。」

致女不書，録伯姬則書。

成九年：「夏，季孫行父如宋致女。」公羊傳曰：「未有言致女者，此其言致女，何？録伯姬也。」何注云：「書者，與上納幣同義。」穀梁傳曰：「詳其事，賢伯姬也。」

媵不書，録伯姬則書。

成八年：「衛人來媵。」公羊傳曰：「媵不書，此何以書？録伯姬也。」穀梁傳曰：「媵，淺事也，不志。此其志，何也？以伯姬之不得其所，故盡其事也。」成九年：「晉人來媵。」公羊傳曰：「媵不書，此何以書？録伯姬也。」穀梁傳曰：「媵，淺事也，不志。此其志，何也？以伯姬之不得其所，故盡其事也。」成十年：「齊人來媵。」公羊傳曰：「媵不書，此何以書？録伯姬也。」

外夫人卒不書葬，賢伯姬則書之。

襄三十年：「秋七月，叔弓如宋，葬宋共姬。」公羊傳曰：「外夫人卒不書葬，此何以書？隱之也。何隱爾？宋災，伯姬卒焉。其稱謚，何？賢也。」穀梁傳曰：「外夫人不書葬，此其言葬，何也？吾女也，卒災，故隱而葬之也。」

會不言所為，録伯姬則言之。

襄三十年：「晉人、齊人、宋人、鄭人、衛人、曹人、莒人、邾婁人、滕人、薛人、杞人、小邾婁人會于澶淵，宋災故。」公羊傳曰：「宋災故者何？諸侯會于澶淵，凡為宋災故也。會未有言其所為者，此言所為，何？録伯姬也。諸侯相聚而更宋之所喪，曰：死者不可復生，爾財復矣。」

尚別則遠嫌，故夫人惟奔父母之喪以得禮書。

文九年：「夫人姜氏如齊。」公羊無傳。何注云：「奔父母之喪也。」「三月，夫人姜氏至自齊。」何注云：「出獨致者，得禮。」禮記雜記下篇曰：「婦人非三年之喪，不踰封而弔。如三年之喪，則君夫人歸。夫人其歸也，以諸侯之弔禮，其待之也，若待諸侯然。」惠士奇曰：「夫人奔喪，春秋書如書至，皆從諸侯之禮。」

自餘外如則譏。〔註一〕

莊五年：「夏，夫人姜氏如齊師。」穀梁傳曰：「婦人既嫁不踰竟，踰竟，非禮也。」　十五年：「夏，夫人姜氏如齊。」穀梁傳曰：「婦人既嫁不踰竟，踰竟，非禮也。」　十九年：「夫人姜氏如莒。」穀梁傳曰：「婦人既嫁不踰竟，踰竟，非正也。」　二十年：「春，王正月，夫人姜氏如莒。」穀梁傳曰：「婦人既嫁不踰竟，踰竟，非正也。」

出會則譏。

莊二年：「冬十有二月，夫人姜氏會齊侯于禚。」穀梁傳曰：「婦人既嫁不踰竟，踰竟，非正也。婦人不言會，言會，非正也。」左氏傳曰：「夫人姜氏會齊侯于禚，書姦也。」　七年：「春，夫人姜氏會齊侯于防。」穀梁傳曰：「婦人不會，會，非正也。」　「冬，夫人姜氏會齊侯于穀。」穀梁傳曰：「婦人不會，會，非正也。」

出饗則譏。

莊四年：「春王正月，夫人姜氏饗齊侯于祝丘。」穀梁傳曰：「饗甚矣。饗齊侯，所以病齊侯也。」

左氏無傳。杜注：「兩君相見之禮，非夫人所用。直書以見其失。」

杞伯姬來朝其子則譏。

僖五年：「杞伯姬來朝其子。」穀梁傳曰：「婦人既嫁不踰竟，踰竟，非正也。」

來求婦則譏。

僖三十一年：「冬，杞伯姬來求婦。」穀梁傳曰：「婦人既嫁不踰竟，杞伯姬來求婦，非正也。」

蕩伯姬來逆婦則譏。

僖二十五年：「宋蕩伯姬來逆婦。」穀梁傳曰：「婦人既嫁不踰竟，宋蕩伯姬來逆婦，非正也。」

季姬遇鄫子則譏。

僖十四年：「夏六月，季姬及鄫子遇于防。使鄫子來朝。」公羊傳曰：「鄫子曷為使乎季姬來朝？內辭也。非使來朝，使來請己也。」穀梁傳曰：「遇者，同謀也。來朝者，來請己也。朝不言使，非正也，以病繒子也。」十五年：「季姬歸于鄫。」白虎通嫁娶篇曰：「聘嫡未往而死，媵當往，何？人君不再娶之義也。天命不可保，故一娶九女。以春秋伯姬卒時，娣季姬更嫁鄫，春秋譏之。」

尚別則賤淫，故陳佗外淫則絕之。

桓六年：「蔡人殺陳佗。」公羊傳曰：「陳佗者何？陳君也。陳君則曷為謂之陳佗？絕也。曷為絕之？賤也。其賤奈何？外淫也。惡乎淫？淫于蔡，蔡人殺之。」春秋繁露王道篇曰：

「陳侯佗淫乎蔡，蔡人殺之。古者諸侯出疆，必具左右，備一師，以備不虞。今陳侯恣以身出入民間，至死閭里之庸，甚非人君之行也。觀乎陳佗，知嫉淫之過。」史記陳敬仲世家曰：「厲公既立，娶蔡女。蔡女淫於蔡人，數歸，厲公亦數如蔡。桓公之少子林怨厲公殺其父與兄，乃令蔡人誘厲公而殺之。林自立，是為莊公。厲公之殺，以淫出國。故春秋曰：『蔡人殺陳佗。』罪之也。」

魯莊外淫則危之

莊二十三年：「春，公至自齊。」公羊傳曰：「桓之盟不日，其會不致，信之也。此之桓國，何以致？危之也。何危爾？公一陳佗也。」何注云：「公如齊淫，與陳佗相似如一也。」「夏，公如齊觀社。」公羊傳曰：「何以書？譏。何譏爾？諸侯越竟觀社，非禮也。」何注云：「諱淫言觀社者，與親納同義。」穀梁傳曰：「常事曰視，非常曰觀。觀，無事之辭也。以是為尸女也。」春秋繁露竹林篇曰：「故言觀魚猶言觀社也，皆諱大惡之辭也。」

單伯、子叔姬道淫則罪之

文十四年：「冬，單伯如齊。齊人執單伯。齊人執子叔姬。」公羊傳曰：「單伯之罪何？道淫也。惡乎淫？淫乎子叔姬。然則曷為不言齊人執單伯及子叔姬？内辭也。使若異罪然。」何注云：「深諱，使若各自以他事見執者。」穀梁傳曰：「私罪也。單伯淫于齊，齊人執之。齊人執子叔姬，叔姬同罪也。」文十五年：「十有二月，齊人來歸子叔姬。」公羊傳曰：「其言來，何？閔之也。子雖有罪，猶若其不欲服罪然。」穀梁傳曰：「其言來歸，何也？父母之於子，雖有罪，猶欲其免也。」

秦以無男女之別而為狄。

僖二十三年：「夏四月辛巳，晉人及姜戎敗秦于殽。」穀梁傳曰：「不言戰而言敗，何也？狄秦也。其狄之，何也？秦越千里之險入虛國，進不能守，退敗其師徒。亂人子女之教，無男女之別。秦之為狄，自殽之戰始也。」

吳以無男女之別而反夷。

定四年：「十一月庚辰，吳入楚。」公羊傳曰：「何以不稱子？反夷狄也。其反夷狄柰何？君舍於君室，大夫舍於大夫室，蓋妻楚王之母也。」穀梁傳曰：「何以謂之吳也？狄之也。何為狄之也？君居其君之寢而妻其君之妻，大夫居其大夫之寢而妻其大夫之妻，蓋有欲妻楚王之母者。不正乘敗人之績而深為利，居人之國，故反其狄道也。」

若魯文姜淫于齊襄而桓公弒。

莊元年：「三月，夫人孫于齊。」公羊傳曰：「夫人何以不稱姜氏？貶。曷為貶？與弒公也。其與弒公柰何？夫人譖公于齊侯：『公曰：同非吾子，齊侯之子也。』齊侯怒，與之飲酒。於其出焉，使公子彭生送之。於其乘焉，搚幹而殺之。」桓十八年：「春王正月，公會齊侯于濼。公與夫人姜氏遂如齊。夏四月丙子，公薨于齊。」左氏傳曰：「春，公將有行，遂與姜氏如齊。申繻曰：『女有家，男有室，無相瀆也，謂之有禮。易此必敗。』公會齊侯于濼，遂及文姜如齊。齊侯通焉。公謫之，以告。夏四月丙子，享公。使公子彭生乘公，公薨于車。魯人告于齊曰：『寡君畏君之威，不敢寧居，來脩舊好。禮成而不反，無所歸咎，惡於諸侯。請以彭生除之。』齊人殺彭生。」

哀姜淫于二弟而魯國危。

莊二十七年：「秋，公子友如陳，葬原仲。」公羊傳曰：「原仲者何？陳大夫也。大夫不書葬，此何以書？通乎季子之私行也。何通乎季子之私行？辟内難也。君子辟内難而不辟外難。内難者何？公子慶父、公子牙、公子友，皆莊公之母弟也。公子慶父、公子牙通乎夫人以脅公。季子起而治之，則不得與于國政；坐而視之，則親親因不忍見也。故於是復請至於陳而葬原仲也。」莊三十二年：「冬十月乙未，子般卒。」公羊傳曰：「子卒云子卒，此其稱子般卒，何？君存稱世子，君薨稱子某，既葬稱子，踰年稱公。」閔元年：「春王正月。」公羊傳曰：「公何以不言即位？繼弒君不言即位。孰繼？繼子般也。孰弒子般？慶父也。」二年：「秋八月辛丑，公薨。」公羊傳曰：「公薨何以不地？隱之也。何隱爾？弒也。孰弒之？慶父也。」

「冬，齊高子來盟。」公羊傳曰：「莊公死，子般弒，閔公弒，比三君弒，曠年無君。設以齊取魯，曾不興師，徒以言而已矣。」春秋繁露王道篇曰：「魯莊公好宮室，一年三起臺，夫人內淫兩弟，弟兄子父相殺，國絶莫繼，為齊所存，夫人淫之過也。妃匹貴妾，可不慎邪！」

陳靈公淫于夏姬而身弒國危。

宣九年：「陳殺其大夫泄冶。」穀梁傳曰：「稱國以殺其大夫，殺無罪也。泄冶之無罪如何？陳靈公通于夏徵舒之家，公孫寧、儀行父亦通于其家。或衣其衣，或衷其襦，以相戲於朝。泄冶聞之，入諫曰：『使國人聞之則猶可，使仁人聞之則不可。』君愧於泄冶，不能用其言而殺之。」十年：「五月癸巳，陳夏徵舒弒其君平國。」十一年：「冬十月，楚人殺陳夏徵舒。丁亥，楚子入陳。」

亦春秋之大戒也。

正繼嗣第二十六

春秋正與子，不正與弟。

故宋宣傳繆公則譏。

隱三年：「十有二月癸未，葬宋繆公。」公羊傳曰：「葬者曷為或日或不日？〔註二〕不及時而日，渴葬也。〔註三〕不及時而不日，慢葬也。過時而日，隱之也。過時而不日，謂之不能葬也。當時而不日，正也。當時而日，危不得葬也。此當時，何危爾？宣公謂繆公曰：『以吾愛與夷，則不若愛女。以為社稷宗廟主，則與夷不若女。盍終為君矣！』宣公死，繆公立。繆公逐其二子莊公馮與左師勃，曰：『爾為吾子，生毋相見，死毋相哭。』與夷復曰：『先君之所為不與臣國而納國乎君者，以君可以為社稷宗廟主也；今君逐君之二子而將致國乎與夷，此非先君之意也。且使子而可逐，則先君其逐臣矣。』繆公曰：『先君之不爾逐，可知矣。吾立乎此，攝也。』〔註四〕終致國乎與夷。莊公馮弒與夷。故君子大居正，宋之禍，宣公為之也。」史記宋世家贊曰：「春秋譏宋之亂，自宣公廢太子而立弟，國以不寧者十世。」又梁孝王世家：「褚先生曰：梁王西入朝，謁竇太后，燕見，與景帝俱侍坐於太后前，語言私說。太后謂帝曰：『吾聞殷道親親，周道尊尊，其義一也。安車大駕，用梁孝王為寄。』景帝跪席舉身曰：『諾。』罷酒出，帝召袁盎諸大臣通經術者曰：『太后言如是，何謂也？』皆對曰：『太后意欲立梁王為帝太子。』帝問其狀，袁盎等曰：『殷道親親者，立弟。周道尊尊者，立子。殷道質，質者法天，親其所親，故立弟。周道文，文者法地，尊者敬也，敬其本始，故立長子。周道，太子死，立適孫。殷道，太子死，立其弟。』帝曰：『於公何如？』皆對曰：『方今漢家法周，周道不得立弟，當立子。故春秋所以非宋宣公。

宋宣公死，不立子而與弟。弟受國死，復反之與兄之子。弟之子爭之，以為我當代父後，即刺殺兄子；以故國亂，禍不絕。故春秋曰：「君子大居正，宋之禍宣公為之。」臣請見太后白之。』袁盎等入見太后：『太后言欲立梁王，梁王即終，欲誰立？』太后曰：『吾復立帝子。』袁盎等以宋宣公不立正，生禍，禍亂後五世不絕，小不忍害大義狀報太后。太后乃解說，即使梁王歸就國。」後漢書注引東觀漢記：「和帝詔曰：禮重適庶之序，春秋之義大居正。太子，國之儲嗣，可不重與！」

衛人立晉則譏。

隱四年：「冬十有二月，衛人立晉。」公羊傳曰：「晉者何？公子晉也。立者，不宜立也。其稱人，何？衆立之之辭也。然則孰立之？石碏立之。石碏立之，則其稱人，何？衆之所欲立也。衆雖欲立之，其立之非也。」穀梁傳曰：「衛人者，衆辭也。立者，不宜立者也。晉之名，惡也。其稱人以立之，何也？得衆也。得衆則是賢也。賢則其曰不宜立，何也？春秋之義，諸侯與正而不與賢也。」范注云：「正謂嫡長也。」史記衛世家曰：「州吁收聚衛亡人以襲殺桓公，州吁自立為衛君。衛人皆不愛。石碏與陳侯共謀，殺州吁于濮，而迎桓公弟晉于邢而立之。」春秋繁露玉英篇曰：「春秋之法，君立不宜立不書，大夫立則書。書之者，弗予大夫之得立不宜立者也。」

無子而立弟，則先長而後幼。故齊襄公無子，子糾宜為君。

莊九年：「九月，齊人取子糾，殺之。」公羊傳曰：「其稱子糾，何？貴也。其貴柰何？宜為君者也。」白虎通封公侯篇曰：「君見弒，其子得立，何？所以尊君防篡弒也。春秋經曰：齊無知弒其君。貴妾子公子糾當立也。」按：此以子糾為襄公之子，與管子、莊子、荀子、史記以糾為襄公弟者不合，非也。

桓公目為篡。

莊九年：「夏，公伐齊，納糾。齊小白入于齊。」公羊傳曰：「其言入，何？篡辭也。」穀梁傳曰：「大夫出奔，反，以好曰歸，以惡曰入。齊公孫無知弒襄公，公子糾、公子小白不能存，出亡。齊人殺無知而迎公子糾于魯。公子小白不讓公子糾，先入，又殺之于魯。故曰『齊小白入于齊』，惡之也。」孔氏廣森公羊通義云：「史記齊世家曰：襄公殺誅數不當，羣弟恐禍及，故次弟糾奔魯，次弟小白奔莒。莊子曰：小白殺兄入嫂。荀子曰：齊桓，五霸之盛者也。前事則殺兄而爭國。管子大匡曰：齊僖公生公子諸兒即襄公、公子糾、公子小白。檢尋諸文，並是糾長。乃或專據薄昭詭詞，以為桓兄糾弟，謬矣。」

而蔡季以貴見稱。

桓十七年：「六月丁丑，蔡侯封人卒。秋八月，蔡季自陳歸于蔡。」穀梁傳曰：「蔡季，蔡之貴者也。自陳，陳有奉焉爾。」公羊無傳。何注云：「稱字者，蔡侯封人無子，季次當立，封人欲立獻舞而疾害季，季辟之陳。封人死，歸反奔喪，思慕三年，卒無怨心，故賢而字之。」樹達按：左傳謂季與獻舞為一人，何說與彼異。

均之子也，先立貴。

故魯隱公不宜立。

隱元年：「春王正月。」公羊傳曰：「公何以不言即位？成公意也。何成乎公之意？公將平國而反之桓。桓幼而貴，隱長而卑。其為尊卑也微，國人莫知。隱長又賢，諸大夫扳隱而立之。隱於是焉而辭立，則未知桓之將必得立也。且如桓立，則恐諸大夫之不能相幼君也。故凡隱之立，為桓立也。隱長又賢，何以不宜立？立適以長不以賢，立子以貴不以長。桓何以貴？母貴也。母貴則子何以貴？子以母貴，母以子貴。」白虎通封公侯篇曰：「曾子問曰：立適以長不以賢，何？以為賢不肖不可知也。尚書曰：惟帝其難之。立子以貴不以長，妨愛憎也。春秋傳曰：立適以長不以賢，立子以貴不以長也。」史記魯世家曰：「惠公卒，長庶子息攝當國，行君事，是為隱公。初，惠公適夫人無子，公賤妾聲子生子息。息長，為娶於宋。宋女至而好，惠公奪而自妻之，生子允。登宋女為夫人，以允為太子。為允少故，魯人共令息攝政，不言即位。」

魯宣公為篡嫡。

文十八年：「冬十月，子卒。」公羊傳曰：「子卒者孰謂？謂子赤也。何以不日？隱之爾。何隱爾？弒也。弒則何以不日？不忍言也。」穀梁傳曰：「不日，故也。〔註五〕」春秋繁露楚莊王篇曰：「子赤殺，弗忍言日，痛其禍也。」宣元年：「春王正月，公即位。」公羊傳曰：「繼弒君不言即位，此其言即位，何？其意也。」穀梁傳曰：「繼故而言即位，與聞乎故也。」成十五年：「三月乙巳，仲嬰齊卒。」公羊傳曰：「叔仲惠伯，傅子赤者也。文公死，子幼。公子遂謂叔仲惠伯曰：『君幼，如之何？願與子慮之。』叔仲惠伯曰：『吾子相之，老夫抱之，何幼君之有！』公子遂知其不可與謀，退而殺叔仲惠伯，弒子赤而立宣公。」史記魯世家曰：「文公十八年二月，文公卒。文公有二妃：長妃齊女哀姜，生子惡及視；惡，公羊傳作赤，此與左傳同。次妃敬嬴，嬖愛，生子俀。俀私事襄仲，襄仲欲立之，叔仲曰不可。襄仲請齊惠公，惠公新立，欲親魯，許之。冬十月，襄仲殺子惡及視而立俀，是為宣公。哀姜歸齊，哭而過市，曰：『天乎！襄仲為不道，殺適立庶！』市人皆哭。魯人謂之哀姜。」

而鄭厲公出奔，以奪正稱名。

桓十五年：「五月，鄭伯突出奔蔡。」公羊傳曰：「突何以名？奪正也。」穀梁傳曰：「譏奪正也。」

昭公復歸，以復正稱世子。

桓十五年：「鄭世子忽復歸于鄭。」公羊傳曰：「其稱世子，何？復正也。」穀梁傳曰：「反正也。」史記鄭世家曰：「所謂三公子者，太子忽，其弟突，次弟子亹也。祭仲甚有寵於莊公，莊公使為卿。公使娶鄧女，生太子忽，是為昭公。莊公又娶宋雍氏女，生厲公突。」

均之庶子也，先立長。

故邾婁貜且正而接菑為不正。

文十四年：「晉人納接菑于邾婁，弗克納。」公羊傳曰：「納者何？入辭也。其言弗克納，何？大其弗克納也。何大乎其弗克納？晉郤缺帥師革車八百乘，以納接菑于邾婁，力沛若有餘而納之。邾婁人言曰：『接菑，晉出也。貜且，齊出也。子以其指，則接菑也四，貜且也六。子以大國壓之，則未知齊、晉孰有之也。貴則皆貴矣，雖然，貜且也長。』郤缺曰：『非吾力不能納也，義實不爾克也。』引師而去之。故君子大其弗克納也。」徐疏云：「地四，地六，皆非天數，喻皆庶子矣。」穀梁傳曰：「未伐而曰弗克，何也？弗克其義也。接菑，晉出也。貜且，齊出也。貜且正也，接菑不正也。」

名分定則覬覦絶，此聖人之用心也。

至如兄有疾而立弟。

昭二十年：「秋，盜殺衛侯之兄輒。」公羊傳曰：「母兄稱兄，兄何以不立？有疾也。何疾爾？惡疾也。」穀梁傳曰：「盜，賤也。其曰兄，母兄也。目衛侯，衛侯累也。然則何為不為君也？曰：有天疾者不得入宗廟。輒者何也？曰：兩足不能相過，齊謂之綦，楚謂之踂，衛謂之輒。」白虎通封公侯篇曰：「世子有惡疾廢者，以其不可承先祖也。故春秋傳曰：兄何以不立？有疾也。何疾爾？惡疾也。」

子有罪而立孫。

哀三年：「春，齊國夏、衛石曼姑率師圍戚。」公羊傳曰：「齊國夏曷為與衛石曼姑率師圍戚？伯討也。此其為伯討柰何？曼姑受命乎靈公而立輒，以曼姑之義為固可以距之也。輒者，曷為者也？蒯聵之子也。然則曷為不立蒯聵而立輒？蒯聵為無道，靈公逐蒯聵而立輒。然則輒之義可以立乎？曰：可。其可柰何？不以父命辭王父命。以王父命辭父命，是父之行乎子也。不以家事辭王事。以王事辭家事，是上之行乎下也。」

皆事之變者也。

晉獻公殺正而立不正，釀三世之禍。

僖五年：「春，晉侯殺其世子申生。」　九年：「冬，晉里克弒其君之子奚齊。」　十年：「晉里克弒其君卓子及其大夫荀息。」公羊傳曰：「奚齊卓子者，驪姬之子也，荀息傅焉。驪姬者，國色也，獻公愛之甚，欲立其子，於是殺世子申生。申生者，里克傅之。獻公死，奚齊立。里克謂荀息曰：『君殺正而立不正，廢長而立幼，如之何？願與子慮之。』荀息曰：『君嘗訊臣矣，臣對曰：使死者反生，生者不愧乎其言，則可謂信矣。』里克知其不可與謀，退弒奚齊。荀息立卓子，里克弒卓子，荀息死之。」

魯公子牙一生一及之議，成般閔之弒。

莊三十二年：「秋七月癸巳，公子牙卒。」公羊傳曰：「莊公病將死，以病召季子。季子至而授之以國政。曰：『寡人即不起此病，吾將焉致乎魯國。』季子曰：『般也存，君何憂焉。』公曰：『庸得若是乎！牙謂我曰：魯一生一及，君已知之矣，慶父也存。』季子曰：『夫何敢！是將為亂乎！夫何敢！』冬十月乙未，子般卒。」　閔元年：「春王正月。」公羊傳曰：「公何以不言即位？繼弒君不言即位。孰繼？繼子般也。孰弒子般？慶父也。」　二年：「秋八月辛丑，公薨。」公羊傳曰：「公薨何以不地？隱之也。何隱爾？弒也。孰弒之？慶父也。」穀梁傳曰：「不地，故也。」

吳之弟兄迭為君，釀闔廬之禍。

襄二十九年：「吳子使札來聘。」公羊傳曰：「吳無君，無大夫，此何以有君，有大夫？賢季子也。何賢乎季子？讓國也。其讓國柰何？謁也，餘祭也，夷昧也，與季子同母者四。季子弱而才，兄弟皆愛之，同欲立之以為君。謁曰：『今若是迮而與季子國，季子猶不受也。請無與子而與弟，弟兄迭為君，而致國乎季子。』皆曰：『諾。』故諸為君者皆輕死為勇，飲食必祝，曰：『天苟有吳國，尚速有悔于予身。』故謁也死，餘祭也立；餘祭也死，夷昧也立；夷昧也死，則國宜之季子者也。季子使而亡焉。僚者，庶長也，即之，季子使而反，至而君之爾。闔廬曰：『先君之所以不與國子而與弟者，凡為季子故也。將從先君之命與？則國宜之季子者也；如不從先君之命與？則我宜立者也。僚惡得為君乎！』于是使專諸刺僚，而致國乎季子。季子不受，曰：『爾弒吾君，吾受爾國，是吾與爾為篡也；爾殺吾兄，吾又殺爾，是父子兄弟相殺終身無已也。』去之延陵，終身不入吳國。故君子以其不受為義，以其不殺為仁。」

皆春秋所大戒也。

至乎鄫子取後乎莒，春秋惡之，書曰莒人滅鄫。

襄五年：「叔孫豹、鄫世子巫如晉。」公羊傳曰：「外相如不書，此何以書？為叔孫豹率而與之俱也。叔孫豹則曷為率而與之俱？蓋舅出也。〔註六〕莒將滅之，故相與往殆乎晉也。〔註七〕莒將滅之？則曷為相與往殆乎晉？取後乎莒也。其取後乎莒柰何？鄫女有為莒夫人者，鄫莒二字本互誤，茲從王引之說校正。蓋欲立其出也。」六年：「莒人滅繒。」穀梁傳曰：「非滅也。家有既亡，國有既滅。滅而不自知，由別之而不別也。莒人滅繒，非滅也。非立異姓以莅祭祀，〔註八〕滅亡之道也。」春秋繁露玉英篇曰：「夫權雖反經，亦必在可以然之域，故諸侯父子兄弟不宜立而立者，春秋視其國與宜立之君無以異也，此皆在可以然之域也。至乎鄫取乎莒，以之為司君，俞樾云：司君與嗣君同。目曰莒人滅鄫，此在不可以然之域也。」

蓋宗法之世，於族類之辨特嚴矣。

諱辭第二十七

春秋有諱辭。

有為尊者諱者。

閔元年：「冬，齊仲孫來。」公羊傳曰：「春秋為尊者諱，為親者諱，為賢者諱。」

晉文致天子，諱致言狩。

僖二十八年：「五月癸丑，公會晉侯、齊侯、宋公、蔡侯、鄭伯、衛子、莒子盟于踐土。公朝于王所。」公羊傳曰：「曷為不言公如京師？天子在是也。天子在是，則曷為不言天子在是？不與致天子也。」穀梁傳曰：「諱會天王也。朝不言所，言所者，非其所也。」「天王狩于河陽。」公羊傳曰：「狩不書，此何以書？不與再致天子也。」穀梁傳曰：「全天王之行也，為若將狩而遇諸侯之朝也，為天王諱也。」左氏傳曰：「是會也，晉侯朝王，以諸侯見，且使王狩。仲尼曰：『以臣召君，不可以訓。』故書曰：『天王狩于河陽。』言非其地也。」春秋繁露玉英篇曰：「春秋之書事，時詭其實，以有避也。故詭晉文得志之實以狩，諱避致王也。」又王道篇曰：「晉文再致天子，諱致言狩。」史記孔子世家曰：「踐土之會，實召周天子，而春秋諱之曰『天王狩于河陽』：推此類以繩當世。貶損之義，後有王者舉而開之。春秋之義行，則天下亂臣賊子懼焉。」又周本紀曰：「晉文公召襄王，襄王會之河陽、踐土，諸侯畢朝。書諱曰『天王狩于河陽』。」又晉世家曰：「冬，晉侯會諸侯于温，欲率之朝周。乃使人言周襄王狩于河陽。壬申，遂率諸侯朝王于踐土。孔子讀史記至文公，曰：『諸侯無召王』、『王狩河陽』者，春秋諱之也。」

晉敗王師，文如自敗。

成元年：「秋，王師敗績于貿戎。」公羊傳曰：「孰敗之？蓋晉敗之，或曰貿戎敗之。然則曷為不言晉敗之？王者無敵，莫敢當也。」穀梁傳曰：「不言戰，莫之敢敵也。為尊者諱敵不諱敗，為親者諱敗不諱敵。尊尊親親之義也。然則孰敗之？晉也。」鹽鐵論世務篇曰：「春秋王者無敵。言其仁厚，其德美，天下賓服，莫敢受交也。」漢書五行志下之上曰：「春秋曰：『王師敗績于貿戎。』不言敗之者，以自敗為文，尊尊之意也。」

趙穿侵柳，晉人圍郊，不繫乎周，皆其事也。

宣元年：「冬，晉趙穿帥師侵柳。」公羊傳曰：「柳者何？天子之邑也。曷為不繫乎周？不與伐天子也。」何注云：「絶正其義，使若兩國自相伐。」昭二十三年：「晉人圍郊。」公羊傳曰：「郊者何？天子之邑也。曷為不繫乎周？不與伐天子也。」

有為賢者諱者。

齊襄能復讎，故取紀郱、鄑、郚，諱取言遷。

莊元年：「齊師遷紀郱、鄑、郚。」公羊傳曰：「遷之者何？取之也。取之則曷為不言取之也？為襄公諱也。外取邑不書，此何以書？大之也。何大爾？自是始滅也。」何注云：「襄公將復讎於紀，故先孤弱取其邑，本不為利舉，故為諱。」

滅紀，諱滅言大去。

莊四年：「紀侯大去其國。」公羊傳曰：「大去者何？滅也。孰滅之？齊滅之。曷為不言齊滅之？為襄公諱也。春秋為賢者諱。何賢乎襄公？復讎也。何讎爾？遠祖也。哀公亨乎周，紀侯譖之。以襄公之為於此焉者，事祖禰之心盡矣。盡者何？襄公將復讎乎紀，卜之曰：『師喪分焉。』『寡人死之，不為不吉也。』遠祖者，幾世乎？九世矣。九世猶可以復讎乎？雖百世可也。家亦可乎？曰：不可，國何以可？國君一體也。先君之恥猶今君之恥也，今君之恥猶先君之恥也。國君何以為一體？國君以國為體，諸侯世，故國君為一體也。今紀無罪，此非怒與？曰：非也，古者有明天子，則紀侯必誅，必無紀者。紀侯之不誅，至今有紀者，猶無明天子也。古者諸侯必有會聚之事，相朝聘之道，號辭必稱先君以相接。然則齊、紀無説焉，不可以並立乎天下。故將去紀侯者，不得不去紀也。」

齊桓尊王攘夷，存亡繼絶，故取鄣諱取言降。

莊三十年：「秋七月，齊人降鄣。」公羊傳曰：「鄣者何？紀之遺邑也。降之者何？取之也。取之則曷為不言取之？為桓公諱也。」何注云：「時霸功足以除惡，故為諱。」

滅項諱不言齊。

僖十七年：「夏，滅項。」公羊傳曰：「孰滅之？齊滅之。曷為不言齊滅之？為桓公諱也。春秋為賢者諱。此滅人之國，何賢爾？君子之惡惡也疾始，善善也樂終。桓公嘗有存亡繼絶之功，故君子為之諱也。」穀梁傳曰：「孰滅之？桓公也。何以不書桓公也？為賢者諱也。項，國也，不可滅而滅之乎？桓公知項之可滅也，而不知己之不可以滅也。既滅人之國矣，何賢乎？君子惡惡疾其始，善善樂其終。桓公嘗有存亡繼絶之功，故君子為之諱也。」漢書陳湯傳：「劉向上疏訟湯曰：昔齊桓公前有尊周之功，後有滅項之罪，君子以功覆過而為之諱行事。」又田延年傳曰：「丞相議奏延年『主守盜三千萬，不道』。御史大夫田廣明謂太僕杜延年：『春秋之義，以功覆過。當廢昌邑王時，非田子賓之言大事不成。今縣官出三千萬自乞之何哉？願以愚言白大將軍。』」後漢書馬援傳：「朱勃上書曰：臣聞春秋之義，罪以功除；聖王之祀，臣有五義。若援，所謂以死勤事者也。願下公卿平援功罪，宜絶宜續，以厭海内之望。」

狄滅邢不書。

僖元年：「齊師、宋師、曹師次于聶北，救邢。」公羊傳曰：「救邢，救不言次，此其言次，何？不及事也。不及事者何？邢已亡矣。孰亡之？蓋狄滅之。曷為不言狄滅之？為桓公諱也。曷為為桓公諱？上無天子，下無方伯，天下諸侯有相滅亡者，桓公不能救，則桓公恥之。曷為先言次而後言救？君也。君則其稱師，何？不與諸侯專封也。曷為不與？實與而文不與。文曷為不與？諸侯之義不得專封也。諸侯之義不得專封，則其曰實與之，何？上無天子，下無方伯，天下諸侯有相滅亡者，力能救之，則救之可也。」

滅衛不書。

僖二年：「春王正月，城楚丘。」公羊傳曰：「孰城？城衛也。曷為不言城衛？滅也。孰滅之？蓋狄滅之。曷為不言狄滅之？為桓公諱也。曷為為桓公諱？上無天子，下無方伯，天下諸侯有相滅亡者，桓公不能救，則桓公恥之也。然則孰城之？桓公城之。曷為不言桓公城之？不與諸侯專封也。曷為不與？實與而文不與。文曷為不與？諸侯之義不得專封也。諸侯之義不得專封，則其曰實與之，何？上無天子，下無方伯，天下諸侯有相滅亡者，力能救之，則救之可也。」春秋繁露觀德篇曰：「邢、衛，魯之同姓也，狄人滅之。春秋為諱，避齊桓也。」

徐、莒滅杞不書。

僖十四年：「諸侯城緣陵。」公羊傳曰：「孰城？城杞也。曷為城杞？滅也。孰滅之？蓋徐、莒脅之。曷為不言徐、莒脅之？為桓公諱也。曷為為桓公諱？上無天子，下無方伯，天下諸侯有相滅亡者，桓公不能救，則桓公恥之也。然則孰城之？桓公城之。曷為不言桓公城之？不與諸侯專封也。曷為不與？實與而文不與。文曷為不與？諸侯之義不得專封也。諸侯之義不得專封，則其曰實與之，何？上無天子，下無方伯，天下諸侯有相滅亡者，力能救之，則救之可也。」

宋襄能憂中國尊周室，故宋桓公不書葬。

僖九年：「春王三月丁丑，宋公禦說卒。」公羊傳曰：「何以不書葬？為襄公諱也。」何注云：「襄公背殯出會宰周公，有不子之惡；後有征齊憂中國尊周室之心，功足以除惡，故諱不書葬，使若非背殯也。」

楚人獻捷不言宋。

僖二十一年：「楚人使宜申來獻捷。」公羊傳曰：「惡乎捷？ 捷乎宋。曷為不言捷乎宋？ 為襄公諱也。」何注云：「襄公本會楚，欲行霸憂中國也。不用目夷之言，而見詐執伐宋，幾亡其國，故為諱没國文，所以申善志。」孔氏廣森通義云：「高襄公，故不與楚捷乎宋也。」

晉文能尊周室，故晉諸君不書出入。

僖十年：「晉殺其大夫里克。」公羊傳曰：「然則曷為不言惠公之入？ 晉之不言出入者，踊為文公諱也。齊小白入于齊，則曷為不為桓公諱？ 桓公之享國也長，美見乎天下，故不為之諱本惡也。文公之享國也短，美未見乎天下，故為之諱本惡也。」何注云：「踊，豫也，齊人語。」樹達按：入者篡辭。如惠公書入，則文公與惠公情事相同，亦當書入。春秋賢文公，以其功足除惡，故不書其入。因文公不書入，並不書惠公之入。惠公之入先於文公，故云豫為文公諱。何注謂文公功足并掩前人之惡，又謂踊猶關西言渾，皆非也。

致天子諱言狩。

僖二十八年：「五月癸丑，公會晉侯、齊侯、宋公、蔡侯、鄭伯、衛子、莒子盟于踐土。公朝于王所。」公羊傳曰：「曷為不言公如京師？ 天子在是也。天子在是，則曷為不言天子在是？ 不與致天子也。」何注云：「時晉文公年老，恐霸功不成，故上白天子曰：『諸侯不可卒致，願王居踐土。』下謂諸侯曰：『天子在是，不可不朝。』迫使正君臣，明王法。雖非正，起時可與，故書朝，因正其義。」穀梁傳曰：「諱會天王也。朝不言所，言所者，非其所也。」「冬，公會晉侯、齊侯、宋公、蔡侯、鄭伯、陳子、莒子、邾婁子、秦人于溫。天王狩于河陽。」公羊傳曰：「狩不書，此何以書？不與再致天子也。」穀梁傳曰：「全天王之行也。為若將狩而遇諸侯之朝也。」「壬申，公朝于王所。」穀梁傳曰：「朝於廟，禮也；於外，非禮也。獨公朝與？諸侯盡朝也。其日，以其再致天子，故謹而日之。言曰公朝，逆辭也，而尊天子。日繫于月，月繫于時。壬申，公朝于王所，其不月，失其所繫也。以為晉文公之行事為已傎矣。」春秋繁露王道篇曰：「晉文再致天子，諱致言狩。」又云：「晉文再致天子，皆正不誅。善其牧諸侯，奉獻天子而服周室。春秋予之為伯，誅意不誅辭之謂也。」按：此事本篇再見，一為天王諱，一為晉文公諱也。

此為賢君諱者也。

曹羈正諫，故曹諱不言滅，不書與戎戰。

莊二十四年：「冬，戎侵曹，曹羈出奔陳。」公羊傳曰：「曹羈者何？曹大夫也。曹無大夫，此何以書？賢也。何賢乎曹羈？戎將侵曹，曹羈諫曰：『戎衆以無義，君請勿自敵也。』曹伯曰：『不可。』三諫，不從，遂去之。故君子以為得君臣之義也。」二十六年：「曹殺其大夫。」公羊傳曰：「何以不名？衆也。曷為衆殺之？不死于曹君者也。君死乎位曰滅，曷為不言其滅？為曹羈諱也。此蓋戰也，何以不言戰？為曹羈諱也。」何注云：「所諫者戰也，故為去戰滅之文，所以致其意也。」

魯季子親親，故公子牙諱不書刺。

莊三十二年：「秋七月癸巳，公子牙卒。」公羊傳曰：「何以不稱弟？殺也。殺則可以不言刺？為季子諱殺也。曷為為季子諱殺？季子之遏惡也，不以為國獄。緣季子之心而為之諱。」陳氏立義疏云：「推季子親親之心，不忍顯揚其兄之罪，故為之諱刺言卒，若不以罪見殺然。」

公子慶父諱不言奔。

莊三十二年：「公子慶父如齊。」公羊無傳。何注云：「如齊者，奔也。不言奔者，起季子不探其情不暴其罪。」穀梁傳曰：「此奔也，其曰如，何也？諱莫如深，深則隱。苟有所見，莫如深也。」

宋公子目夷能存國免君，故諱楚不言圍。

僖二十一年：「楚人使宜申來獻捷。」公羊傳曰：「此楚子也，其稱人，何？貶。曷為貶？為執宋公貶。宋公與楚子期以乘車之會。公子目夷諫曰：『楚，夷國也，彊而無義，請君以兵車之會往。』宋公曰：『不可。吾與之約以乘車之會。自我為之，自我墮之。』曰：『不可。』終以乘車之會往。楚人果伏兵車，執宋公以伐宋。宋公謂公子目夷曰：『子歸守國矣。國，子之國也，吾不從子之言以至乎此。』公子目夷復曰：『君雖不言國，國固臣之國也。』於是歸，設守械而守國。楚人謂宋人曰：『子不與我國，吾將殺子君矣。』宋人應之曰：『吾賴社稷之神靈，吾國已有君矣。』楚人知雖殺宋公猶不得宋國，於是釋宋公。宋公釋乎執，走之衛。公子目夷復曰：『國為君守之，君曷為不入？』然後逆襄公歸。此圍辭也，曷為不言其圍？為公子目夷諱也。」何注云：「目夷遭難，設權救君，有解圍存國免主之功，故為諱圍，起其事，所以彰目夷之賢也。」

衛叔武能讓國，故為不書見殺。

僖二十八年：「晉人執衛侯，歸之于京師。」公羊傳曰：「衛侯之罪何？殺叔武也。何以不書？為叔武諱也。春秋為賢者諱。何賢乎叔武？讓國也。其讓國奈何？文公逐衛侯而立叔武。叔武辭立而他人立，則恐衛侯之不得反也，故於是已立。然後為踐土之會，治反衛侯。衛侯得反，曰：『叔武篡我。』元咺爭之曰：『叔武無罪。』終殺叔武。元咺走而出。」何注云：「叔武讓國見殺，而為叔武諱殺者，明叔武治反衛侯，欲兄饗國，故為去殺己之罪，所以起其功而重衛侯之無道。」陳氏立義疏云：「春秋之法，許人臣者必使臣，叔武讓國，不見諒於君兄，反為所殺。若見書殺己，其罪益著。故緣叔武之心而為之諱，叔武之賢愈明，衛侯之無道愈見，所謂志而顯也。」

曹喜時能讓國，故公孫會諱不言畔。

昭二十年：「夏，曹公孫會自鄸出奔宋。」公羊傳曰：「奔未有言自者，此其言自，何？畔也。畔則曷為不言其畔？為公子喜時之後諱也。春秋為賢者諱。何賢乎公子喜時？讓國也。其讓國奈何？曹伯廬卒于師，則未知公子喜時從與？公子負芻從與？或為主於國，或為主於師。公子喜時見公子負芻之當主也，逡巡而退。賢公子喜時，則曷為為會諱？君子之善善也長，惡惡也短。惡惡止其身，善善及子孫。賢者子孫，故君子為之諱也。」何注云：「君子不使行善者有後患，故以喜時之讓，除會之叛。」新序節士篇曰：「曹公子喜時字子臧。子臧讓千乘之國，可謂賢矣。故春秋賢而褒其後。」後漢書盧植傳曰：「春秋之義，賢者子孫宜有殊禮。」

吳季札不忍父子兄弟相殺，故弑僚諱不書闔廬。

襄二十九年：「吳子使札來聘。」公羊傳曰：「吳無君，無大夫，此何以有君，有大夫？賢季子也。何賢乎季子？讓國也。其讓國柰何？謁也，餘祭也，夷昧也，與季子同母者四，季子弱而才，兄弟皆愛之，同欲立之以為君。謁曰：『今若是迮而與季子國，季子猶不受也，請無與子而與弟，弟兄迭為君，而致國乎季子。』皆曰：『諾。』故諸為君者皆輕死為勇，飲食必祝，曰：『天苟有吳國，尚速有悔于予身。』故謁也死，餘祭也立；餘祭也死，夷昧也立；夷昧也死，則國宜之季子者也。季子使而亡焉。僚者，長庶也，即之。季子使而反，至而君之爾。闔廬曰：『先君之所以不與子國而與弟者，凡為季子故也。將從先君之命與？則國宜之季子者也；如不從先君之命與？則我宜立者也。僚惡得為君乎！』于是使專諸刺僚，而致國乎季子。季子不受，曰：『爾弑吾君，吾受爾國，是吾與爾為篡也；爾殺吾兄，吾又殺爾，是父子兄弟相殺終身無已也。』去之延陵，終身不入吴國。故君子以其不受為義，以其不殺為仁。」昭二十七年：「夏四月，吴弑其君僚。」公羊無傳。何注云：「不書闔廬弑其君者，為季子諱，明季子不忍父子兄弟自相殺，讓國闔廬，欲其享之，故為没其罪也。」

此為賢臣諱者也。

有為親者諱者。

按：春秋内其國而外諸夏，内諸夏而外夷狄。内之者，親之也，故内大惡諱，即内其國也。為中國諱，即内諸夏也。傳文於魯事多言内辭，即為魯諱之辭也。桓二年傳云：曷為為隱諱？隱賢而桓賤也。則為魯隱諱，可視為為親者諱，亦可視為為賢者諱，頗難分别，兹據一體言之爾。

戎執凡伯，諱不言執。

隱七年：「冬，天王使凡伯來聘，戎伐凡伯于楚丘，以歸。」公羊傳曰：「凡伯者何？天子之大夫也。此聘也，其言伐之，何？執之也。執之則其言伐之，何？大之也。曷為大之？不與夷狄之執中國也。」穀梁傳曰：「凡伯者，何也？天子之大夫也。國而曰伐，此一人而曰伐，何也？大天子之命也。以歸，猶愈乎執也。」范注云：「諱執言以歸，皆尊尊之正義，春秋之微旨。」

荆獲蔡侯，諱不言獲。

莊十年：「秋九月，荆敗蔡師于莘，以蔡侯獻舞歸。」公羊傳曰：「蔡侯獻舞何以名？絶。曷為絶之？獲也。曷為不言其獲？不與夷狄之獲中國也。」穀梁傳曰：「中國不言敗，此其言敗，何也？中國不言敗。蔡侯其見獲乎！其言敗，何也？釋蔡侯之獲也。以歸，猶愈乎執也。」范注云：「為中國諱見執，故言以歸。」春秋繁露精華篇曰：「春秋慎辭，謹於名倫等物者也。是故小夷言伐而不得言戰，大夷言戰而不得言獲，中國言獲而不言執，各有辭也。有小夷避大夷而不得言戰，大夷避中國而不得言獲，中國避天子而不得言執，名倫弗予，嫌於相臣之辭也。是故大小不踰等，貴賤如其倫，義之正也。」

諸侯取虎牢，諱取言城。

襄二年：「六月，庚辰，鄭伯睔卒。冬，仲孫蔑會晉荀罃、齊崔杼、宋華元、衛孫林父、曹人、邾婁人、滕人、薛人、小邾婁人于戚，遂城虎牢。」公羊傳曰：「虎牢何者？鄭之邑也。其言城之，何？取之也。取之則曷為不言取之？為中國諱也。曷為為中國諱？諱伐喪也。曷為不繫乎鄭？為中國諱也。」

鄭僖見弑，諱弑言卒。

襄七年：「十有二月，公會晉侯、宋公、陳侯、衛侯、曹伯、莒子、邾婁子于鄬。鄭伯髠原如會，未見諸侯。丙戌，卒于操。」公羊傳曰：「操者何？鄭之邑也。諸侯卒其封内不地，此何以地？隱之也。何隱爾？弑也。孰弑之？其大夫弑之。曷為不言其大夫弑之？為中國諱也。曷為為中國諱？鄭伯將會諸侯于鄬，其大夫諫曰：『中國不足歸也，則不若與楚。』鄭伯曰：『不可。』其大夫曰：『以中國為義，則伐我喪。以中國為彊，則不若楚。』於是弑之。」何注云：「禍由中國無義，故深諱使若自卒。」穀梁傳曰：「鄭伯將會中國，其臣欲從楚，不勝，其臣弑而死。其不言弑，何也？不使夷狄之民加乎中國之君也。」春秋繁露王道篇曰：「鄭伯髡原卒于會，諱弑，痛强臣專君，君不得為善也。」陳氏立義疏云：「不書弑，蓋兼二義：一為中國諱，一為鄭伯棄彊夷即中國而見弑，故深隱之也。」

故賊不討而亦書葬。

襄八年：「夏，葬鄭僖公。」公羊傳曰：「賊未討何以書葬？為中國諱也。」

蔡景見弑，亦賊不討而書葬。

襄三十年：「夏四月，蔡世子般弑其君固。冬十月，葬蔡景公。」公羊傳曰：「賊未討，書葬，君子辭也。」何注云：「君子為中國諱，使若加弑。」樹達按：本非弑而以弑罪加之曰加弑，昭十九年許世子止是也。

此為中國諱者也。

魯君與夫人奔，諱奔謂之孫。

昭二十五年：「九月己亥，公孫于齊。」穀梁傳曰：「孫之為言猶孫也，諱奔也。」莊元年：「三月，夫人孫于齊。」公羊傳曰：「孫者何？孫猶孫也。內諱奔謂之孫。」穀梁傳曰：「孫之為言猶孫也，諱奔也。」

殺大夫，諱殺言刺。

僖二十八年：「公子買戍衛，不卒戍，刺之。」公羊傳曰：「刺之者何？殺之也。殺之則曷為謂之刺之？內諱殺大夫謂之刺之也。」何注云：「有罪無罪，皆不得專殺，故諱殺言刺之。」陳氏立義疏云：「周禮司刺職掌三刺之法：壹刺曰訊羣臣，再刺曰訊羣吏，三刺曰訊萬民。注：刺，殺也。然則春秋於他大國書殺，於內殺大夫書刺，若皆殺當其罪然，故諱之曰刺。杜預注左傳云『內殺大夫皆書刺，言用周禮三刺之法，示不枉濫也』，是也。」

無駭滅極，諱滅言入。

隱二年：「無駭帥師入極。」公羊傳曰：「無駭者何？展無駭也。何以不氏？貶。曷為貶？疾始滅也。此滅也，其言入，何？內大惡諱也。」

滅鄫，諱滅言取。

昭四年：「九月，取鄫。」公羊傳曰：「其言取之，何？滅之也。滅之則其言取之，何？內大惡諱也。」

易地，諱易言假。

桓元年：「鄭伯以璧假許田。」公羊傳曰：「其言以璧假之，何？易之也。易之則其言假之，何？為恭也。曷為為恭？有天子存，則諸侯不得專地也。許田者何？魯朝宿之邑也。諸侯時朝乎天子，天子之郊，諸侯皆有朝宿之邑焉。」穀梁傳曰：「假不言以，言以，非假也。非假而曰假，諱易地也。禮：天子在上，諸侯不得以地相與也。」春秋繁露王道篇曰：「鄭、魯易地，諱易言假，止亂之道也，非諸侯所當為也。」

隱公張魚，諱張言觀。

隱五年：「春，公觀魚于棠。」公羊傳曰：「何以書？譏。何譏爾？遠也。公曷為遠而觀魚？登來之也。百金之魚，公張之。」何注云：「實譏張魚，而言觀譏遠者，恥公去南面之位，下與百姓爭利，匹夫無異，故諱使若以遠觀為譏也。」春秋繁露玉英篇曰：「公觀魚于棠，何惡也？凡人之性莫不善義，然而不能義者，利敗之也。故君子終日言不及利，欲以勿言愧之而已。愧之，以塞其源也。夫處位動風化者，徒言利之名爾，猶惡之，況求利乎？故天王使人求賻求金，皆為大惡而書。今非直使人也，親自求之，是為甚惡。譏，何故言觀魚？猶言觀社也。皆諱大惡之辭也。」

獻八佾，諱八言六。

隱五年：「初獻六羽。」公羊傳曰：「初者何？始也。六羽者何？舞也。初獻六羽何以書？譏。何譏爾？譏始僭諸公也。六羽之為僭柰何？天子八佾，諸公六，諸侯四。始僭諸公昉於此乎？前此矣。前此則曷為始乎此？僭諸公猶可言也，僭天子不可言也。」春秋繁露王道篇曰：「獻八佾，諱八言六，止亂之道也。非諸侯所當為也。觀乎獻六羽，知上下之差。」

莊公圍盛，諱盛言成。

莊八年：「夏，師及齊師圍成，成降于齊師。」公羊傳曰：「成者何？盛也。盛則曷為謂之成？諱滅同姓也。曷為不言降吾師？辟之也。」〔註九〕春秋繁露王道篇曰：「變盛謂之成，諱大惡也。」

隱、桓、閔三公見弒　諱弒言薨。

隱四年：「秋，翬帥師會宋公、陳侯、蔡人、衛人伐鄭。」公羊傳曰：「翬者何？公子翬也。何以不稱公子？貶。曷為貶？與弒公也。其與弒公柰何？公子翬諂乎隱公，謂隱公曰：『百姓安子，諸侯説子，盍終為君矣？』隱曰：『吾否，吾使脩塗裘，吾將老焉。』公子翬恐若其言聞乎桓，於是謂桓曰：『吾為子口隱矣，隱曰：吾不反也。』桓曰：『然則柰何？』曰：『請作難弒隱公。』於鍾巫之祭焉弒隱公也。」按：弒隱在十一年，此記後事。十一年：「冬十有一月壬辰，公薨。」公羊傳曰：「何以不書葬？隱之也。何隱爾？弒也。」桓十八年：「夏四月丙子，公薨于齊。」何注云：「不書齊誘弒公者，深諱恥也。」莊元年：「三月，夫人孫于齊。」公羊傳曰：「夫人何以不稱姜氏？貶。曷為貶？與弒公也。其與弒公柰何？夫人譖公於齊侯：『公曰：同非吾子，齊侯之子也。』齊侯怒，與之飲酒。於其出焉，使公子彭生送之。於其乘焉，搚幹而殺之。」閔二年：「秋八月辛丑，公薨。」公羊傳曰：「公薨何以不地？隱之也。何隱爾？弒也。孰弒之？慶父也。」

子般、子赤見弒，諱弒言卒。

莊三十二年：「冬十月乙未，子般卒。」公羊傳曰：「子般卒，何以不書葬？未踰年之君也。」閔元年：「春王正月。」公羊傳曰：「孰弒子般？慶父也。」文十八年：「冬十月子卒。」公羊傳曰：「子卒者孰謂？謂子赤也。何以不曰？隱之也。何隱爾？弒也。弒則何以不曰？不忍言也。」春秋繁露楚莊王篇曰：「子赤殺，弗忍言曰，痛其禍也。」

隱公及莒大夫盟，諱之言莒人。

隱八年：「九月辛卯，公及莒人盟于包來。」公羊傳曰：「公曷為與微者盟？稱人則從不疑也。」穀梁傳曰：「可言公及人，不可言公及大夫。」范注云：「不可言公及大夫，如以大夫敵公故也。」

樹達按：據穀梁傳，隱公乃與莒大夫盟，以大夫不敵公，故諱之稱莒人，其言最為切當。而何休注公羊乃云：「從者，隨從也。實莒子也。言莒子則行微不肖，諸侯不肯隨從公盟。而公反隨從之，故使稱人，則隨從公不疑矣。」春秋繁露玉英篇亦云：「春秋之書事，時詭其實，以有避也。其書人時易其名，以有諱也。詭莒子號謂之人，避隱公也。」考之公羊傳文，未見諱與莒子盟之義，董、何誤會傳文，其説非也。

昭公取吴女，諱之言孟子。

哀十二年：「夏五月甲辰，孟子卒。」公羊傳曰：「孟子者何？昭公之夫人也 其稱孟子，何？諱娶同姓，蓋吴女也。」穀梁傳曰：「孟子者何也？昭公夫人也。不言夫人，何也？諱取同姓也。」左氏傳曰：「夏五月，昭夫人孟子卒。昭公娶於吴，故不書姓。」論語述而篇曰：「陳司敗問：『昭公知禮乎？』孔子曰：『知禮。』孔子退，揖巫馬期而進之，曰：『君取於吴，為同姓，謂之吴孟子。君而知禮，孰不知禮！』」禮記坊記篇曰：「子云：取妻不取同姓，以厚別也。故買妾不知其姓，則卜之，以此坊民，魯春秋猶書夫人之姓曰吴，其死曰孟子卒。」

桓公易周田，諱而繫之許。

桓元年：「鄭伯以璧假許田。」公羊傳曰：「許田者何？魯朝宿之邑也。諸侯時朝乎天子，天子之郊，諸侯皆有朝宿之邑焉。此魯朝宿之邑也，則何為謂之許田？諱取周田也。諱取周田，則曷為謂之許田？繫之許也。曷為繫之許？近許也。」

魯仲孫來，諱而繫之齊。

閔元年：「冬，齊仲孫來。」公羊傳曰：「齊仲孫者何？公子慶父也。公子慶父則曷為謂之齊仲孫？繫之齊也。曷為繫之齊？外之也。曷為外之？春秋為尊者諱，為親者諱，為賢者諱。子女子曰：以春秋為春秋，齊無仲孫，其諸吾仲孫與？」穀梁傳曰：「其曰齊仲孫？外之也。其不目而曰仲孫，疏之也。其言齊以累桓也。」春秋繁露玉英篇曰：「易慶父之名謂之仲孫，諱大惡也。」又順命篇曰：「公子慶父罪，不當繫國以親之，故為之諱而謂之齊仲孫，書其公子之親也。故有大罪不奉其天命者，皆棄其天倫。」

宣公賂齊濟西田，諱之言齊取。

宣元年：「齊人取濟西田。」公羊傳曰：「外取邑不書，此何以書？所以賂齊也。曷為賂齊？為弒子赤之賂也。」何注云：「子赤，齊外孫。宣公篡弒之，恐為齊所誅，為是賂之。故諱使若齊自取之者。」穀梁傳曰：「内不言取，言取，授之也。以是為賂齊也。」

哀公賂齊讙及僤，亦諱之言齊取。

哀八年：「夏，齊人取讙及僤。」公羊傳曰：「外取邑不書，此何以書？所以賂齊也。曷為賂齊？為以邾婁子益來也。」何注云：「邾婁，齊與國。畏為齊所怒而賂之，恥甚，故諱使若齊自取。」穀梁傳曰：「惡内也。」

桃丘之會，桓公不見要，諱之言弗遇。

桓十年：「秋，公會衛侯于桃丘，弗遇。」公羊傳曰：「會者何？期辭也。其言弗遇，何？公不見要也。」何注云：「時實桓公欲要見衛侯，衛侯不肯見公，以非禮動見拒。有恥，故諱使若會而不相遇。言弗遇者，起公要之也。弗者，不之深也。起公見拒深，傳言公不見要者，順經諱文。」

陽穀之盟，文公不見與盟，諱之言齊侯弗及盟。

文十六年：「春，季孫行父會齊侯于陽穀。齊侯弗及盟。」公羊傳曰：「其言弗及盟，何？不見與盟也。」何注云：「與齊期盟，為叔姬故。中見簡賤，不見與盟，侮辱有恥，故諱。使若行父會而去，齊侯不及得與盟，故言齊侯弗及，亦所以起齊侯不肯。」穀梁傳曰：「弗及者，内辭也。行父失命矣，齊得内辭也。」

如晉之行，昭公不見納，諱之言有疾。

昭二十三年：「冬，公如晉，至河。公有疾乃復。」公羊傳曰：「何言乎公有疾乃復？殺恥也。」穀梁傳曰：「疾不志，此其志，何也？釋不得入乎晉也。」春秋繁露隨本消息篇曰：「魯昭公以事楚之故，楚强而得意，伐强吴，為齊誅亂臣，魯得其威以滅鄫。先晉昭卒一年，楚國内亂，吴大敗楚之黨六國于雞父。公如晉而大辱，春秋為之諱而言有疾。」又玉杯篇曰：「問者曰：晉惡而不可親，公往而不敢至，乃人情耳，君子何恥而稱公有疾也？曰：惡無故自來，君子不恥。內省不疚，保憂於志是已。今春秋恥之者，昭公有以取之也。臣陵其君，始於文而甚於昭。公受亂陵夷而無懼惕之心，囂囂然輕計妄討，犯大禮而取同姓，接不義而重自輕也。人之言曰：國家治則四鄰賀，國家亂則四鄰散。是故季孫專其位，而大國莫之正。出走八年，死乃得歸，身亡子危，困之至也。君子不恥其困而恥其所以窮。昭公雖逢此時，苟不取同姓，詎至於是！雖取同姓，能用孔子自輔，亦不至於是。時難而治簡，行枉而無救，是其所以窮也。」

公子買戍衛，不可使往，則曰不卒戍。

僖二十八年：「公子買戍衛，不卒戍，刺之。」公羊傳曰：「不卒戍者何？內辭也。不可使往也。不可使往，則其言戍衛，何？遂公意也。」何注云：「使臣子，不可使，恥深，故諱。使若往不卒竟事者，明臣不得壅塞君命。」說苑尊賢篇曰：「公子買不可使戍衛，內侵於臣下，外困於兵亂，弱之患也。」

公孫敖如京師，不可使往，則曰不至。

文八年：「公孫敖如京師，不至，復。丙戌，奔莒。」公羊傳曰：「不至復者何？不至復者，內辭也。不可使往也。不可使往，則其言如京師，何？遂公意也。」何注云：「安居不肯行，故諱使若已行，但不至還爾。」穀梁傳曰：「不言所至，未如也。未如則未復也。未如而曰如，不廢君命也。未復而曰復，不專君命也。其如，非如也。其復，非復也。唯奔莒之爲信，故謹而曰之也。」春秋繁露玉杯篇曰：「文公命大夫弗爲使，是不臣之效也。出侮于外，入奪于内，無位之君也。孔子曰：『政逮于大夫四世矣。』蓋自文公以來之謂也。」

齊脅我殺子糾，則書曰齊取。

莊九年：「九月，齊人取子糾，殺之。」公羊傳曰：「其取之何？内辭也。脅我使殺之也。」穀梁傳曰：「外不言取，言取，病内也。取，易辭也。猶曰取其子糾而殺之云爾。十室之邑，可以逃難。百室之邑，可以隱死。以千乘之魯而不能存子糾，以公爲病矣。」

晉脅我歸汶陽之田，則書曰來言。

成八年：「春，晉侯使韓穿來言汶陽之田歸之于齊。」公羊傳曰：「來言者，何？内辭也。脅我使歸之也。」

我脅杞歸叔姬之喪，則書曰來逆。

成九年：「春王正月，杞伯來逆叔姬之喪以歸。」公羊傳曰：「杞伯曷爲來逆叔姬之喪以歸？内辭也。脅而歸之也。」何注云：「已棄而脅歸其喪，悖義，恥深惡重，故使若杞伯自來逆之。」

杞伯姬與其子俱來朝，則曰來朝其子。

僖五年：「杞伯姬來朝其子。」公羊傳曰：「其言來朝其子，何？內辭也。與其子俱來朝也。」

季姬使鄫子來請己，則曰使鄫子來朝。

僖十四年：「夏六月，季姬及鄫子遇于防，使鄫子來朝。」公羊傳曰：「鄫子曷為使乎季姬來朝？〔註一〇〕內辭也。非使來朝，使其請己也。」穀梁傳曰：「遇者，同謀也。來朝者，來請己也。朝不言使，言使，非正也。以病鄫子也。」

此變其辭以為諱者也。

莊公淫泆，諱之言納幣。

莊二十二年：「冬，公如齊納幣。」公羊傳曰：「納幣不書，此何以書，譏？何譏爾？親納幣，非禮也。」何注云：「時莊公實以淫泆，大惡不可言。故因其有事於納幣，以無廉恥為譏。不譏喪娶者，舉淫為重也。」

言觀社。

莊二十三年：「夏，公如齊觀社。」公羊傳曰：「何以書？譏，何譏爾？諸侯越竟觀社，非禮也。」何注云：「觀社者，觀祭社。諱淫言觀社者，與親納幣同義。」穀梁傳曰：「常事曰視，非常曰觀。觀，無事之辭也。以是為尸女也。無事不出竟。」春秋繁露竹林篇曰：「故言觀魚猶言觀社也，皆諱大惡之辭也。」

昭公逐季氏，諱之言又雩。

昭二十五年：「秋七月上辛，大雩。季辛，又雩。」公羊傳曰：「又雩者何？又雩者，非雩也。聚衆以逐季氏也。」何注云：「昭公依托上雩，生事聚衆，欲以逐季氏。不書逐季氏者，諱不能逐，反起下孫及為所敗，故因雩起其事也。」春秋繁露楚莊王篇曰：「是故逐季氏而言又雩，微其辭也。」

齊侯威我，諱之言獻捷。

莊三十一年：「六月，齊侯來獻戎捷。」公羊傳曰：「齊，大國也。曷為親來獻戎捷？威我也。其威我奈何？旗獲而過我也。」何注云：「旗獲，建旗縣所獲得以過我也。不書威魯者，恥不能為齊所忌難，見輕侮也。」

此變其事以為諱者也。

戰敗，諱不言敗。

桓十年：「冬十有二月丙午，齊侯、衛侯、鄭伯來戰于郎。」公羊傳曰：「此偏戰也，何以不言師敗績？內不言戰，言戰乃敗矣。」穀梁傳曰：「來戰者，前定之戰也。內不言戰，言戰則敗也。

不言其人，以吾敗也。不言及者，為内諱也。」十二年：「十有二月，及鄭師伐宋。丁未，戰于宋。」公羊傳曰：「此偏戰也，何以不言師敗績？内不言戰，言戰乃敗矣。」穀梁傳曰：「於是與戰，敗也。内諱敗，與其可道者也。」十七年：「夏五月丙午，及齊師戰於郎。」穀梁傳曰：「内諱敗，舉其可道者也。不言其人，以吾敗也。不言及之者，為内諱也。」二十二年：「秋，八月丁未，及邾人戰于升陘。」穀梁傳曰：「内諱敗，舉其可道者。不言其人，以吾敗也。不言及之者，為内諱也。」

隱公見獲，諱不言戰。

隱六年：「春，鄭人來輸平。」公羊傳曰：「狐壤之戰，隱公獲焉。然則何以不言戰？諱獲也。」

伐衛納朔，諱不言納。

莊五年：「冬，公會齊人、宋人、陳人、蔡人伐衛。」公羊傳曰：「此伐衛，何？納朔也，曷為不言納衛侯朔？辟王也。」

獲長狄，諱不言獲。

文十一年：「冬十月甲午，叔孫得臣敗狄于鹹。」穀梁傳曰：「長狄也。兄弟三人佚宕中國，瓦石不能害。叔孫得臣，最善射者也。射其目，身横九畝，斷其首而載之，眉見于軾。然則何以不言獲也？曰：古者不重創，不禽二毛，故不言獲，為内諱也。」

獲邾子，諱不言獲。

哀七年：「秋，公伐邾婁，八月己酉，入邾婁，以邾婁子益來。」公羊傳曰：「邾婁子益何以名？絶。曷為絶之？獲也。曷為不言其獲？內大惡諱也。」

宋滅曹國，諱不言滅。

哀八年：「春王正月，宋公入曹，以曹伯陽歸。」公羊傳曰：「曹伯陽何以名？絶。曷為絶之？滅也。曷為不言滅？諱同姓之滅也，何諱乎同姓之滅？力能救之而不救也。」

公與大夫盟，則大夫不名。

莊九年：「公及齊大夫盟于暨。」公羊傳曰：「公曷為與大夫盟？齊無君也。然則何以不名？為其諱與大夫盟也。使若衆然。」穀梁傳曰：「公不及大夫，大夫不名，無君也，盟納子糾也。」

文七年：「秋，八月，公會諸侯晉大夫盟于扈。」公羊傳曰：「諸侯何以不序？大夫何以不名？公失序也。公失序奈何？諸侯不可使與公盟，昳晉大夫使與公盟也。」何注云：「文公內則欲久喪而後不能，喪娶逆祀；外則貪利取邑，為諸侯所薄賤。不見序，故深諱為不可知之辭。」

或不氏。

文二年：「三月乙巳，及晉處父盟。」公羊傳曰：「此晉陽處父也，何以不氏？諱與大夫盟也。」

或没公。

莊二十二年：「秋七月丙申，及齊高傒盟于防。」公羊傳曰：「齊高傒者何？貴大夫也。曷為就吾微者而盟？公也。公則曷為不言公？諱與大夫盟也。」文二年：「三月乙巳，及晉處父盟。」穀梁傳曰：「不言公，處父伉也，為公諱之也。」

取濟西田，諱不言曹。

僖三十一年：「春，取濟西田。」公羊傳曰：「惡乎取之？取之曹也。曷為不言取之曹？諱取同姓之田也。」

取根牟、取鄟、取詩、取闞，諱不言邾婁。

宣九年：「秋，取根牟。」公羊傳曰：「根牟者何？邾婁之邑也。曷為不繫乎邾婁？諱亟也。」成六年：「取鄟。」公羊傳曰：「鄟者何？邾婁之邑也。曷為不繫乎邾婁？諱亟也。」襄十三年：「夏，取詩。」公羊傳曰：「詩者何？邾婁之邑也。曷為不繫乎邾婁？諱亟也。」昭三十二年：「取闞。」公羊傳曰：「闞者何？邾婁之邑也。曷為不繫乎邾婁？諱亟也。」

歸公孫敖之喪，諱不言來。

文十五年：「齊人歸公孫敖之喪。」公羊傳曰：「何以不言來？内辭也。脅我而歸之，筍將而來也。」何注云：「筍者，竹箯，一名編輿。齊魯以此名之曰筍。將，送也。取其尸置編輿中，傳送而來，脅魯令受之，故諱不言來，起其來有恥，不可言來也。」

齊人執單伯、子叔姬，諱不言及。

文十四年：「冬，單伯如齊，齊人執單伯。齊人執子叔姬。」公羊傳曰：「單伯之罪何？道淫也。惡乎淫？淫乎子叔姬。然則曷為不言齊人執單伯及子叔姬？内辭也。使若異罪然。」

此以没其文為諱者也。

先言築微，後言無麥禾。

莊二十八年：「冬，築微。大無麥禾。」公羊傳曰：「冬既見無麥禾矣，曷為先言築微而後言無麥禾？諱以凶年造邑也。」

此以易其序為諱者也。

此皆為魯諱者也。

事之不足恥者則不諱，

故沙隨之會，書諸侯不見公；

成十六年：「秋，公會晉侯、齊侯、衛侯、宋華元、邾婁人于沙隨，不見公，公至自會。」公羊傳曰：

「不見公者，何？公不見見也。公不見見，大夫執，何以致會？不恥也。曷為不恥？公幼也。」穀梁傳曰：「不見公者，可以見公也。可以見公而不見公，譏在諸侯也。」

平丘之盟，書公不與盟。

昭十三年：「公會劉子、晉侯、齊侯、宋公、衛侯、鄭伯、曹伯、莒子、邾婁子、滕子、薛伯、杞伯、小邾婁子于平丘。八月甲戌，同盟于平丘，公不與盟。晉人執季孫隱如以歸，公至自會。」公羊傳曰：「公不與盟者，何？公不見與盟也。公不見與盟，大夫執，何以致會？不恥也。曷為不恥？諸侯遂亂，反陳、蔡，君子不恥不與焉。」

世遠則不諱。

稷之會書成宋亂。

桓二年：「三月，公會齊侯、陳侯、鄭伯于稷，以成宋亂。」公羊傳曰：「内大惡諱，此其目言之，何？遠也。所見異辭，所聞異辭，所傳聞異辭。隱亦遠矣，曷為為隱諱？隱賢而桓賤也。」穀梁傳曰：「以者，内為志焉爾。公為志乎成是亂也。此成矣，取不成事之辭而加之焉，於内之惡，而君子無遺焉爾。」

是其事也。

録内第二十八

春秋録内而略外。〔註一二〕

隱十年：「六月辛未，取郜。辛巳，取防。」公羊傳曰：「取邑不日，此何以日？一月而再取也。何言乎一月而再取？甚之也。内大惡諱，此其言甚之，何？春秋録内而略外。於外，大惡書，小惡不書。於内，大惡諱，小惡書。」定元年：「夏六月戊辰，公即位。」公羊傳曰：「即位不日，此何以日？録乎内也。」春秋繁露俞序篇曰：「聖人之德莫美於恕，故予先言春秋詳己而略人，因其國而容天下。」

外相如不書，過我則書。

桓五年：「冬，州公如曹。」公羊傳曰：「外相如不書，此何以書？過我也。」穀梁傳曰：「外相如不書，此其書，何也？過我也。」

外大夫不書卒，為我主則書。

隱三年：「夏四月辛卯，尹氏卒。」公羊傳曰：「尹氏者何？天子之大夫也。外大夫不卒，此何以卒？諸侯之主也。」穀梁傳曰：「尹氏者何也？天子之大夫也。外大夫不卒，此何以卒之也？於天子之崩為魯主，故隱而卒之。」定四年：「劉卷卒。」公羊傳曰：「劉卷者何？天子之大夫也。外大夫不卒，此何以卒？我主之也。」穀梁傳曰：「寰内諸侯也，非列土諸侯。此何以卒也？天王崩，為諸侯主也。」

新使乎我則書。

文元年：「天王使叔服來會葬。」三年：「夏五月，王子虎卒。」公羊傳曰：「王子虎者何？天子之大夫也。外大夫不卒，此何以卒？新使乎我也。」何注云：「王子虎即叔服也。」穀梁傳曰：「叔服也，此不卒者也。何以卒之？以其來會葬我，卒之也。」

外大夫不書葬，為我主則書。

定四年：「葬劉文公。」公羊傳曰：「外大夫不書葬，此何以書？録我主也。」

外女嫁不書，我主之則書。

莊元年：「夏，單伯逆王姬。」公羊傳曰：「逆之者何？使我主之也。曷為使我主之？天子嫁女于諸侯，必使諸侯同姓者主之。諸侯嫁于大夫，必使大夫同姓者主之也。」「王姬歸于齊。」公羊傳曰：「何以書？我主之也。」穀梁傳曰：「為之中者歸之也。」

我為媒則書。

桓八年：「祭公來。遂逆王后于紀。」公羊傳曰：「遂者何？生事也。大夫無遂事，此其言遂，何？成使乎我也。其成使乎我奈何？使我為媒，可則因用是往逆矣。」九年：「春，紀季姜歸于京師。」穀梁傳曰：「為之中者歸之也。」

過我則書。

莊十一年：「冬，王姬歸于齊。」公羊傳曰：「何以書？過我也。」何注云：「時王者嫁女于齊，塗過魯，明當有迎送禮。」穀梁傳曰：「其志，過也。」

外逆女不書，過我則書。

襄十五年：「劉夏逆王后于齊。」公羊傳曰：「劉夏者何？天子之大夫也。外逆女不書，此何以書？過我也。」穀梁傳曰：「過我，故志之也。」

外夫人不卒，内女則書。

莊四年：「三月，紀伯姬卒。」穀梁傳曰：「外夫人不卒，此其言卒，何也？吾女也。適諸侯則尊同，以吾為之變，卒之也。」二十九年：「冬十有二月，紀叔姬卒。」僖十六年：「夏四月丙申，鄫季姬卒。」成八年：「冬十月癸卯，杞叔姬卒。」襄三十年：「五月甲午，宋災，伯姬卒。」

我主其嫁則書。

莊二年：「秋七月，齊王姬卒。」公羊傳曰：「外夫人不卒，此何以卒？録焉爾。曷為録爾？我主之也。」穀梁傳曰：「為之主者卒之也。」

外夫人不書葬，隱内女則書。

莊四年：「六月乙丑，齊侯葬杞伯姬。」公羊傳曰：「外夫人不書葬，此何以書？隱之也。何隱爾？其國亡矣。徒葬於齊爾。」何注云：「徒者，無臣子辭也。國滅無臣子，徒為齊侯所葬，故痛而書之。」穀梁傳曰：「外夫人不書葬，此其書葬，何也？吾女也。失國，故隱而葬之。」三十年：「八月癸亥，葬杞叔姬。」公羊傳曰：「外夫人不書葬，此何以書？隱之也。何隱爾？其國亡矣，徒葬乎叔爾。」

外災不書，及我則書。

莊十一年：「秋，宋大水。」公羊傳曰：「何以書？記災也。外災不書，此何以書？及我也。」二十年：「夏，齊大災。」公羊傳曰：「大災者何？大瘠也。大瘠者何？痢也。何以書？記災也。外災不書，此何以書？及我也。」

不惟録内也，又尊内焉。

諸侯來曰朝。

隱十一年：「春，滕侯、薛侯來朝。」公羊傳曰：「其言朝，何？諸侯來曰朝，大夫來曰聘。」何注云："內適外言如，外適內言朝聘，所以別外尊內也。"按：來朝例甚多，今但舉首見一二條為例，下聘如卒薨諸條同。

大夫來曰聘。

隱七年："齊侯使其弟年來聘。冬，天王使凡伯來聘。"

魯君朝天子言如。

成十三年："三月，公如京師。"

大夫出聘亦言如。

莊二十五年："冬，公子友如陳。"何注云："如陳者，聘也。內朝聘言如者，尊內也。"

外諸侯没言卒。

隱三年："八月庚辰，宋公和卒。"何注云："貶外言卒，所以褒內也。"

魯君没則書薨。

隱十一年："冬十有一月壬辰，公薨。"

以尊內也。

凡與內接者皆褒之，故邾儀父稱字。

隱元年：「三月，公及邾婁儀父盟于眜。」公羊傳曰：「儀父者何？邾婁之君也。何以名？字也。曷為稱字？褒之也。曷為褒之？為其與公盟也。」

滕君、薛君皆稱侯。

隱十一年：「春，滕侯、薛侯來朝。」何注云：「稱侯者，春秋託隱公以為始受命王，滕、薛先朝隱公，故褒之。」隱七年：「滕侯卒。」公羊傳曰：「何以不名？微國也。微國則其稱侯，何？不嫌也。春秋貴賤不嫌同號，美惡不嫌同辭。」何注云：「滕，微國。所傳聞之世未可卒，所以稱侯而卒者，春秋王魯，託隱公以為始受命王。滕子先朝隱公，春秋褒之以禮，嗣子得以其禮祭，故春秋見其義。」孔氏廣森通義云：「滕子之父以侯卒者，春秋之義，許人子者必使子也。自桓公以後，滕遂稱子，歷莊、閔、僖、文之篇不復見卒，所以深著此滕侯卒為褒文也。」

宿男書卒。

隱八年：「六月辛亥，宿男卒。」何注云：「宿本小國，不當卒。所以卒而日之者，春秋王魯，以隱公為始受命王。宿男先與隱公交接，故卒褒之也。」孔氏廣森通義云：「滕於所聞世恒書卒，須加侯起褒文。宿自後不復見卒，此為加録已顯，故從本爵矣。」

齊年、鄭禦書弟。

隱七年：「齊侯使其弟年來聘。」穀梁傳曰：「諸侯之尊，弟兄不得以屬通。其弟云者，以其來接於我，舉其貴者也。」桓十四年：「夏五，傳注：不書月，闕文。鄭伯使其弟禦來盟。」穀梁傳曰：「諸侯之尊，弟兄不得以屬通。其弟云者，以其來我舉其貴也。」

荆來聘則稱人。

莊二十三年：「荆人來聘。」公羊傳曰：「荆何以稱人？始能聘也。」何注云：「春秋王魯，因其始來聘，明夷狄能慕王化，修聘禮，受正朔者，當進之。故使稱人也。」穀梁傳曰：「善累而後進之，其曰人，何也？舉道不待再。」春秋繁露觀德篇曰：「吳楚先聘我者見賢。」又王道篇曰：「諸侯來朝者得褒，邾婁儀父稱字，滕薛稱侯，荆稱人，介葛盧得名，内出言如，諸侯來曰朝，大夫來曰聘，王道之意也。」

萩來聘則與大夫。

文九年：「冬，楚子使萩來聘。」穀梁傳曰：「楚無大夫，其曰萩，何也？以其來我，褒之也。」

憂内者則進之，故曹憂内則與大夫。

成二年：「六月癸酉，季孫行父、臧孫許、叔孫僑如、公孫嬰齊帥師會晉郤克、衛孫良夫、曹公子手及齊侯戰於鞌，齊師敗績。」公羊傳曰：「曹無大夫，公子手何以書？憂内也。」

宋元公憂内則卒書地。

昭二十五年：「十有一月己亥，宋公佐卒於曲棘。」公羊傳曰：「曲棘者何？宋之邑也。諸侯卒其封内不地，此何以地？憂内也。」何注云：「時宋公聞昭公見逐，欲憂納之，至曲棘而卒，故恩録之。」穀梁傳曰：「邡公也。」范注云：「邡當為訪，謀也，言宋公所以卒于曲棘者欲謀納公。」左氏傳曰：「十一月，宋元公將為公故如晉。己亥，卒于曲棘。」春秋繁露觀德篇曰：「曲棘與鞌之戰，先憂我者見賢。」

皆其事也。

言序第二十九

春秋之立言也有序。

先王命，則微者先於諸侯。

僖八年：「春王正月，公會王人、齊侯、宋公、衛侯、許男、曹伯、陳世子欵、鄭世子華盟于洮。」公羊傳曰：「王人者何？微者也。曷為序乎諸侯之上？先王命也。」穀梁傳曰：「王人之先諸侯，何也？貴王命也。朝服雖敝，必加於上；弁冕雖舊，必加於首；周室雖微，必先諸侯。」漢書翟方進傳：「涓勳奏曰：春秋之義，王人微者序乎諸侯之上，尊王命也。」周禮内司服注曰：

「春秋之義，王人雖微者，猶序於諸侯之上，所以尊尊也。」

疾首惡，則微國先乎大國。

僖二年：「虞師、晉師滅夏陽。」公羊傳曰：「虞，微國也。曷為序乎大國之上？使虞首惡也。」穀梁傳曰：「虞無師，其曰師，何也？以其先晉，不可以不言師也。其先晉，何也？為主乎滅夏陽也。」春秋繁露精華篇曰：「春秋之聽獄也，必本其事而原其志。志邪者不待成，首惡者罪特重，本直者其論輕。」漢書孫寶傳曰：「春秋之義，誅首惡而已。」後漢書梁商傳曰：「春秋之義，功在元帥，罪止首惡。」

外夷狄，則晉國先乎主會。

哀十三年：「公會晉侯及吳子于黃池。」公羊傳曰：「吳何以稱子？吳主會也。吳主會則曷為先言晉侯？不與夷狄之主中國也。」

辨大小，則雉門先乎主災。

定二年：「夏五月壬辰，雉門及兩觀災。」公羊傳曰：「其言雉門及兩觀災，何？兩觀微也。然則曷為不言雉門災及兩觀？主災者兩觀也。主災者兩觀，則曷為後言之？不以微及大也。」穀梁傳曰：「其不曰雉門災及兩觀，何也？災自兩觀始也。不以尊者親災也，先言雉門，尊尊也。」

重民食，則無麥先乎無苗。

莊七年：「秋，大水，無麥苗。」公羊傳曰：「無苗則曷為先言無麥而後言無苗？一災不書，待無麥然後書無苗。」

諱內惡，則築微先乎無麥。

莊二十八年：「冬，築微。大無麥禾。」公羊傳曰：「冬既則無麥禾矣，曷為先言築微而後言無麥禾？諱以凶年造邑也。」

君行則先次而後救。

僖元年：「齊師、宋師、曹師次于聶北，救邢。」公羊傳曰：「曷為先言次，而後言救？君也。」

臣行則先救而後次。

襄二十三年：「秋，齊侯伐衛，遂伐晉。八月，叔孫豹帥師救晉，次于雍渝。」公羊傳曰：「曷為先言救而後言次？先通君命也。」

記聞則先霣而後石，記見則先六而後鷁。

僖十六年：「春王正月戊申，朔，霣石於宋五。是月，六鷁退飛過宋都。」公羊傳曰：「曷為先言霣而後言石？霣石記聞。聞其磌然，視之則石，察之則五。曷為先言六而後言鷁？六鷁退飛，記見也。視之則六，察之則鷁，徐而察之則退飛。」穀梁傳曰：「先霣而後石，何也？隕而後石也。于宋四竟之內曰宋，後數，散辭也，耳治也。六鷁退飛過宋都，先數，聚辭也，目治也。子曰：石，無知之物；鶂，微有知之物。石無知，故日之。鶂微有知之物，故月之。君子之於物，無所苟而已。石、鶂且猶盡其辭，而況於人乎！故五石六鷁之辭不設，則王道不亢矣。」春秋繁露觀德篇曰：「隕石於宋五，六鷁退飛。耳聞而記，目見而書。或徐或察，皆以其先接於我者序之。」又深察名號篇曰：「春秋辨物之理以正其名，名物如其真，不失秋毫之末。故名霣石則後其五，言退鷁則先其六，聖人之謹於正名如此。君子於其言，無所苟而已。五石六鷁之辭是也。」又實性篇曰：「名霣石則後其五，退飛則先言其六，此皆其真也，聖人於言，無所苟而已矣。」

君子於其言，無所苟而已矣。

〔註一〕自餘外如則譏。如，往也。

〔註二〕葬者曷為或日或不日？日謂書其日子，如葬宋繆公書癸未是也。

〔註三〕渴葬也。渴葬，謂急於葬。

〔註四〕吾立乎此，攝也。權時替代為攝。

〔註五〕不日，故也。故，謂變故。

〔註六〕蓋舅出也。出，今言外姪。

〔註七〕故相與往殆乎晉也。殆與治同。往治乎晉，謂往請晉解決其事。

〔註八〕非立異姓以莅祭祀。非，猶言貶。

〔註九〕曷為不言降吾師？辟之也。辟與避同。謂避諱不言。

〔註一〇〕鄫子曷為使乎季姬來朝？使，謂被使。

〔註一一〕春秋録内而略外。内為魯國，録，謂詳録其事。

春秋大義述校點後記

春秋大義述五卷，先師楊遇夫先生著。一九四四年重慶商務印書館出版。原本已不可得，得複製本以為底本，無標點，文字時有譌奪，且漫漶不可盡識。校點中，因課務鞅掌，時作時輟，凡歷三月，始畢其事。為便于排印，爰據商務本倩人迻録一通，經過復校，又得若干事，庶幾無大過矣。凡例中節略若干字。餘悉仍舊貫，惟更其魯魚亥豕之譌已耳。

春秋文成數萬，其旨數千，學者苦其難讀。先生櫽栝其詞，述為二十九篇，篇各一義，俾孔氏微言，昭然若揭。時值嵎夷猾夏，國難正殷，先生敵愾同仇，發憤述此，蓋欲後生平夷禍，復國仇，修己治人，通經致用。惓惓之心，溢於言表矣。

在昔董生述繁露，何休注公羊，尚矣。然亦間有牴牾難通者，如莊公三十年：『齊人北伐山戎。』公羊傳曰：『何以不言戰？春秋敵者言戰，桓公之于戎狄，驅之耳。』何休注云：『去戰，貶，為惡不仁。』顯與公羊之義相違。先生則謂山戎不足與齊抗等。見攘夷篇。又如隱公八年：『公及莒人盟于包來。』董何兩家皆謂與盟者為莒子，先生依公穀二傳謂為莒大夫，諱稱人者，以大夫不敵公也。見尊尊諱辭兩篇。又如僖公十年：『晉殺其大夫里克。』公羊傳曰：『曷為不言惠公之入？踊為文公諱也。』何注云：『踊，豫也。』是矣。按：踊豫，雙聲相轉。又云：『踊，猶關西言渾，文公功足并掩前人之惡，渾皆不書。』則非。先生云：『入者篡辭。如惠公書入，則文公與惠公情事相同，亦當書入，春秋賢文公，以其功足除惡，故不書其入。因文不書入，故不書惠公之入。惠公之入，先於文公，故云豫為文公諱。』見諱辭篇。又如僖公二十六年：『楚子滅隗，以隗子歸。』公羊無傳。何注：『不言獲者，舉滅為重，書以歸者，惡不死位。』說雖近是而未審諦。先生循公羊義例，謂國君見獲不能死位，春秋書名以示絶。隗子之不名者，以小國故不詳耳。見貴死義篇。凡此，皆深得宣尼之微旨而能發聾振聵，有功後學者也。於戲，盛矣！

禮曰：『屬辭比事，春秋教也。』蓋先生早歲受業於新會梁君、平江蘇君之門，飫聞春秋之教，故能因此例彼，觀其會通。其立說也，但求有愜于心，有益於世，而不為餖飣瑣尾非常可怪之論。以視三科、九旨、疾言、徐言之學度越多矣。

甲子三月二十八日，弟子寧鄉廖海廷謹撰於湘潭大學無住生心室。

附録

《春秋大義述附注》未刊稿釋文

……京返國〔註一〕，而業師平江蘇厚庵先生不樂民國，從北京棄官歸里，寓居長沙，方以所著《春秋繁露義證》一書付刊行。著者時時晉謁，先生頗以書中要義相指示。《義證》刊成後，久乃發行。著者得購讀時，先生已以病肺於三年四月間辭世矣。愴懷梁木，孰復遺書，既驚先生用力之勤，遂略窺聖經樹義之卓。八年北游，授書國學，繼是旅食燕薊者將二十年。教授之暇，時理故書。蘇先生嘗言，兩漢之學在《春秋》，故著者嘗欲取漢人文字涉及是經者薈萃爲《春秋大義徵》一書，以便省覽。人事迫促，未遑卒業，叢殘之稿，遺在篋中；然此經之宏綱大指，則固略具端倪矣。

（二）述書緣起

抗戰軍興，著者適移教於湖南大學。自以書生荏弱，又迫衰年，不能執戈殺賊，每用爲恨。一日忽悟先聖之述《春秋》，以復仇、攘夷爲大義；然則闡明是經之大義，以增敵愾，固儒生之職責也。爰取是經再三孰復，既於本經條貫粗有所明，二十八年秋間，乃取以教授諸生。以全書大義散在各篇，始學鶩其河漢，未易尋求，乃區分類聚，撰爲是編。初名「述指」，取《春秋》文成數萬，其指數千之義也。二十九年夏，取初稿，補其未備，定名曰「《春秋》大義述」。三十年復增撰《誅叛盜》一章，其他復多所增益。蓋著者於此編前後致力者三載，易稿亦四五次矣。

（三）本書釋名

按《漢書·藝文志》，《春秋》本有五家之《傳》。《鄒氏》無師，《夾氏》無書，其學已絶，不必論矣。今存者有《左氏》、《公羊》、《穀梁》三家。《左氏》詳於事而忽於義，《公羊》、《穀梁》略於事而長於義；二家之中，《公羊》義雖有非常可怪之論，實多精湛之言。蓋口説流傳既久，不免失真，而聖人之精意固可推測而知也。是編之作，以《公羊傳》爲主，《穀梁傳》與《公羊》同義者載之，即義異不同而義可兩存者亦載之，《左氏傳》與《公羊》相合者亦録焉。《春秋繁露》，本説《春秋》，有相涉者，一一詳記。自餘如《荀子》、陸賈《新語》、《韓詩外傳》、《鹽鐵論》、《新序》、《説苑》、《列女傳》、《白虎通》、《法言》、《漢書》、《後漢書》有涉論及者，亦加甄録；以《春秋》之學，兩漢盛行，董仲舒以之折獄，雋不疑以之斷事，經義與治事不分故也。本書首舉「春秋」，其義界如此。孟子曰：「晉之《乘》，楚之《檮杌》，魯之《春秋》，一也：其事則齊桓、晉文，其文則史。孔子曰：

『其義則丘竊取之矣。』」聖人之於《春秋》，所重在義，早已明示後來。何謂「大義」？大義者，碎義之反也（《漢書·藝文志》云：「碎義逃難」）。時遠則事不詳，古今之常理也；而說《春秋》者矜持「三世」之説，毛舉日月之例，皆所謂「碎義」也。近代治《公羊》家言者往往推重劉逢禄之《公羊何氏釋例》。余謂何注雖有功經傳，實多牽强穿鑿之説；劉書不以經傳爲主而以何注爲衡，是捨其大而務其細也。

何謂「述」？「述」者，述經傳及傳記之文，自非萬不得已，則不下己意也。然有難言者：《春秋》始隱訖哀。例如「復仇」，《春秋》大義之一也。其義見於《公羊傳》者，有隱十一年「公薨」《傳》、桓十八年「公薨於齊」《傳》、莊四年「紀侯大去其國」《傳》、「冬，公及齊人狩於郜」《傳》、莊九年「及齊師戰於干時」《傳》、定四年「蔡侯以吳子及楚人戰於柏莒」《傳》。見於《穀梁傳》者，有莊元年「夏，單伯逆王姬」《傳》、「秋，築王姬之館於外」《傳》、莊三年「溺會齊侯伐衛」《傳》、莊四年「公及齊人狩於郜」《傳》、莊二十四年「夏，公如齊逆女」《傳》、「八月丁丑，夫人姜氏入」《傳》。他如《春秋繁露·竹林篇》言榮復仇，《滅國下篇》言紀侯之所以滅乃九世之仇，《王道篇》言子不復仇非子，《白虎通·誅伐篇》論子得爲父報仇，《漢書·匈奴傳》及《後漢書·袁紹傳》引齊襄公復九世之仇，《後漢書·張敏傳》引子不復仇非子，《〈禮記·曲禮〉疏》引《五經異義》論復仇之義，此皆經傳及傳記關涉復仇一義之資料也。今取其大義名篇，挈各傳文中要旨立文爲綱，而以上記諸資料附注於其下，此則所謂「述」也。蓋《春秋》始隱訖哀，凡二百四十二年，一經大義散在各篇如上述，始學之士非孰讀全篇，再三孰復，不易得其條貫；而其散在《傳》中，益無論矣；必加之以貫穿，然後始有階段可求。近二十年來，整理國故之呼聲洋洋盈耳，著者之所業，不敢自謂有整理之功，或者不中不遠矣乎！

（四）本書篇目

本書凡爲篇二十九，第一曰《榮復仇》，惡倭寇，勵敵愾也。倭奴狂狡成性，梟獍不殊，六十年來，處心積慮，以侵略我中華爲事。甲午之役，奪我藩屬，割我臺灣。時著者年方十歲，親見先大父及先君子憤慨之情，即切同仇之志。及弱冠游倭，彼邦龐然自大，狡焉思逞之情，知之至深，聞之至切。近年旅寓北平，東北之事，南口之役，豐臺之戰，親身聞見，痛切於心。故編述聖文，首明復仇之義，非無由也。第二曰《攘夷》。《春秋》之義，內其國而外諸夏，內諸夏而外夷狄，此孔子小康之道也。夷狄行事進於中國，則中國之；反乎夷狄，則仍夷狄之；中國行事同乎夷狄，則亦夷狄之，此孔子大同之道也。同是圓顱方趾之倫，有何夷狄之可分乎？故聖人之別夷夏也，不以種族而以行事，蓋若逆知今日有發狂之民族如日耳曼人及倭奴者，而早以此杜絕之……

〔註一〕以上原稿殘缺。

漢書有[illegible]如數錄，以春秋之學，兩漢盛行，[illegible]
以之折獄，決疑，以之斷事，經義與治事不分，故[illegible]
也。本文前舉春秋，其義要如此。
孟子曰：晉之乘，楚之檮
杌，魯之春秋一也，其事則齊桓晉文，其文則史，孔子曰：其義則
丘竊取之矣。聖人之於春秋，所重在義也，自明示後來
所謂大义，大义者，碎義之反也。漢書藝文志云碎義逃難。時遠則多不
詳，古今之常理也。而說春秋者，矜持三世之說，無異日月
之例，皆所謂碎義也。近代治公羊家言者，往往推重[illegible]

未刊稿原件(一)

未刊稿原件(二)

楊樹達的《春秋大義述》及相關未刊稿

楊逢彬

著述緣起

先祖楊樹達先生是著名的語言文字學家和史學家，在他一生的學術事業中，歷史文獻的整理佔有極其重要的位置。他整理古籍，既採用清代樸學家的辦法，又「繩之文法，推諸修辭之理」（註二），故能古今獨步。其功力在考據，整理古籍多用考據的方法，涉及義理者不多。但他有一部著作，「一以大義爲主，考訂之說概不録入」，這就是《春秋大義述》。

《春秋》一經，寓褒貶於微言大義，但這微言大義却散在篇中，茫無統紀。《春秋》三傳中，《左傳》是從史的角度補充和詳敘事件的經過，《公羊傳》、《穀梁傳》則重在闡發微言大義，其中《公羊傳》對微言大義的闡發較爲深刻。二書雖闡發大義，仍只是傳文附麗經文，並未將其分門別類。而後世注解《公羊》、《穀梁》者即如最受推崇的清代劉逢禄所著《公羊何氏釋例》，也只限於解釋詞語，串講句意，闡發的是所謂「碎義」而非「大義」；至於康有爲糅合「三世三統」與「大同小康」之說的「六經注我」式的著述，諸如《大同書》等，相距古人本旨，無異北轍南轅；致初讀經、傳者，往往不得要領，如墜五里霧中。可見，將《春秋》大義分別部居，將經、傳和相關典籍的相闕文字列於各小類之下，這麼一部著述，對於讀者瞭解《春秋》及《公羊傳》、《穀梁傳》所闡揚的主旨，是大有益處的。《春秋大義述》就是這麼一種著述。

早在一八九七年楊樹達先生十三歲時，就與他的嫡兄楊樹谷先生（楊伯峻先生的父親）一道考入了梁任公爲總教席的湖南時務學堂第一班，同在該班就讀的還有後來大名鼎鼎的蔡鍔（當時名艮寅）和曾任教育總長的范源濂。楊先生在一九二九年所撰《時務學堂弟子公祭新會梁先生文》中寫道：「其誦維何？孟軻公羊。其教維何？革政救亡。士聞大義，心痛國創。拔劍擊柱，踴躍如狂……」〔註二〕可見，《公羊傳》所闡揚的春秋大義對激勵青年學子投身「革政救亡」是起到一定作用的。

湖南鄉先輩中，以撰《海國圖志》著名，有晚清睜眼看世界第一人之譽的魏源（默深），畢生主張「經世致用」，曾打算撰作《董氏春秋發微》以闡發其旨，却終未成功，學者以爲憾事。楊先生的業師蘇輿（厚庵），在撰寫《春秋繁露義證》以闡揚董仲舒的學說之後，準備再寫一部《春秋董義述》以歸納董氏《春秋繁露》所宣揚的大義——「大一統」、「尊王攘夷」，終因肺病而英年早逝。因此，楊樹達先生之撰《春秋大義述》，既有師承，又是完成鄉先賢及老師的未竟之業。這是他撰作此書的内因。

《春秋大義述》從撰作到出版，都在抗日戰爭期間。日本帝國主義變本加厲的侵略，使得楊先生十分憤慨。「何當被甲持戈去，殺賊歸來一卷娛。」〔註三〕又以年邁不能上疆場深以爲憾！一天忽然想到《春秋》之大義，以「復仇」、「攘夷」、「大一統」爲至要，將這些大義區分而類聚之，對初學認清《春秋》要旨，尤爲便利；而「復仇」、「攘夷」、「貴死義」、「大一統」之説，對激勵軍民殺敵報國，一統河山，應有一定作用。這是撰作此書的外因。一首作於一九四三年九月題爲「自題《春秋大義述》」的詩頗能反映當時的心境：

一生兩見倭侵國，頭白心傷寫此書。却喜人間公理在，漸看斜日落西隅。（軸心三國意已投降，德日挫敗不已）〔註四〕

内容簡介

如前所述，《春秋》一經，其微言大義，經董仲舒闡發，其最著者即「大一統」，所謂「《春秋》大一統者，天地之常經，古今之通誼也」〔註五〕。要實現大一統，必須「尊王攘夷」。而「復仇」之義，《春秋》經傳亦再三致意。如莊公四年「紀侯大去其國」經文，《公羊傳》就闡明齊襄公之所以要滅紀國，乃是爲其因紀侯進讒言在周被殺之九世祖齊哀公復仇。當時舉國抗戰，「復仇」之義被置於最重要的地位，是容易理解的。所以《春秋大義述》歸納《春秋》之大義凡二十九，而以「復仇」、「攘夷」二義爲首。驅逐敵寇，難免流血犧牲，故第三義爲「貴死義」，意在激勵將士爲正義不惜獻身。是書之初撰在一九三九年，而排在「貴死義」之後的第四義「誅叛盗」是於一九四一年接受正中書局的建議增補的，目的在聲討「憑藉異族之勢力以脅父母之邦」的漢奸，矛頭顯然是指向叛國投敵的汪精衛之流。其他如貴誠信、貴讓、貴預、貴變改、譏慢、貴有辭、明權、謹始、重意、重民、惡戰伐、重守備、貴得衆、録正諫、親親等篇，則分别爲傳統道德、外交、統治術、軍備等等。

《春秋大義述》的「述」即「述而不作」的「述」。該書的體例是將《春秋》中的「大義」分門别類，每一大義即爲一篇；再以《春秋》經文及《公羊傳》的相關傳文爲綱，以《穀梁傳》、《左傳》的傳文以及《荀子》和兩漢諸書中相關内容爲目，彙集於該篇。如此則領挈而全裘振，綱舉而萬目張，散在篇籍的大義賴之以成爲一個條理井然的系統；讀者可以將同篇所録文字互爲比照，交相闡發，因而更深刻地理解相關文字的思想内涵。

出版概況

該書於一九三九年七月二十三日初撰，同年秋天完成初稿，並以之教授諸生。從這時起，該書便得到廣泛的讚許。章士釗讀後，「亟稱其方法之佳」〔註六〕，曾運乾既於讀初稿時謂「遠勝劉逢禄書，讚嘆不已」〔註七〕，又於定稿後在序言中寫道：

> 吾友長沙楊積微先生，説字之精，遠逾段令；釋詞之審，上邁二王；注班《漢》則抗手晉、顔；校《淮南》殆鼎足高、許。亦既天下學士家誦其書矣，邇者以來，鑒於國變日亟，慨然中輟

其考訂精嚴之素業，而從事於師絶道喪之微言，條舉《公羊春秋》綱義，類繫經傳於其下，以淺持博，以一持萬，爲《春秋大義述》一書。展卷觀之，不煩鈎稽而麟經數十義法豁然，如披雲霧而睹天日〔註八〕。

該書於一九四四年元月底由商務印書館出版，到四月即售出近八百部〔註九〕。頗爲聳動一時之觀聽。有論者認爲，抗戰期間，陳垣先生在淪陷的北平寫作《通鑒胡注表微》，表彰胡三省的民族氣節和愛國精神；楊樹達先生在大後方的荒山野嶺中編撰《春秋大義述》，激勵軍民努力抗戰，驅除敵人。方法雖不同，用心却一致，實是異曲同工，南北二賢互相輝映〔註十〕。

上世紀八十年代初，上海古籍出版社與以楊伯峻先生爲主編的《楊樹達文集》編輯委員會合作，開始出版收有楊先生二十六部著作，共二十册的《楊樹達文集》，其中就有《春秋大義述》。這部文集陸續出版了十幾册後，由於種種原因，餘幾種還未出。未出版的幾種著作中，除《春秋大義述》外，解放後都出版或再版過。也就是説，楊樹達先生的重要著作，解放後没有再版的，只有《春秋大義述》一種。

關於《未刊稿》

本書附録的楊樹達先生的《未刊稿》，是由筆者的伯父楊德豫先生交筆者保管的一篇手稿。根據稿中「著者於此編前後致力者三載」一句看，它很可能就是《積微翁回憶録》中所記一九四二年三月九日開始寫的《春秋大義述附注》〔註十一〕，但出版後的《大義述》並没有這部分内容。

這篇手稿並不完整，我們所見到的有四個部分，其中第一部分無頭，第四部分無尾。第一部分概述撰作《春秋大義述》的學術背景。第二部分概述爲何撰作此書及撰作此書的過程。第三部分概述書名之由來，分别介紹了《春秋》及其三傳，何爲「大義」，何以名之爲「述」等等。第四部分是對各篇目的簡介，由於不全，只介紹了《榮復仇》、《攘夷》兩篇。

將這篇手稿與《春秋大義述》的《自序》及《凡例》相互比照，可以發現，手稿第一部分與《凡例》最後一部分，内容大致相同；手稿第二部分的前半部與《自序》中的一段文字，内容大致相同；第四部分大致與《凡例》第七條的内容相同。未見於《自序》及《凡例》者，是手稿第二部分後半部及第三部分。即使與《自序》、《凡例》内容大致相同的部分，也往往是手稿更爲詳盡。如手稿第四部分述及日本帝國主義對我國的侵略及作者的憤慨心情，較之《凡例》相應部分着墨較多，也顯得更爲沉痛。因此，儘管這份手稿的内容與《自序》、《凡例》有些許重複，仍然彌足珍貴。

〔註一〕彭澤陶《〈淮南子證聞〉序》，上海古籍出版社一九八五年版，第一頁。

〔註二〕《積微居詩文鈔》，上海古籍出版社一九八六年版，第九十四、三十五、六十四頁。

〔註三〕《積微居詩文鈔》，上海古籍出版社一九八六年版，第九十四、三十五、六十四頁。

〔註四〕《積微居詩文鈔》，上海古籍出版社一九八六年版，第九十四、三十五、六十四頁。

〔註五〕《漢書・董仲舒傳》，中華書局一九九七年版，第二五二三頁。

〔註六〕《積微翁回憶録》，上海古籍出版社一九八六年版，第一七二、一五三、二一四、一八三頁。

〔註七〕《積微翁回憶録》，上海古籍出版社一九八六年版，第一七二、一五三、二一四、一八三頁。

〔註八〕《春秋大義述》，商務印書館一九四四年版，第二頁。

〔註九〕《積微翁回憶録》，上海古籍出版社一九八六年版，第一七二、一五三、二一四、一八三頁。

〔註十〕楊伯峻《〈楊樹達文集〉前言》，載《楊樹達誕辰一百週年紀念集》，湖南教育出版社一九八五年版，第二十八頁。

〔註十一〕《積微翁回憶録》，上海古籍出版社一九八六年版，第一七二、一五三、二一四、一八三頁。

整理簡介

楊逢彬

《春秋大義述》於一九四四年由重慶商務印書館出版，這個本子是在國立湖南大學石印毛邊紙教本的基礎之上，接受正中書局的建議，在第三義「貴死義」後加上了「誅叛盜」作爲第四項大義後付印的。由於是在戰時，紙張極差，且校對不精；需要特别指出的是，湖大教本和商務本均未加標點，只做了句讀——湖大本用「讀」（類似現在的頓號），而商務本用「句」（類似現在的句號）。

上世紀八十年代初，《楊樹達文集》陸續出版，《春秋大義述》爲其中一種。該書由廖海廷先生整理，因種種原因，惜未能出版。二〇〇六年下半年，上海古籍出版社重新推出《楊樹達文集》，應責任編輯楊萬里先生之請，筆者爲《春秋大義述》看三校樣。在看校樣過程中發現，一、廖海廷先生據以整理的底本應該是重慶商務本，參校本是湖大石印本（此本很難找到），大多數情況下是商務本誤而湖大本不誤，極少數是湖大本誤而商務本不誤；二、有多處商務本、湖大本皆誤，而廖先生未及改正。有鑒於此，筆者覺得有必要對全稿重新校對一過；下面對筆者所作主要工作做一簡介，以示文責自負。

一、改誤字，補脱字。較多出現的有兩種情形。一爲商務本誤而據湖大本改正，二爲商務本、湖大本皆誤而據中華本《十三經注疏》等書改正。前者如：「貴賊如其倫」，改爲「貴賤如其倫」（十頁）；又如「雖然，君子不可以記也」，改爲「雖然，君子不可不記也」（二十一頁）；又如「闔廬曰：『先君之所以不與子而與弟者，凡爲季子故也。』」筆者補在「不與子」後所脱一「國」字（二四五頁）。後者如：第四十九頁「《春秋》曰」改爲「《春秋傳》曰」；又如「周襄王富有天下，而有不能其母之累」，據中華本《鹽鐵論》改爲「周襄王富有天下，而有不能事父母之累」（二一〇頁）；又如「有小夷避大夷而不得言戰，大夷避中國而不得言獲，中國避天子而不得言執」，商務本、湖大本第一句均脱一「得」字，第二句均脱一「言」字（二五八頁），筆者據中華本《十三經注疏》補正。

二、改標點。即對廖海廷先生的標點作了一些改動。如：「宫之奇果諫，《記》曰：『，脣亡則齒寒……。』」筆者改爲「宫之奇果諫：『《記》曰：脣亡則齒寒……。』」（五十頁）又如：「故欺三軍，爲大罪于晉：其免頃公。爲辱宗廟于齊。是以雖難而《春秋》不愛。」筆者改爲：「故欺三軍爲大罪于晉，其免頃公爲辱宗廟于齊，是以雖難而《春秋》不愛。」（一一四頁）又如：「宋公曰：『不可。吾以之約以乘車之會。自我爲之，自我墮之，曰不可。』」按，此處顯然是《古書疑義舉例》所謂「一語未竟而加『曰』字例」。查諸書此處標點均誤，不獨廖先生也。筆者改爲：「宋公曰：『不可！吾以之約以乘車之會，自我爲之，自我墮之。』曰：『不可！』」（一二〇、一九九、二四五頁）另外，删去了很多冒號，如：「當廢昌邑王時，非田子賓之言：大事不成。」（二五〇頁）「言」後的冒號删去。又多處文意未完而標句號，筆者改爲分號或逗號； 例多不舉，讀者可于書中得之。又將諸如「冬，十月，甲午」改爲「冬十月甲午」，以求與現在通行的各標點本一致，共改動了幾百處。

三、刪去若干多餘文字。例如「故天子好利則諸侯貪，諸侯貪則大夫鄙，大夫鄙則庶人盜； 上之變下，猶風之靡草也。故爲人君者，明貴德而賤利以道下，下之爲惡尚不可止。」（一八四頁）按，「下之爲惡尚不可止」文義未完，若補足下文（今隱公貪利而身自漁濟上而行八佾，以此化於國人，國人安得不解于義，解于義而縱其欲，則災害起而臣下僻矣），則未免累贅； 故刪去此八字，而於「明貴德而賤利以道下」之後標以省略號。又如「喪事無求，求賻，非禮也。蓋通於下。」後四字文義未完，故刪去之。

在校對過程中，筆者始終得到伯父楊德豫先生的指導，他老並親自對《曾序》、《陳序》、《凡例》進行了精心校對。